REIHE WIRTSCHAFT UND RECHT

herausgegeben von
Prof. Dr. Achim Albrecht, Prof. Dr. Peter Pulte
und Rechtsanwalt Stefan Mensler

Klaus Thaler

Supply Chain Management

Prozessoptimierung in der logistischen Kette

3., akt. und erw. Auflage

 **Fortis**

Fortis Verlag in Verlagsgemeinschaft mit
Bohmann Buchverlag – MANZ
Köln – Wien

Die Deutsche Bibliothek – CIP Einheitsaufnahme
Thaler, Klaus:
Supply chain management:
Prozessoptimierung in der logistischen Kette /
Klaus Thaler. – 3., aktualisierte und erw. Auflage. –
Köln : Fortis-Verl.: Wien : Bohmann; Wien : Manz, 2001
    (Reihe Wirtschaft und Recht)
    ISBN 3-933430-53-4

Vertrieb:

→ in **Deutschland** über InterMedia,
Fuggerstraße 7, D-51149 Köln,
Tel.: 0 22 03 / 30 29-82, Fax.: 0 22 03 / 30 29-40

→ in **Österreich** und **Südtirol** über
MANZsche Verlags- und Universitätsbuchhandlung GmbH,
Siebenbrunnengasse 21, A-1050 Wien,
Tel.: 01 / 531 61-330, Fax: 01 / 531 61-339

→ in der **Schweiz** über Orell Füssli Verlag,
Dietzingerstraße 3, Postfach, CH-8036 Zürich,
Tel.: 01 / 466 74-19, Fax: 01 / 466 74-12

ISBN 3-933430-53-4

Fortis Verlag FH GmbH
Fuggerstraße 7 · 51149 Köln

Sie finden uns im Internet unter: http://www.fortis-verlag.de

Vorwort zur 3., aktualisierten und erweiterten Auflage

Die vorliegende 3., überarbeitete und erweiterte Auflage dieses Werkes wurde möglich durch die erfreuliche Nachfrage und positive Resonanz, welche die ersten zwei Auflagen in sehr kurzer Zeit erfahren haben. In vielen Aktivitäten und Projekten zeigt sich derzeit deutlich, dass die Prozessoptimierung in der logistischen Kette und eine „unternehmensübergreifende" Sichtweise für die Industrie an Bedeutung gewinnt und letztendlich der Wettbewerb der besten „Supply Chains" entscheidet.

Das vorliegende Buch gibt eine systematische Einführung in die wesentlichen Grundlagen des Supply Chain Management (SCM), der Prozessoptimierung in der logistischen Kette. Anforderungen bestehen heute vielfach darin, durchgängige, effiziente und flexible Prozesse unter Einbeziehung von Kunden, Lieferanten und Dienstleistern zu schaffen und durch intelligentes Zusammenarbeiten den internationalen Herausforderungen besser zu begegnen.

Prozessoptimierung in der logistischen Kette erfordert eine intensive, interdisziplinäre und betriebsübergreifende Projektarbeit. Zur Verbesserung der Wettbewerbsfähigkeit sind eine inner- und überbetriebliche Optimierung, Informationsvernetzung und Zusammenarbeit ebenso erforderlich wie Wissen um die Analyse, Gestaltung und Optimierung zusammenhängender Geschäftsabläufe.

Der Aufbau der 3. Auflage orientiert sich an diesen Anforderungen. Der Schwerpunkt liegt auf der überbetrieblichen Prozessoptimierung. Wo immer im Zusammenhang notwendig, werden unternehmensinterne Abläufe berücksichtigt und detailliert beschrieben. Im Mittelpunkt stehen Schlüsselprozesse in der logistischen Kette sowie die bei SCM relevanten Methoden und Vorgehensweisen. Wichtige Fachbegriffe werden im deutschen und im internationalen Sprachgebrauch wiedergegeben.

Teil I des Buches deckt die Grundlagen ab. Aufbauend auf der Diskussion der Motive, der Strategien und des Nutzens der übergreifenden Prozessoptimierung wird der grundsätzliche Zusammenhang in der logistischen Kette, der Schlüsselprozesse sowie der Einfluss- und Kenngrößen, erläutert. Dazu wurden in der 3. Auflage Modelle zur Abbildung der logistischen Kette sowie Beispiele von E-Commerce und SCM-Internetanwendungen ergänzt.

Im Teil II – Die Prozesse – erfolgt eine detaillierte Betrachtung der Schlüsselprozesse Produktentstehung und -entwicklung, Auftragsgewinnung, Produktionsplanung und Beschaffung sowie Produktion, Distribution und Wiederverwertung. Konzepte des Supply Chain Management, wie Lieferantenintegration, System- und Modulbildung, Bestandsoptimierung, auftragsgesteuerte Produktion sowie Anwendung von Lieferabrufsystemen werden detailliert und an Beispielen erläutert. Übergreifende Steuerungsverfahren wie KANBAN, Just-in-time oder Fortschrittszahlen werden im Zusammenwirken von Logistikketten betrachtet. Ergänzt wurden in der vorliegenden 3. Auflage die Bedarfsplanung und -vorschau mit Data Warehouse, Simultanplanung von Bedarf und Kapazitäten sowie Software zur Logistikkettenplanung.

In Teil III – Die Vorgehensweise – wird eine systematische Handlungsanleitung und ein Werkzeugkasten zur praktischen SCM-Projektdurchführung erläutert. Praxisbewährte Gestaltungshinweise und Kennzahlen werden phasenbezogen, unter Berücksichtigung organisatorischer, personalwirtschaftlicher und informationstechnischer Gesichtspunkte dargestellt.

Das Buch wendet sich an Studierende und Betriebspraktiker aus den Wirtschafts- und Ingenieurwissenschaften, der Informatik sowie der Kommunikations- und Sozialwissenschaften. Allen Lesern wünsche ich, dass auch die dritte Auflage zur Inspirationsquelle für die vielfältigen Aufgaben und Projekte im Supply Chain Management werden kann.

Klaus Thaler

Inhaltsverzeichnis

Teil I Grundlagen

„Nicht die Großen fressen die Kleinen,
sondern die Schnellen die Langsamen."
(Beraterweisheit)

In Teil I wird dargestellt:

- welche Gründe dazu führen, Geschäftprozesse zu verändern und zu optimieren,
- welche Gestaltungsfelder zur inner- und überbetrieblichen Prozessoptimierung existieren,
- welche Konzepte und Strategien in den Unternehmen angewendet werden,
- welche Elemente und Kenngrößen die logistische Kette umfasst,
- wie die Informationsversorgung in der logistischen Kette durch Anwendungssysteme unterstützt wird,
- wie sich die Prozessoptimierung auf unterschiedlichen Ebenen des Unternehmens auswirkt.

1 Einführung

1.1 Veränderung der Rahmenbedingungen

In der globalen Arbeitswelt an der Schwelle zum einundzwanzigsten Jahrhundert führt der verschärfte internationale Wettbewerb für viele Unternehmen zu einem starken Preisdruck am Markt. Gleichzeitig steigende Produkt- und Produktionskosten führen zu einem Auseinandergehen der Preis-Kosten-Schere.

Darüber hinaus werden einschneidende Veränderungen in den Märkten und im Unternehmensumfeld bemerkt, die sich in kürzeren Produktlebenszyklen sowie in gestiegenen Amortisationszeiten für die entwickelten und gefertigten Produkte zeigen.

Einschneidende Veränderungen

Auf den Märkten finden sich Anbieter aus vielen Ländern der Erde, die bestrebt sind, durch neuartige, qualitativ hochwertige und preisgünstige Produkte und Dienstleistungen die Kunden für sich zu gewinnen.

Globaler Wettbewerb

Viele europäische Hersteller zwingt der harte Wettbewerb, die Bemühungen zur besseren Profilierung am Markt weiter zu intensivieren. Unter Zugzwang gerät ebenso – häufig bei gleichzeitig steigenden Produktionskosten – die Zulieferindustrie (vgl. THALER 94a, TURNER 95). Das Zeitfenster, das den Unternehmen bleibt, um ihre Produkte in die Gewinnzone zu lenken, verengt sich dabei zunehmend.

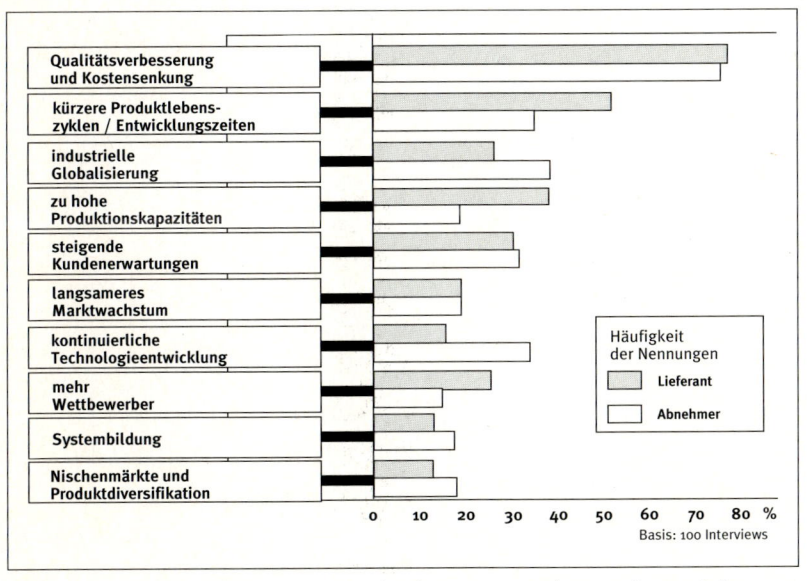

Das klassische Zielsystem Qualität, Kosten und Zeit wird durch die Anforderung ergänzt, Produkte und Prozesse permanent zu verbessern.

Abb. 1.1   Marktbedingte Herausforderungen in den nächsten Jahren aus Sicht von Lieferanten und Abnehmern (TURNER 95)

1.2 Erweiterung der Wettbewerbsfaktoren

Es ist in vielen Branchen erforderlich, dass Produkte und Dienstleistungen angeboten werden, die sehr genau auf den richtigen Zeitpunkt, auf die speziellen Kundenbedürfnisse und auf die jeweils benötigte Qualität abgestimmt sind. Viele Unternehmen müssen aus Marktgesichtspunkten den spezifischen Wünschen der Kunden weit entgegenkommen.

Kundensicht

So wird häufig gefordert, dass die Kunden aus einem Sortiment an Produkttypen, Varianten und Ausstattungen wählen können und sich z.B. ihr „individuelles" Fahrzeug bestellen. Die Häufigkeit an Typen und Varianten nimmt daher im Automobilbau, aber auch in vielen anderen Branchen, immer mehr zu.

Variantenvielfalt

Bei einem Fahrzeughersteller stieg im Laufe eines Modellwechsels für nur einen Fahrzeugtyp die Anzahl an Varianten für Motoren um 50 %, für Hinterachsen um 100 % und in der Elektronik sogar um 200 % an. In der Folge bedeutet dies eine Potenzierung der wählbaren Typen und montagerelevanten Ausstattungsunterschiede (BULLINGER 92a).

Produkt- und Prozessinnovation

Die Produktinnovationen wirken sich im Unternehmen zunächst vor allem auf die internen Prozesse der Leistungserstellung aus. Es entsteht ein permanenter Druck, Produkte und Prozesse zu verändern.

Qualität, Kosten, Zeit

Diese in fast allen Unternehmen zu beobachtende Entwicklung wird begleitet durch extern gestellte Anforderungen. Vieles spricht im härter werdenden globalen Wettbewerb dafür, dass sich die Unternehmen an den grundlegenden Wettbewerbsfaktoren Qualität, Kosten und Zeit messen lassen müssen.

Permanente Verbesserung der Produkte und Prozesse wird zur strategischen Waffe.

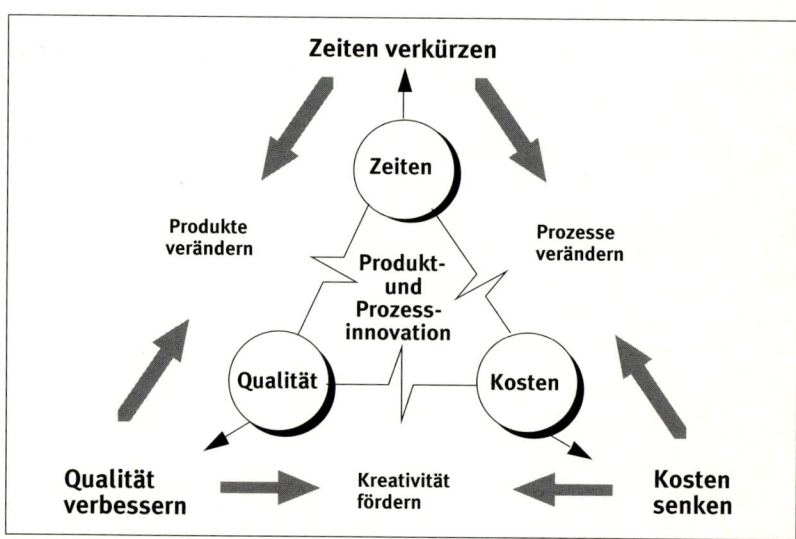

Abb. 1.2   Zielsystem der Wettbewerbsfaktoren

Eine einseitige Orientierung – in manchen Unternehmen gekennzeichnet durch reinen Personalabbau, um Kosten zu senken – schafft jedoch nicht genügend Profilierungsmöglichkeiten am Markt, da dem Unternehmen keine Substanz mehr verbleibt. Daher gewinnt die Fähigkeit an Bedeutung, sich innovativ zu verhalten und für den Kunden Mehrwert zu schaffen *(Abbildung 1.2)*.

Profilierung

Im Wettbewerb führt das Bemühen um permanente Verbesserung zu einer Neuorientierung. Die Gesamtoptimierung tritt gegenüber der Einzeloptimierung in den Vordergrund. Eine permanente Produkt- und Prozessinnovation gewinnt an Gewicht. Erfolgreichen Unternehmen gelingt es hierbei vor allem, innerbetrieblich mehr Kreativität zu fördern und überbetrieblich besser mit Kunden, Lieferanten und anderen Dienstleistern zusammenzuarbeiten.

Permanente Verbesserung

Die Anforderung, Produkte und Prozesse permanent zu verändern, begründet den Ansatz zur übergreifenden Prozessoptimierung.

Übergreifende Prozessoptimierung

1.3 Bedeutung und Motive der Prozessoptimierung

Bedeutung

Vor dem Hintergrund der dargestellten Herausforderungen rückt die Gestaltung und Optimierung der inner- und überbetrieblichen Geschäftsprozesse zunehmend in den Mittelpunkt des Unternehmensinteresses. Die Prozessoptimierung, insbesondere das „in Frage stellen" und „Neukonzipieren" ganzer Prozesse, leistet im Rahmen von Reorganisationsprojekten einen wichtigen Beitrag (vgl. GAITANIDES 94, NIPPA 95, OSTERLOH 96).

Effiziente Prozesse in Netzwerken

Die Anwendung von Konzepten wie der System- und Modulbildung, der Lieferantenintegration oder der Virtuellen Unternehmensnetzwerke, auf die später detailliert eingegangen werden soll, zeigen den hohen Handlungsbedarf in den Unternehmen.

Kundenorientierung

Die Zielsetzung liegt vor allem darin, zu einer besseren Orientierung in Richtung auf den Kunden und damit zu effizienten inner- und überbetrieblichen Leistungsprozessen zu gelangen (vgl. THALER 97a).

Definition: Prozessoptimierung

Die *Prozessoptimierung* umfasst Aufgaben der Analyse, Gestaltung, Planung, Beurteilung, Verbesserung und der Erfolgskontrolle von Prozessen. Hauptanteile haben das Wissen und die Erfahrung der betrieblichen Mitarbeiter.

Interdisziplinärer Ansatz

Ein interdisziplinärer Ansatz, der den unterschiedlichen Sichtweisen und Interessen gerecht wird, bietet hierzu die beste Grundlage. Es handelt sich in diesem Verständnis bei der Prozessoptimierung weder um eine technische Optimierung, noch um eine Optimierung im mathematischen Sinne. Auch sollen Ansätze, betriebsspezifische Organisationsabläufe an standardisierte DV-Systeme anzupassen, nicht unter diesen Begriff fallen.

Komplexe Betrachtung

Die *Betrachtungsebenen* der Prozessoptimierung und welche Fragestellungen typischerweise aufgeworfen werden, zeigt die folgende Tabelle (vgl. HAMMER 94):

Betrachtungsebene	Fragestellung
Ist-Betrachtung	Ist-Ergebnisse, Ist-Ablauf, Input-Output. Was wird bewirkt?
Betrachtung der Teilaufgaben und Zusammenhänge	Wie werden die Ergebnisse erreicht?
Schwachstellenbetrachtung	Wird dies sinnvoll bewirkt?
Soll-Betrachtung	Soll-Ergebnisse, Soll-Ablauf, Input-Output. Was soll bewirkt werden?
Umsetzung	Wie wird die Lösung umgesetzt?
Erfolgskontrolle	Wie kann der Erfolg beurteilt bzw. gemessen werden?

Eine hohe *Produkt- und Prozessqualität* ist die Grundvoraussetzung für jeden längerfristigen Erfolg am Markt. Die Potenziale zur übergreifenden Prozessoptimierung sind in diesem Gestaltungsfeld als besonders hoch einzustufen. Relevant sind insbesondere:

Motivation Produkt- und Prozessqualität

- frühzeitige Einbeziehung von Kunden und Lieferanten,
- Standardisierung, Bildung von Modulen und Systemen,
- vorbeugende Qualitätssicherung (Total Quality Management),
- weit gehende Parallelisierung der Entwicklung, Arbeitsvorbereitung und Fertigung (Simultaneous Engineering),
- Beherrschen der laufenden Änderungen von Produkten.

Die Forderung nach hoher *Lieferzuverlässigkeit* und kurzer *Lieferzeit* bedingt beherrschbare Produktions- und Logistiksysteme sowie letztlich die Abkehr von überkommenen Abläufen. Die Prozessoptimierung schafft die Basis für die Anwendung moderner Formen der Produktions- und Logistikorganisation (vgl. Pfohl 94):

Motivation Lieferqualität

- übergreifende Abstimmung der Produktions- und Logistikprozesse,
- effiziente Produktions- und Logistiksysteme,
- beherrschbare Steuerungsverfahren, beispielsweise für Fertigungssegmente und Fertigungsinseln.

Unternehmen sind gefordert, ganzheitliche, kundenbezogene Prozesse mit kosteneffizienten Strukturen zu realisieren. Hierzu wird häufig in kleinen Losen und mit kurzen Lieferzeiten produziert. *Gruppen- und Teamarbeit* in Fertigungsinseln sowie die Integration und Beschleunigung der Auftragsbearbeitung in Auftragsinseln sind weitere Beispiele. Dies setzt die volle Einbeziehung der Mitarbeiter in den Leistungserstellungsprozess voraus, insbesondere durch Qualifizierung und „training on the job" (vgl. Bullinger 96).

Motivation Organisation

Ein weiteres Motiv zeigt sich in *umweltgerechten Produkten* und *Prozessen*, insbesondere bei der umweltgerechten Produktion, der Wiederverwertbarkeit der verarbeiteten Materialien und der recycling- und demontagegerechten Konstruktion. Erfolgreiche Unternehmen profilieren sich besser am Markt, indem sie bereits im Rahmen der Produktplanung und Entwicklung die ökologischen Anforderungen berücksichtigen (vgl. Kuhn 95).

Motivation Umwelt

Die Zielpreis-Vereinbarung (engl.: target costing) nimmt im Rahmen *optimierter Beschaffungsprozesse* einen wichtigen Stellenwert ein. Dies macht sich in einer aktiveren Mitarbeit der Lieferanten beim Ausschöpfen von Kostensenkungspotenzialen bemerkbar. Beschaffung und Einkauf wandeln sich vom operativen, kostenbezogenen „Beschaffer" zum „Wertschöpfungspartner" der Lieferanten. Schwachstellen müssen analysiert und kostenwirksame Verbesserungsmaßnahmen schnell umgesetzt werden (vgl. Bullinger 92a).

Motivation Kosten

Motivation zur intelligenten Zusammenarbeit

Im Verhältnis Abnehmer-Lieferant finden weitere Veränderungen statt (vgl. FIETEN 91, MENDIUS 91). Endhersteller passen ihre Fertigungs- und Leistungstiefe an. Bei der Systembildung übernimmt eine begrenzte Zahl von Lieferanten die Rolle als Systemlieferant, weitere Lieferanten die Rolle der Teile- und Fertigungsspezialisten. Die Lieferanten werden zunehmend an der Entwicklungsarbeit beteiligt, fertigen weniger „nach Zeichnung" und erhalten mehr Freiheitsgrade. Die Lieferantenintegration wirkt auf Fertigungsprozesse, z.B. im Rahmen des Just-in-time-Abrufes. Neben der Reduzierung der Zahl der direkten Lieferanten wird weltweit eingekauft; es werden aber auch regionale Lieferanten aufgebaut, die zu 100 % beliefern. Die informationstechnische Vernetzung wirkt umfassend, z.B. bei der Auftragsabwicklung, im Forschungs- und Entwicklungsbereich, bei technischen Änderungen oder beim Austausch von Qualitätsdaten *(Abbildung 1.3)*.

Intelligente, übergreifende Zusammenarbeit überwindet Barrieren.

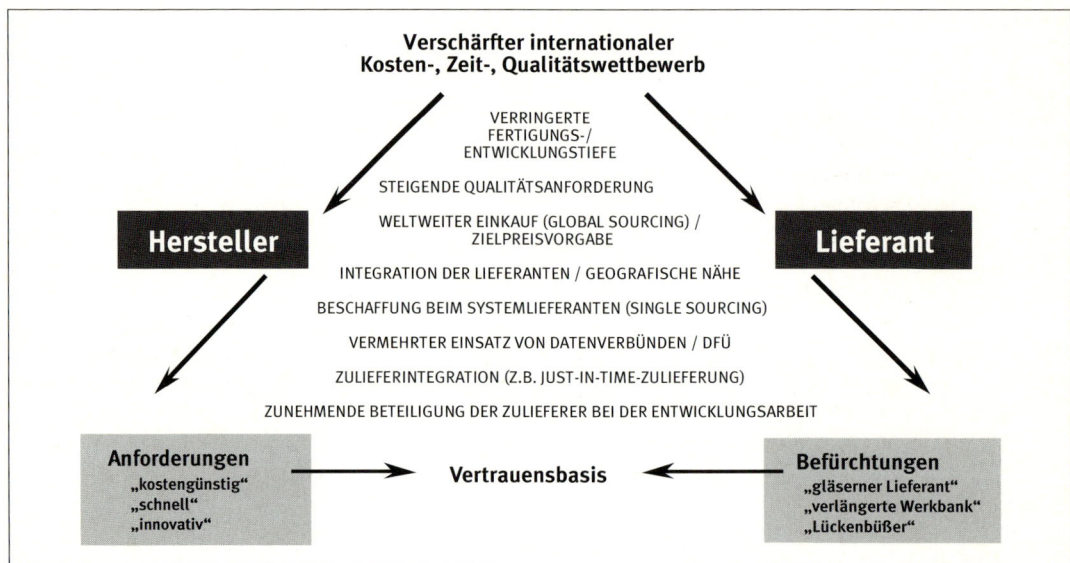

Abb. 1.3 Entwicklungstrends im „Spannungsfeld" Hersteller – Zulieferer

Viele Betriebe sind vor dem Hintergrund der dargestellten Anforderungen und Entwicklungstrends bestrebt, durchgängige *Geschäftsprozesse* mit einer verbesserten Aufgaben- und Funktionsteilung zu schaffen und effiziente Strukturen einzuführen (vgl. HAMMER 94).

Neben der innerbetrieblichen Optimierung nimmt die Notwendigkeit einer verbesserten betriebsübergreifenden Zusammenarbeit in den meisten Branchen zu (THALER 97a).

1.4 Gestaltungsfelder und Schlüsselprozesse

Als *Prozess* (engl.: process, activity) wird eine Reihe aufeinander folgender Aktivitäten und Handlungen definiert, die durch Ereignisse im Zeitablauf angestoßen werden und zu einem Ergebnis führen. Prozesse werden in *Teilprozesse* gegliedert.

Definition: Prozess

Ein *Schlüsselprozess* (engl.: key process) umfasst wesentliche Prozesse oder Teilprozesse und trägt unmittelbar zur Zweckerfüllung im Kerngeschäft bei. Unter dem Begriff *Hilfsprozess* (engl.: support process) werden zusammenhängende Aktivitäten zur Unterstützung der Schlüsselprozesse zusammengefasst.

Definition: Schlüssel- und Hilfsprozess

Als Schlüsselprozesse in produzierenden Unternehmen gelten (vgl. TURNER 95, KUHN 95, NIPPA 95):

- Produktentstehungsprozess,
- Entwicklungsprozess,
- Auftragsgewinnungsprozess,
- Produktionsplanungsprozess,
- Beschaffungsprozess,
- Produktionsprozess,
- Distributions- und Entsorgungsprozess.

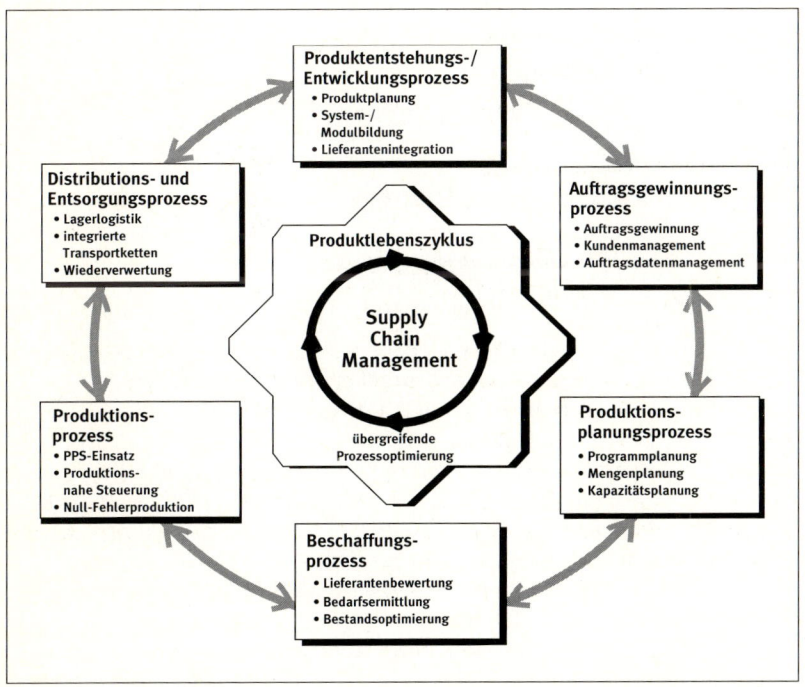

Im Produktlebenszyklus sind laufende Änderungen und Verbesserungen unter Einbeziehung von Kunden und Lieferanten durchzuführen.

Abb. 1.4   Schlüsselprozesse und wichtige Gestaltungsfelder zur übergreifenden Optimierung

Abbildung 1.4 zeigt Schlüsselprozesse und Gestaltungsfelder zur übergreifenden Prozessoptimierung, die im *Produktlebenszyklus* (engl.: product life cycle) eingeordnet sind.

Produktlebenszyklus

Über die wesentlichen Stufen von der Produktentstehung über die Produktion bis hin zur Wiederverwertung sind im Produktlebenszyklus ständige Änderungen und Verbesserungen durchzuführen, die einen dauerhaften Erfolg am Markt erst möglich machen.

Definition: Supply Chain Management

Supply Chain Management (SCM) führt über die Schlüsselprozesse zu einer übergreifenden Prozessverbesserung, da Kunden, Lieferanten und weitere Dienstleister in der logistischen Kette einbezogen werden. Es wird vom eigenen Unternehmen ausgehend versucht, durchgängige, übergreifende Prozesse zu realisieren.

Durch die Gestaltung übergreifender Prozesse können inner- und zwischenbetriebliche Grenzen überwunden und Informations-, Material- sowie Zahlungsströme optimiert werden.

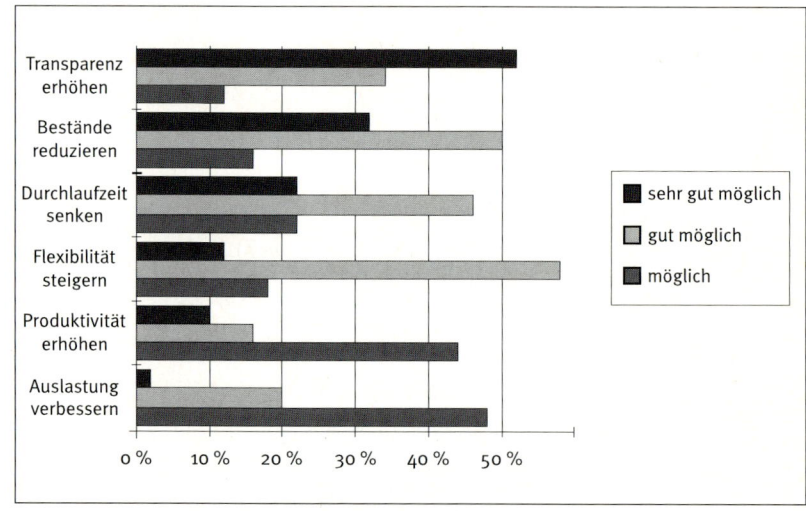

Abb. 1.5 *Erwarteter Nutzen des Supply Chain Management (Unternehmensangaben, Quelle:* THALER *99)*

Unternehmen verfolgen dabei häufig diese Ziele (*Abbildung 1.5*):

- Schaffen von größerer Transparenz, z.B. bezüglich Angebots-, Liefer- oder Versorgungssituation einzelner Stufen,
- Bestandsabbau, z.B. Schaffung gemeinsamer Versorgungs- und Lagerstrukturen,
- Reduzierung der Prozess- und Durchlaufzeiten, z.B. durch elektronische Geschäftsabwicklung,

- höhere Flexibilität, z.B. durch frühzeitige Information über Nachfrageveränderungen,
- höhere Produktivität, z.B. durch Mengen- und Bedarfsbündelung,
- bessere Auslastung, z.B. durch rechtzeitige Anpassung von Produktionskapazitäten.

Weitere Grundlagen zur Prozessoptimierung werden im nachfolgenden Kapitel 2 erläutert. Der Zusammenhang sowie Einfluss- und Kenngrößen in der logistischen Kette folgen in Kapitel 3. Schlüsselprozesse und ihre Optimierungspotenziale in der logistischen Kette werden in den Kapiteln 4 bis 6 dargestellt. In Kapitel 7 wird die Vorgehensweise zur Prozessoptimierung im Rahmen des Supply Chain Management erläutert.

Vertiefung: Fragen

Fragen zur Diskussion und Vertiefung

1. Diskutieren Sie wesentliche, marktbedingte Herausforderungen für die Unternehmen. Welche Rahmenbedingungen verändern sich?

2. Welche Gründe kann es geben, warum das Zeitfenster enger wird, das vielen Unternehmen bleibt, um ihre Produkte in die Gewinnzone zu lenken?

3. Wozu führen einseitige Maßnahmen wie Personalabbau und reine Kostenreduzierung in der Betrachtung eines Gesamtzielsystems?

4. Zeigen Sie, welche Handlungsmöglichkeiten sich für die übergreifende Prozessoptimierung aus dem Zielsystem Qualität – Kosten – Zeit – Prozessinnovation ableiten lassen. Wo ergeben sich möglicherweise Zielkonflikte?

5. Welche wesentlichen Aufgaben und Motive umfasst die Prozessoptimierung? Welche Aufgaben sehen Sie inner- und überbetrieblich?

6. Welche Gestaltungsfelder und Prozesse sind beim Supply Chain Management im gesamten Produktlebenszyklus angesprochen? Was unterscheidet Schlüssel- und Hilfsprozesse?

7. Wodurch können sich inner- und überbetriebliche Grenzen in den Informations-, Material- und Zahlungsströmen ergeben?

8. Welche strategischen Vorteile können sich für ein Unternehmen aus der Anwendung des Supply Chain Management ergeben? Welchen möglichen Nutzen hat das Unternehmen, welchen der Kunde?

Literaturhinweise

BULLINGER 92a   Bullinger, H.-J.: Innovative Produktionsstrukturen – Voraussetzungen für ein kundenorientiertes Management. In: IAO-Forum Kundenorientierte Produktion, Band T 30, 1992.

BULLINGER 96   Bullinger, H.-J./Warnecke, H.-J. (Hrsg.): Neue Organisationsformen im Unternehmen. Berlin: Springer, 1996.

FIETEN 91   Fieten, R.: Erfolgsstrategien für Zulieferer. Wiesbaden: Gabler, 1991.

GAITANIDES 94   Gaitanides, M. (Hrsg.): Prozessmanagement. Konzepte, Umsetzungen und Erfahrungen des Reengineering. München/Wien, 1994.

Hammer 94   Hammer M., Champy, J.: Business Reengineering. Die Radikalkur für das Unternehmen. Frankfurt: Campus, 1994.

KUHN 95   Prozessketten in der Logistik: Entwicklungstrends und Umsetzungsstrategien. Dortmund, 1995.

MENDIUS 91   Mendius, H.G./Wendeling-Schröder, U.: Zulieferer im Netz – Zwischen Abhängigkeit und Partnerschaft. Köln: Bund-Verlag, 1991.

NIPPA 95   Nippa, M./Picot, A. (Hrsg.): Prozessmanagement und Reengineering. Die Praxis im deutschsprachigen Raum. Frankfurt: Campus, 1995.

OSTERLOH 96   Osterloh, M./Frost, J.: Prozessmanagement als Kernkompetenz. Wiesbaden: Gabler, 1996.

PFOHL 94   Pfohl, H.-Chr.: Logistikmanagement. Berlin, 1994.

THALER 94a   Thaler, K.: Neue Strategien der Zulieferintegration. In: Zukunftssicherung durch Innovation. Berichtsband Fertigungstechnisches Kolloquium Stuttgart 1994. Berlin: Springer, 1994.

THALER 97a   Thaler, K.: Neugestaltung der Hersteller-Zulieferer-Beziehung. In: Tagungsunterlagen Benchmarking '97. FhG-IKP. Berlin, 1997.

THALER 99   Supply Chain Management – Herausforderungen, Potenziale und Lösungen. In: Tagungsunterlagen Supply Chain Management. Euroforum Deutschland GmbH. Düsseldorf, 1999.

TURNER 95   Turner, G./Thaler, K.: Coordination and Management of European Supply Chains. Weaknesses revealed by the COMPRIE Study. Oxford: PERA Consulting Ltd, 1995.

2 Grundlagen der Prozessoptimierung

2.1 Der Weg zu übergreifenden Veränderungen

2.1.1 Funktionale Aufbauorganisation

Die in der Vergangenheit erfolgreich angewandten Konzepte der Unternehmensorganisation, Gliederung in getrennte Fachbereiche, wie Vertrieb, Konstruktion, Arbeitsvorbereitung, Montage, Logistik usw., verursachten oftmals eine Vielzahl von organisatorischen Schnittstellen mit einem in der Folge unzureichenden Kunden- und Prozessbezug (vgl. THALER 94b, VDMA 95, BULLINGER 96).

Funktionale Sicht

Die Auftragsabwicklung beginnt z.B. bereits mit dem ersten Kundenkontakt und der Festlegung der meisten Eigenschaften des künftigen Produkts oder Auftrags mit weitreichenden Konsequenzen für Beschaffung, Produktion und Logistik. Nach der Auftragserteilung legen weitere Bereiche Produkteigenschaften, technische Merkmale und Ausführung fest, bevor die Umsetzung aller Vorgaben von einem anderen Bereich „erledigt" wird. Die funktionale Gliederung der Bereiche mit der Tendenz zur bereichsinternen Suboptimierung verstärkt Reibungs- und Informationsverluste. Die Durchgängigkeit wird häufig mit einem hohen Steuerungsaufwand erkauft (vgl. WIENDAHL 97, KERN 92, WARNECKE 93a).

**Probleme:
funktionale Gliederung**

Prozesse „quer" zur Aufbauorganisation verstärken Reibungs- und Informationsverluste.

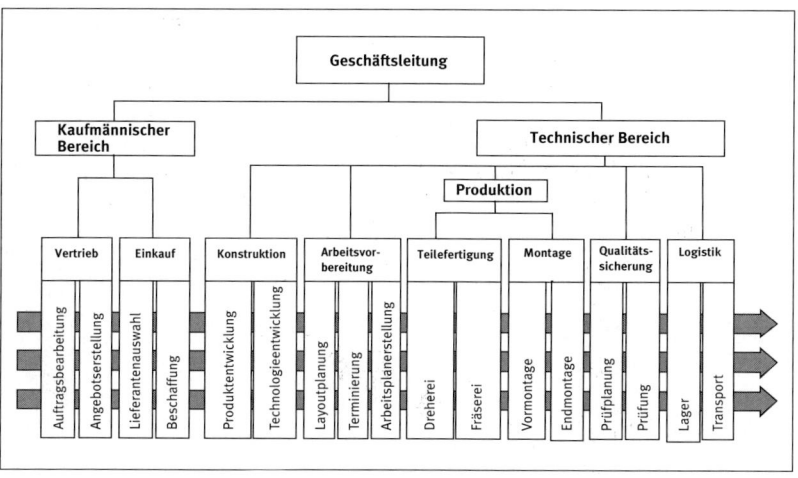

Abb. 2.1 Interne funktionale Gliederung von Bereichen

Dem auftragsorientierten Ablauf steht in vielen Unternehmen eine rein funktional und verrichtungsorientierte Aufbauorganisation gegenüber (*Abbildung 2.1*). Diese Gliederung bewirkt vor allem Verzögerungen im Informations-, Material- und Fertigungsfluss (vgl. AGGTELEKY 92, BULLINGER 94a, SCHULTE 96).

23

Definition: Schnittstelle

Organisatorische Schnittstellen entstehen, wenn Aufgaben funktionsübergreifend wahrgenommen werden müssen und sich Tätigkeiten mit denen anderer Bereiche überschneiden. Im Zusammenhang mit der Datenübertragung wird der Begriff Datenschnittstelle verwendet.

Probleme: Schnittstellen

Bei der funktionalen Gliederung von Bereichen entstehen häufig Probleme an den organisatorischen Schnittstellen:

- bereichsbezogene Kommunikationswelten und Fachbereichsdenken,
- unklare Auftragsverantwortlichkeit,
- Informationsverluste und Übertragungsfehler,
- Doppelarbeit, Ausschuss und Nacharbeit.

2.1.2 Prozessorientierte Unternehmensorganisation

Prozessorientierung

Eine in funktionale Verantwortungsbereiche gegliederte Organisation stärkt die Stellung der Fachbereiche, fördert aber in aller Regel das Entstehen von Bereichsegoismen mit der Tendenz zur „lokalen" Informationshoheit. Informationsbedarf für nachgelagerte Bereiche bleibt dann „abholbereit" liegen. Wenn z.B. im Bereich der Produktionsplanung und -steuerung Informationen über Auftragsverschiebungen verzögert weitergegeben werden, können notwendige Reaktionen in der Fertigung nur sehr aufwendig eingeleitet werden.

Abkehr von der funktionalen Sicht

Führende Unternehmen setzen daher auf eine Abkehr von der funktionalen hin zur prozessorientierten Unternehmensorganisation. Dementsprechend gewinnt der Ansatz an Bedeutung, Prozesse statt Funktionen zu optimieren (*Abbildung 2.2*). Notwendig sind im Ergebnis integrierte Unternehmensstrukturen, die sich am Kundenauftrag, am ganzheitlichen Prozess des Auftragsablaufs oder an Produktgruppen und weniger an internen Funktionen orientieren (vgl. WOMACK 92, THALER 94b, VDMA 95, BULLINGER 96, EVERSHEIM 96, WILDEMANN 97).

Die Prozessorientierung überwindet die „engen" Sichten der Bereiche.

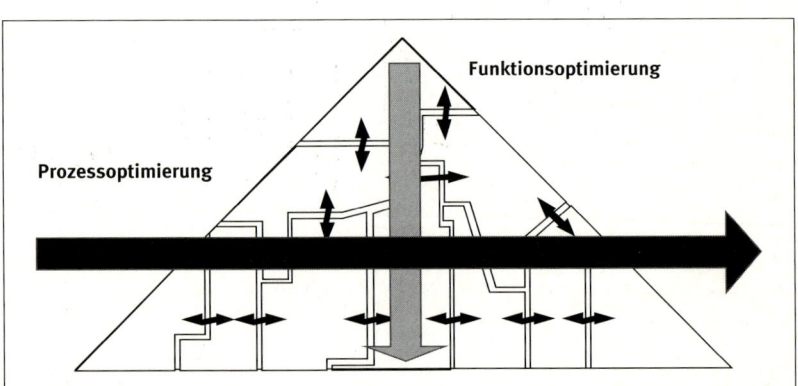

Abb. 2.2 Prozessoptimierung vs. Funktionsoptimierung

2.1.3 Ansätze zur Prozessoptimierung

In der Unternehmenspraxis haben sich im Zusammenhang mit der Prozessoptimierung mehrere Begriffe durchgesetzt (vgl. WOMACK 92, HAMMER 94, TURNER 95, SCHEER 95, BLOECH 97):

Begriffe der Prozessoptimierung

- Geschäftsprozessoptimierung (GPO)
  (engl.: process reengineering, auch: business process reengineering),

- Informationsflussoptimierung
  (engl.: work flow optimization),

- Prozesskettenmanagement / übergreifende Prozessoptimierung
  (engl.: supply chain management/optimization = SCM).

Geschäftsprozessoptimierung und *Reengineering* stellen zwar begrifflich unterschiedliche, inhaltlich jedoch gleichartige Ansätze dar. Die Prozessgestaltung von Tätigkeiten bzw. das Infragestellen der Ablauforganisation und deren Optimierung sind bei diesen Ansätzen erforderlich (vgl. HAMMER 94, FIETEN 96).

Work-flow-Optimierung geht stärker von der datentechnischen Unterstützung aus und wird vor allem zur Gestaltung von Informationsflüssen in administrativen Bereichen und Dienstleistungsunternehmen eingesetzt (vgl. SCHEER 95, JASPERSEN 94).

Supply Chain Management umfasst die übergreifende Prozessoptimierung in der logistischen Kette (vgl. WOMACK 92, TURNER 95, THALER 96, HANDFIELD 98).

Reengineering zielt auf eine Reorganisation von Prozessen und zur Neugestaltung der zugrundeliegenden Unternehmensaufgaben und Abläufe ab (vgl. HAMMER 94). Dieser Ansatz ist charakteristisch für „strategische Projekte" und ist gekennzeichnet durch:

Überdenken und Neugestalten von Aufgaben

- Überdenken und Neugestalten eines Geschäftsprozesses,
- Erweiterung der Entscheidungsfreiheit und Verantwortung der operativen Ebene,
- Festlegung von Prozessverantwortlichen,
- transparent und einfach gehaltene Prozesse,
- Erweiterung von Aufgabeninhalten,
- eigenverantwortliche Selbstorganisation,
- ergebnisorientiertes Handeln statt „Befolgen" von „Regeln",
- kreativer Einsatz moderner Informations- und Kommunikationstechnologie.

Als *strategisches Projekt* wird eine unternehmensinterne oder -übergreifende Zusammenarbeit eines verantwortlichen Projektteams zur Gestaltung eines Schlüsselprozesses verstanden. Das Projektteam kann sich

Veränderung der Aufbau- und Ablauforganisation

aus eigenen Mitarbeitern, Kunden, Lieferanten oder Beratern zusammensetzen. Eine übergeordnete Projektzielsetzung (Zielsystem) sowie die zeitlichen und finanziellen Rahmenbedingungen sind festgelegt. Umsetzungsmaßnahmen führen i.d.R. zu einer Veränderung der Aufbau- und Ablauforganisation im Unternehmen.

SCM-Projekte

Zusammenfassend handelt es sich beim *Supply Chain Management* um Projekte zur übergreifenden Prozessoptimierung, wenn folgende Charakteristiken zutreffen:

Merkmal	Beschreibung
Komplexität der logistischen Kette	umfassendes, komplexes Projekt, mehrere Akteure, übergreifendes Zielsystem, keine punktuellen Verbesserungsmaßnahmen
Komplexe Wirkungsgrößen	zeitnahe Prozesse, Dynamik in der logistischen Kette, dadurch Forderung nach Informationsaktualität
Projektbedeutung	hohe Bedeutung der Projektziele im Unternehmen Einbindung der Kunden- und Lieferantenziele („win-win"-Effekt)
Übergreifender Ansatz	übergreifende Gestaltung von Prozessen, z.B. durch informationstechnische Anbindung der Kunden oder Dienstleister
Innovationscharakter	Projekt mit Innovationscharakter, Neugestaltung von übergreifenden Abläufen, Einführung innovativer Planungs- und Steuerungsverfahren, die betriebsübergreifend wirken
Externe Mitarbeiter	Einbeziehen externer Mitarbeiter, z.B. Fachabteilungen von Dienstleistern oder Kunden
Mehrere Planungs- und Entscheidungsebenen	Projektierung auf mehreren Planungs-, Entscheidungs- und Verantwortungsebenen

2.2 Unternehmens- und bereichsbezogene Integrationskonzepte

2.2.1 Übersicht

Die von den Unternehmen verfolgten Integrationsstrategien und -konzepte sind durch unterschiedliche Anwendungsbereiche und Wirkungsebenen gekennzeichnet.

Integrationskonzepte

Es werden im Folgenden Integrationskonzepte dargestellt, deren Wirkungen von der werks-, bereichs- und gruppenübergreifenden bis hin zur gruppenbezogenen Unternehmensebene beschrieben werden. Diese sind:

- virtuelles Unternehmensnetzwerk,
- schlanke Produktion / Lean Production,
- fraktales Unternehmen,
- Fertigungssegmente,
- Fertigungsinseln,
- Montagegruppen.

Virtuelles Unternehmensnetzwerk, Lean Production und Fraktale Fabrik sind die weitgehendsten Ansätze, die sich werks- und bereichsübergreifend sowie innerbetrieblich auswirken. Fertigungssegmente, Fertigungsinseln und Montagegruppen wirken vor allem auf der gruppenübergreifenden und gruppeninternen Ebene. Allerdings sind z.T. auch werks- und bereichsübergreifende Elemente enthalten, wie die folgende Übersicht zeigt:

Wirkungen von der Werks- zur Gruppenebene

Konzept	Wirkungsebene
Virtuelles Unternehmensnetzwerk	Werksübergreifend: Netzwerk Lieferanten, Kunden, Dienstleister, usw. Bereichsübergreifend: vernetzte Bereiche, Forschung, Entwicklung. Gruppenübergreifend: Gruppen in virtuellen Teams. Gruppenintern: Mitarbeiter in virtuellen Teams.
Lean Production	Werksübergreifend: Lieferanten, z.T. Kunden. Bereichsübergreifend: indirekte Bereiche, Produktion, Logistik. Gruppenübergreifend und gruppenintern: Teams.
Fraktales Unternehmen	Werksübergreifend: Lieferanten, z.T. Kunden. Bereichsübergreifend: indirekte Bereiche, Produktion, Logistik. Gruppenübergreifend und gruppenintern: Fraktale.
Fertigungssegment	Gruppenübergreifend und gruppenintern: Teams. Erweiterte Aufgaben: Einbezug von Lieferanten über Teiledisposition.
Fertigungsinsel	Gruppenintern: Fertigung. Erweiterte Aufgaben: z.B. Einbezug Arbeitsvorbereitung.
Montagegruppen	Gruppenintern: Montage. Erweiterte Aufgaben: z.B. Einbezug der Qualitätssicherung.

2.2.2   Virtuelles Unternehmensnetzwerk

Defintion: Virtuelles Unternehmensnetzwerk

Das *virtuelle Unternehmensnetzwerk* (engl. virtual corporation; auch: virtual company network) stellt sich als ein Netzwerk unabhängiger Betriebe oder unterschiedlicher Unternehmensbereiche dar. Ein Zusammenschluss geschieht für eine begrenzte Zeit zum Zweck einer feststehenden, gemeinsamen Aufgabenbewältigung (vgl. DAVIDOW 93).

I&K-Technologie

Der Zusammenschluss und die Zusammenarbeit geschieht „virtuell" über moderne Informations- und Kommunikationstechnologie (I&K), beispielsweise über Intranet (siehe Kapitel 3.2.3). Ergänzende Kompetenzgebiete werden zusammengelegt und ein gegenseitiger Zugang zum Markt ermöglicht. Auf Aufbauorganisation und Hierarchie kann weitgehend verzichtet werden (BULLINGER 94a).

Virtuelle Arbeitsteams

Wenn der Geschäftszweck erreicht ist, kann das virtuelle Unternehmensnetzwerk aufgelöst werden. Das Konzept bietet sich überall dort an, wo unabhängig vom Standort zusammen entwickelt, produziert und vertrieben wird. „Virtuelle Arbeitsteams" sind der Kern des Konzepts.

Virtuelle Unternehmensnetzwerke sind vor allem für kleine und mittelständische Betriebe interessant.

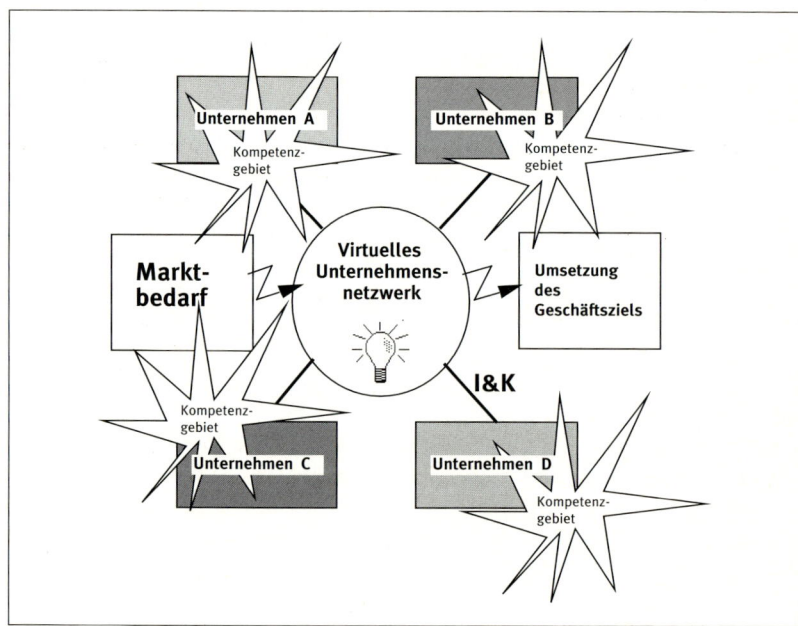

Abb. 2.3   *Virtuelles Unternehmensnetzwerk (BULLINGER 94a)*

Weltweite, überbetriebliche Zusammenarbeit

Die Potenziale eines virtuellen Unternehmensnetzwerks sind vor allem in der Flexibilität, der Reaktionsschnelligkeit und der Möglichkeit des weltweiten, betriebs- und bereichsübergreifenden Zusammenbringens von Know-how zu sehen (*Abbildung 2.3*). Der Organisationsaufwand kann in Grenzen gehalten werden. Die folgende Tabelle beschreibt zusammenfassend die Potenziale, enthält aber auch offene Fragen und Problempunkte.

Potenziale	Beschreibung
Flexibilität	Virtuelle Netzwerke sind offen für jedes „passende" Unternehmen. Kleine und mittlere Unternehmen können durch Zusammenschluss „größer" werden. Gegenüber Kunden tritt das Netzwerk als ein Anbieter auf. Zusammenarbeit kann ohne starre Organisationsstrukturen erfolgen. Raum und Entfernung verlieren an Bedeutung.
Schnelligkeit	Hohe Geschwindigkeit der weltweiten Datenübertragung durch Informations- und Kommunikationstechnologie. Virtuelles Netzwerk schafft Grundlage für eine schnelle Projektrealisierung. Virtuelles Netzwerk ist schnell auflösbar. Marktpotenziale werden schneller erkannt und genutzt.
Mitarbeiter und Know-how	Projektgruppen arbeiten überbetrieblich an unterschiedlichen Orten sowie in verschiedenen Zeitzonen. Experten können Know-how aus ihrem Gebiet einfließen lassen. Fachliche Fähigkeiten werden ergänzt. Für die Kunden entsteht höhere Wertschöpfung. Der Arbeitsstil verändert sich, es wird „von Projekt zu Projekt" gearbeitet. Der persönliche Kontakt und Zusammenhalt wird reduziert. Mitarbeiter werden stärker gefordert.
Organisatorischer Aufwand	Es braucht kein neues Unternehmen gegründet werden. Keine konventionelle Organisation notwendig. Geringer Kapitalaufwand. Interne und externe Koordination ist schwierig. Infrastrukturkosten müssen entsprechend aufgeteilt werden. Datenschutz (Verschlüsselung) ist zu regeln.

Aus den genannten Gründen sind virtuelle Netzwerke vor allem für mittelständische Unternehmen interessant. Kooperationen von einzelnen Zulieferern, die als gemeinsamer Anbieter auftreten, sind für die System- und Modulbildung (siehe Kapitel 4.2.1) notwendig (vgl. Thaler 94b).

Zusammenfassung: virtuelles Unternehmensnetzwerk

2.2.3 Lean Production

Das Lean-Production-Konzept wurde in Europa durch die Untersuchungen von Womack und Jones (Womack 92) bekannt. Lean Production steht für „schlanke" Fertigung, d.h. weniger Hierarchien, aber auch weniger Personal. Das Konzept wurde in der japanischen Automobilindustrie entwickelt und dort zuerst angewendet. Später erfolgte die Erprobung in japanischen Transplants (Werke der japanischen Hersteller) in England und in den USA. Von dort aus fand die weitere Verbreitung statt.

Schlanke Produktion

Definition:
Lean Production

Merkmale und Leitlinien des Lean-Production-Konzepts sind:

Merkmale	Leitlinien
Mitarbeiterorientierung	Mensch als entscheidender Produktionsfaktor
Vorbeugende Qualitätssicherung	systemische Qualitätssicherung, d.h., die Qualitätssicherung wird in den Prozess hineingelegt
Durchgängige Prozesse	Produktion als integrierter Prozess
Kontinuierliche Verbesserung	von der Prozess- zur Produktinnovation
Kundenorientierung	konsequente Marktorientierung
Lieferantenintegration	Zulieferintegration als Produktivitätsgewinn

Beispiel: Konzept
der schlanken Fabrik

Praxisbeispiel – Lean Production bei einem Fahrzeughersteller

Am einem neu errichteten Produktionsstandort werden Kleinwagen nach den Prinzipien der Lean Production („schlanke Produktion") hergestellt. Die Montagezeiten für ein Fahrzeug liegen deutlich unter denen konventioneller Fahrzeugmontagen. Der Karosserierohbau erfolgt in einer Fertigungslinie, Baugruppen werden über flexible Fertigungszellen komplettiert und der Linie zugeführt. Zur Fehlervermeidung wird das Poka-Yoke eingesetzt. Für das Personal im Rohbau bedeutet dies beispielsweise, dass mit Hilfe einer Leuchttafel mögliche Fehlerstellen der Bauteile beim Einlegen in die Vorrichtung überprüft und quittiert werden müssen (vgl. Kapitel 6).

Die Zufuhr an Karosserieteilen im Rohbau wird über Bestandspuffer gesteuert, um die Bestände gering zu halten. Im weiteren Ablauf werden die Rohkarossen nach der Lackierung in das Endmontageband eingeschleust. Die Montage erfolgt abschnittsweise in Gruppenarbeit. Jede Gruppe verantwortet einen Bandabschnitt und die dazugehörenden Arbeitsschritte. Als ein Hilfsmittel zur Qualitätssicherung dient der so genannte „standardisierte Arbeitsprozess", d.h., die Gruppe definiert in einem Arbeitsblatt eine sinnvolle Montagefolge und kontrolliert die Qualität selbst. Die Arbeitsfolge soll eingehalten werden, bei der täglichen Qualitätsbesprechung wird dieser Standard laufend überprüft. Durch den kontinuierlichen Verbesserungsprozess (KVP) werden Anregungen zur Optimierung des Montageablaufs aufgenommen und umgesetzt. Macht sich ein Mitarbeiter Gedanken zur Verbesserung, beispielsweise über ein Werkzeug als Einbauhilfe „seiner" Bauteile, so kann ein guter Vorschlag sofort in einer „KVP-Werkstatt" realisiert werden.

Um im Unternehmen den Verbesserungsprozess transparenter zu machen, liefern die Montagegruppen laufend Informationen über den Stand Ihrer Bemühungen. Kennzahlen werden für Fehlerteile, Reklamationshäufigkeit, Bandstillstandszeit, aber auch für die Anzahl der Verbesserungsvorschläge und den Krankenstand angezeigt. Im Endmontagebereich erfolgt die Materialbereitstellung von Kleinteilen verbrauchsorientiert über montagenahe Behälter. Größere Komponenten wie Sitze und Motoren werden in Sequenz beim Lieferanten abgerufen. Stockt der Materialfluss oder treten Fehler auf, wird das Band vom Montagepersonal gestoppt, da Fehler nicht weitergegeben werden dürfen. Ein fester Anteil der Arbeitszeit wird für Besprechungen und Weiterbildung genutzt.

Aus dem dargestellten Praxisbeispiel sind die ineinander greifenden Elemente und Wirkungen ersichtlich, die die Lean Production kennzeichnen:

Wirkungen der Lean Production

- ganzheitliche Einbindung der Mitarbeiter,
- Visualisierung der relevanten Prozesskenngrößen am Arbeitsplatz,
- ausgeprägtes Verbesserungs- und Vorschlagswesen,
- materialflussorientierter Arbeitsablauf,
- kontinuierlicher Verbesserungsprozess,
- Methode des standardisierten Arbeitsprozesses,
- Fehlervermeidung durch vorbeugende Qualitätssicherung,
- verbrauchsorientierte Bereitstellung von Kleinteilen am Band,
- reihenfolgegenaue Anlieferung und Abruf hochwertiger Teile beim Lieferanten.

Als problematisch gilt, dass die Mitarbeiter stärker gefordert werden und sich mehr einbringen müssen. Nicht immer sind geeignet qualifizierte Mitarbeiter verfügbar, sodass der Aufwand für Personalsuche und -auswahl steigt. Durch die engere Verzahnung und die geringeren Materialbestände steigt die Anfälligkeit für Störungen, insbesondere wenn diese nicht beeinflusst werden können, wie bei Streiks im Ausland. Die Aufwendungen für Schulung und Weiterbildung steigen beim Lean-Production-Konzept. Grundsätzlich wird eine proaktive Rolle des Führungspersonals bzw. Managements notwendig.

Probleme: Lean Production

2.2.4 Fraktales Unternehmen

Für ein *fraktales Unternehmen* stehen die Prinzipien (WARNECKE 95, vgl. nachfolgendes Beispiel):

Definition: Fraktales Unternehmen

- **Selbstorganisation,**
- **Selbstähnlichkeit,**
- **Dynamik.**

Das fraktale Unternehmen soll sich auf die sehr schnell ändernden Umfeldanforderungen in einem ständigen Wandlungsprozess anpassen.

Beispiel: das wandlungsfähige Unternehmen

Praxisbeispiel – Fraktale Unternehmensstruktur bei einem Lebensmittelproduzenten

Ein Unternehmen stellt küchenfertig aufbereitete Lebensmittel her (IPA 97). Durch die Schaffung selbstorganisierter Einheiten (Fraktale) wird den vielfältigen, meist nicht vorhersehbaren Einflüssen Rechnung getragen. Dies sind die schwer kalkulierbare Liefersicherheit der Rohware, die nicht einheitliche Rohwarenqualität oder die Schwankungen bei täglich neu festgelegten Auftragsmengen. Die Unternehmensorganisation ist in mehreren Fraktalen abgebildet:

Organisatorische Einheit	Beschreibung
Leitungsfraktal	Aufgaben und Aktivitäten der strategischen und operativen Geschäftsleitung sowie Dienstleistungen
Beschaffungsfraktal	Lieferantenauswahl, Beschaffung und Materialbereitstellung an Bändern
Distributionsfraktal	Lagerung, Auslieferung, Kommisionierung
Auftragsabwicklungsfraktal	Planung, Steuerung, Koordination, Kundenintegration
Zwischenproduktfraktal	linienorientierter Putzbereich bzw. Bereich Vorwaschen, Schneiden, Waschen, Trocknen
Endproduktfraktale „Menge" sowie „Vielfalt und neue Produkte"	Chargieren, Mischen, Abpacken und Verpacken für den Bereich der Massen- und Serienfertigung sowie für die auftragsorientiert in kleineren Mengen hergestellten Produkte
Renner-Fraktal	prozessorientiert für Einzelprodukte ohne Zwischenpufferung

Zusammenfassung: Fraktales Unternehmen

Aus dem Beispiel können zusammenfassend folgende allgemeine Kennzeichen und Vorteile des fraktalen Unternehmens abgeleitet werden (vgl. WARNECKE 95):

- Abbildung der Unternehmensorganisation in selbst organisierten Einheiten,
- Anwendung der Gestaltungsprinzipien Selbstorganisation, Selbstähnlichkeit und Dynamik, dadurch hohe Flexibilität,
- Schaffung kleiner, überschaubarer Unternehmenseinheiten,
- Umsetzung des Prinzips der internen Kunden-Lieferanten-Beziehung.

Als nachteilig oder problematisch gilt, ebenso wie bei Lean Production, dass die Mitarbeiter hochflexibel sein müssen und mehr gefordert werden. Dies erfordert vor allem eine innerbetriebliche Verhaltensänderung. Die engere Verzahnung schafft eine höhere Anfälligkeit bei Störungen und macht es erforderlich, dass in Schulung und Weiterbildung investiert wird. Die Umsetzung des Konzeptes „Fraktales Unternehmen" wurde bereits sowohl in Produktions- als auch in Dienstleistungsbetrieben vorgenommen (vgl. WARNECKE 95).

Probleme:
Fraktales Unternehmen

2.2.5 Fertigungssegmente

Fertigungssegmente (engl.: production segment) sind produktorientierte, organisatorische Einheiten mit eindeutiger Markt- und Zielausrichtung (vgl. WILDEMANN 94). Ziel der Segmentierung ist ein möglichst hohes Maß an Komplettbearbeitung. Dies ermöglicht die:

Definition:
Fertigungssegmente

- **ganzheitliche Gestaltung der anfallenden Aufgaben,**
- **Übertragung produktiver und indirekt produktiver Tätigkeiten auf die Mitarbeiter des Segments.**

Organisatorische Regelungen werden nach dem Prinzip „interne Kunden-Lieferanten-Beziehung" aufgebaut. Dies bedeutet, dass sich intern jeder Mitarbeiter bzw. jede Gruppe so verhält, wie dies bei einer externen Geschäftsbeziehung der Fall wäre. Die Leistungs- und Kostenverantwortung eines Segments kann im Rahmen eines Profitcenters erfolgen. Hierfür wird auch der Begriff Produktionscenter verwendet.

Fabrik in der Fabrik

Praxisbeispiel – Fertigungssegmente bei einem Pressenhersteller
Ein Unternehmen stellt Pressen und Presswerkzeuge für die Blechbearbeitung her (VDMA 95). Der Ablauf ist sehr stark durch kundenspezifische Sonderwünsche und durch Einzel- und Kleinserienfertigung geprägt. Die Vorfertigung der Pressenteile und deren Endmontage finden getrennt statt. In der Vorfertigung werden teilespezifische Fertigungssegmente gebildet. Für ein festgelegtes Teilespektrum werden in einem Segment jeweils die erforderlichen Werkzeugmaschinen zusammengeführt. Im Unternehmen ergibt sich folgende Zuordnung von Teilearten zu Segmenten:

Beispiel:
Fertigungssegmente

Segment	Teilezuordnung
Fertigungssegment I	große kubische Pressenteile
Fertigungssegment II	mittlere kubische Teile
Fertigungssegment III	mittlere rotationssymmetrische Teile mit und ohne Verzahnung
Fertigungssegment IV	„Job Shop" für kubische und rotationssymmetrische Teile

Die Aufgaben des Fertigungssegments für große kubische Teile und die dafür bereitgestellten Werkzeugmaschinen zeigt *Abbildung 2.4*. Hauptaufgabe ist die Herstellung und Bearbeitung des vorgesehenen Teilesortiments. Dies schließt sowohl die Programmierung für numerisch gesteuerte Werkzeugmaschinen als auch die Mitwirkung an der Arbeitsplanerstellung ein, im Einzelfall bis hin zur Konstruktionsberatung. Kleinere Investitionen können bis zu einer gewissen Höhe im Fertigungssegment selbst beschlossen werden. Weitere Aufgaben sind die Planung des Arbeitsablaufes hinsichtlich Terminen und Arbeitsfolgen, die Qualitätssicherung und die Arbeitsplatzgestaltung. Die Instandhaltung wird zusammen mit einer Zentralstelle durchgeführt.

Das Fertigungssegment erlaubt es, umfangreiche Umfeldaufgaben, vor allem zur Planung, Materialversorgung und Kontrolle zu dezentralisieren.

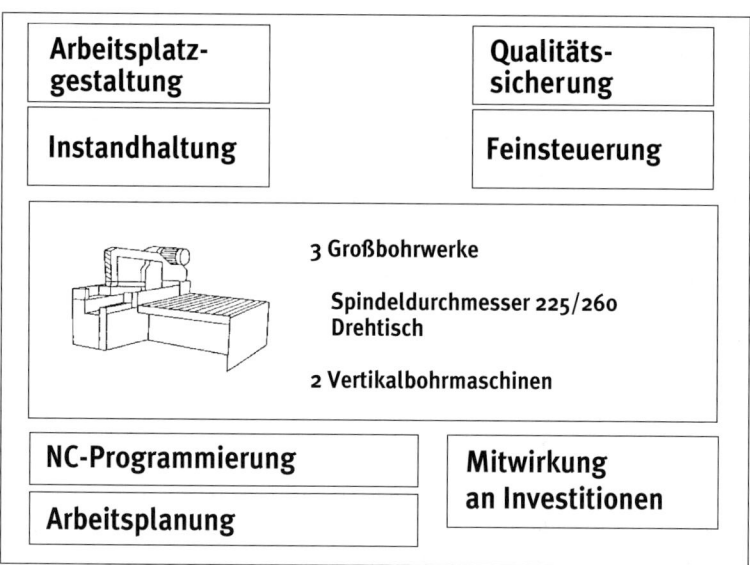

Abb. 2.4 *Fertigungssegment für kubische Teile im Pressenbau (VDMA95)*

Zentrale Aufgaben

Es zeigt sich, dass nicht immer alle anfallenden Aufgaben im Fertigungssegment durchgeführt werden können. Zu den häufig zentral zu koordinierenden Aufgaben gehören:

- übergreifende Kapazitätsplanung und -steuerung,
- zentrales Betriebsmittel- und Werkzeugwesen,
- Angebots- und Auftragsbearbeitung von Lohnaufträgen,
- Zielvorgaben und Produktivitätsüberwachung,
- Investitionsplanung.

Allgemein können folgende Kennzeichen und Vorteile von Fertigungs- segmenten abgeleitet werden:

Zusammenfassung: Fertigungssegment

Kennzeichen	Vorteile
Kompetenzerweiterung	Verlagerung von Kompetenz und Verantwortung an den Ort der Aufgabendurchführung
Einfache Kommunikation	einfache und direkte Kommunikation der Mitarbeiter
Erweiterte Arbeitsinhalte	Verbesserung und Anreicherung von Arbeitsinhalten
Motivation der Mitarbeiter	Erhöhung der Motivation der Mitarbeiter (Mitarbeiterzufriedenheit)
Selbststeuerung	Reduzierung des Steuerungs- und des internen Logistikaufwands
Organisation als Cost-/ Profitcenter	Verringerung des Verwaltungsaufwands
Schnittstellenreduzierung	weitgehende Reduzierung von Reibungsverlusten im Prozess

Als problematisch oder nachteilig gilt bei der Anwendung von Ferti- gungssegmenten, dass bei Änderungen des Produktprogramms oft Zuord- nungs- und Auslastungsprobleme auftreten können. Oft entstehen „Rest- bereiche", wenn sich der Produktmix verändert. Es ist daher eine hohe Personalflexibilität notwendig, um Auslastungsverschiebungen ausgleichen zu können. Bei Fertigungssegmenten sind darüber hinaus oft Investitionen in mehrfach benötigte Betriebsmittel notwendig.

Probleme: Fertigungssegment

2.2.6 Fertigungsinseln

Fertigungsinseln (engl.: production cell) fassen zusammengehörende, sinn- volle Bearbeitungsschritte und die benötigte Fertigungstechnologie räumlich und organisatorisch zusammen und orientieren sich so weit als möglich an Tei- lefamilien (vgl. Auch 89).

Definition: Fertigungsinseln

Teilefamilien werden gebildet, indem Teile nach Fertigungsmerkmalen wie Bearbeitungsverfahren oder Fertigungsabläufen klassifiziert und gruppiert werden.

Definition: Teilefamilie

Der Unterschied von Fertigungsinseln zu Fertigungssegmenten liegt oft in der organisatorischen Zusammenfassung und Größe der organisatorischen Ein- heiten. Bei Fertigungsinseln werden i.d.R. kleine organisatorische Einheiten zwischen 5 bis 20 Mitarbeitern gebildet. Fertigungssegmente umfassen mehr Mitarbeiter und können z.B. mehrere Fertigungsinseln einschließen.

Umfang von Fertigungsinseln

Beispiel:
Fertigungsinsel

Praxisbeispiel – Fertigungsinseln bei einem Werkzeugmaschinenhersteller

Ein Hersteller von Werkzeugbearbeitungsmaschinen stellte die bisherige Produktion auf Fertigungsinseln um (VDMA 95). Zielsetzung ist es, dass mehrere Fertigungsinseln in Eigenverantwortung jeweils eine festgelegte Maschinenkomponente produzieren. Jede Fertigungsinsel ist ein eigenständiger Bereich und kann die Erzeugnisse an verschiedene Standorte bzw. interne Kunden liefern. Arbeitsplanung, Arbeitssteuerung, Betriebsmittelkonstruktion, Disposition, Qualitätswesen und Auftragsabwicklung werden den Inseln direkt zugeordnet. Es verbleibt ein Zentralbereich für die organisatorische, strategische und steuernde Koordination der Inseln. Die Fertigungsinseln verantworten folgende Aufgaben:

Aufgabe	Beschreibung
Komplettbearbeitung	Fertigung, Montage und Kontrolle einer kompletten Komponente
Fertigungsplanung	Fertigungsplanung in Form von Arbeitsplänen und Erstellen von Programmen
Fertigungssteuerung	Fertigungssteuerung in Form von Personal-, Kapazitäts- sowie Einsatzplanung
Interne Logistik	Logistik in Form von internem Transport und Lagerung inselspezifischer Teile
Disposition	Disposition in Form von Materialabrufen für Rohmaterial und Einkaufsteile
Konstruktionsberatung	Unterstützung bei fertigungstechnischen Problemen der Detaillierungs- und Anpassungskonstruktion
Qualitätskontrolle	operative Qualitätskontrolle und -planung
Qualifizierung	Qualifizierung und Mitarbeiterausbildung

Zusammenfassung:
Fertigungsinsel

Kennzeichen und Merkmale von Fertigungsinseln sind:

- einfache Selbststeuerung,
- guter Informationsfluss,
- Reduzierung des Transport- und Logistikaufwands durch Komplettbearbeitung,
- Übernahme von Umfeldaufgaben.

Als problematisch gilt, wie auch bei Fertigungssegmenten, dass sich eine optimale Auslastung der Fertigungsinsel nicht immer erreichen lässt. Ändern sich Teilefamilien, so ist auch die Struktur der Fertigungsinsel anzupassen. Da eine Fertigungsinsel auf den Prinzipien der Team- und Gruppenarbeit basiert, sind i.d.R. umfangreiche Vorleistungen zur Qualifizierung der Mitarbeiter zu erbringen. Darüber hinaus sind oft mehrere, redundante Bearbeitungsmaschinen notwendig, die zusätzliche Investitionen notwendig machen.

Probleme: Fertigungsinsel

2.2.7 Montagegruppen

Das Prinzip der Fertigungsinseln findet im Bereich der Montage seine Entsprechung in Montagegruppen (engl.: assembly cell).

Durch diese Form der Teamarbeit wird hauptsächlich die Übernahme von mehr Qualitätsverantwortung durch die Mitarbeiter und die sinnvolle Erweiterung von vor- und nachgelagerten Arbeitsinhalten verfolgt.

Defintion: Montagegruppen

Neben den mitarbeiterbezogenen Zielen wird u.a. die Reduzierung von Gemeinkosten durch die Einbeziehung von Prüftätigkeiten oder Tätigkeiten der Materialbereitstellung verfolgt.

Praxisbeispiel – Montagegruppen bei einem Elektronikhersteller

Beispiel: Montagegruppen

Das Unternehmen stellt kundenspezifische Bauteile für die Fahrzeugelektronik her. Die Endmontage mit Bestückung und Komplettierung der kundenspezifischen Bauteile ist in Montagebändern in Reihenfertigung organisiert. Jede Montagegruppe ist einem Ringförderband zugeordnet, auf dem die Bauteile auf Werkstückträgern an die Arbeitsstationen zur Montage transportiert werden. Die Montagegruppe ist für die produzierte Qualität selbst verantwortlich, d.h., es dürfen z.B. keine Fehlerteile an die nächste Gruppe weitergegeben werden. Das Montagepersonal in der Gruppe soll nach Möglichkeit mehrere Arbeitsgänge beherrschen, um seine Einsatzflexibilität bezüglich Arbeitsplatzwechsel (engl.: job rotation) und somit auch die Motivation der Mitarbeiter zu erhöhen. Umfeldaufgaben wie die Versorgung mit Montagematerial und Werkzeugen, insbesondere Kabel und Bauelemente, werden ebenfalls über die Gruppe organisiert.

Zusammenfassung: Team- und Gruppenarbeit

Kennzeichen der Team- und Gruppenarbeit sind (vgl. Bullinger 96):

Kennzeichen	Beschreibung
Selbststeuerung	Selbststeuerung der Gruppe und Förderung von Eigeninitiative und Verantwortungsbereitschaft, ggf. Problematik unkoordinierter Abläufe
Kooperation	Entwicklung eines Gruppenbewusstseins und Förderung der Kooperation, Gefahr des Gruppenegoismus
Handlungsspielräume	Gestaltung von Handlungsspielräumen, Gefahr, leistungsschwächere Mitarbeiter zu übergehen
Gruppengespräche	regelmäßige Gruppengespräche und Moderation der Gruppe, zeitintensiv und aufwendig
Gruppensprecher	Festlegung eines Gruppensprechers, dadurch Mitbestimmung
Arbeitsplatzwechsel	Förderung eines homogenen Qualifikationsprofils durch Wechsel der Arbeitsaufgaben, nicht immer für alle Mitarbeiter interessant
Aufgabenintegration	Integration von vor- und nachgelagerten Arbeiten
Schulung und Weiterbildung	regelmäßige Schulung und Weiterbildung, zeit- und kostenintensiv

2.3 Prozessoptimierung aus Mitarbeitersicht

In der Praxis ist die Anzahl der gescheiterten Projekte zur Prozessoptimierung nicht gering. Gründe für ein Scheitern sind oftmals (vgl. DÖRRENBECHER 97):

Probleme:
Risiko des Scheiterns

- mangelnde Einbindung und Unterstützung der betroffenen Mitarbeiter,
- mangelnde oder fehlende Unterstützung durch das Management,
- unklare Zielvorgaben und Vorgehensweisen,
- fehlende oder nicht geeignete Methoden und Werkzeuge,
- zu langsame, unkoordinierte Umsetzung von Verbesserungsmaßnahmen.

Prozessoptimierung ist keine rein statische, technische Rationalisierungsmaßnahme. Vielmehr werden Arbeitsgebiete, Aufgaben und die Zusammenarbeit der Mitarbeiter auch über Betriebsgrenzen hinweg verändert (vgl. FIETEN 96). Wenn beispielsweise betroffene Mitarbeiter keine Chance bekommen, sich mit Ideen einzubringen, kann sehr schnell Motivationsverlust und Resignation entstehen. Die Grundlage für eine erfolgreiche Projektdurchführung ist dann vertan.

Berücksichtigung
der Mitarbeiter

Andererseits wird verständlicherweise erwartet, dass Projekte zur Prozessoptimierung voll und ganz durch die Führungsebene unterstützt werden. Das Festhalten an Abteilungs- und Bereichsgrenzen ist aber gerade bei der übergreifenden Optimierung ein Problem (vgl. BULLINGER 96). Durch unklare Zielvorgaben und Vorgehensweisen, fehlende Methoden und Werkzeuge verschärft sich diese Problematik zusätzlich. Oft können übergreifende, komplexe Wirkungszusammenhänge nicht transparent gemacht werden.

Beteiligung des
Managements

Als Ergebnis der Prozessoptimierung werden typischerweise „vorzeigbare" Erfolge erwartet. Zu langsame, unkoordinierte Umsetzung oder eine fehlende Erfolgsüberprüfung und Bewertung lähmt oft den Verbesserungsprozess.

„Vorzeigeerfolg"

Aus den genannten Gründen sprechen viele Argumente für einen ganzheitlichen, interdisziplinären Gestaltungsansatz zur Prozessoptimierung (vgl. EVERSHEIM 96). Wichtige Gesichtspunkte sind dabei:

Zusammenfassung:
Ganzheitlicher Ansatz
zur Prozessoptimierung

- Schaffung von Visionen, Motivation und Initiative für die Mitarbeiter,
- Einbezug von Erfahrung und Wissen der Mitarbeiter bei der Analyse, Gestaltung und Verbesserung von inner- und überbetrieblichen Prozessen,
- Einbezug und Abstimmen der Informationsverarbeitung nach den notwendigen, individuellen Bedürfnissen,
- Anwendung geeigneter Planungsmethoden und -werkzeuge,
- „Sichtbarmachen" des Erfolgs durch Erfolgsüberprüfung und Evaluierung, Anstoß zu kontinuierlicher Verbesserung.

Vertiefung: Fragen

Fragen zur Diskussion und Vertiefung

1. Stellen Sie Vor- und Nachteile der funktionalen bzw. prozessorientierten Aufbauorganisation im Unternehmen gegenüber. Welches sind mögliche Hinderungsgründe zur Einführung einer prozessorientierten Aufbau- und Ablauforganisation?

2. Wodurch sind SCM-Projekte typischerweise charakterisiert? Diskutieren Sie dies an einem selbstgewählten Beispiel zur Reorganisation einer logistischen Kette.

3. Welche Gestaltungspotenziale zur Prozessoptimierung bietet die Team- und Gruppenarbeit in der Materialplanung, Produktion und Qualitätssicherung? Welche möglichen Folgewirkungen hat die Aufgabenintegration hinsichtlich Qualität, Kosten und Zeit?

4. Durch welche allgemeinen Merkmale sind Team- und Gruppenarbeit in der Montage gekennzeichnet? Welche Umfeldaufgaben können von Teams wahrgenommen werden?

5. Stellen Sie das Konzept „Lean Production" der „Fraktalen Fabrik" gegenüber. Legen Sie jeweils dessen Philosophie dar. Wo sehen Sie die Unterschiede?

6. Definieren Sie, was ein Fertigungssegment bzw. eine Fertigungsinsel ist und stellen Sie wesentliche Unterscheidungsmerkmale heraus.

7. Welche Argumente sprechen für einen ganzheitlichen, interdisziplinären Gestaltungsansatz bei der Prozessoptimierung?

8. Diskutieren Sie SCM in Gegenüberstellung zu dem Konzept der „Lean Produktion". Wo gibt es Unterschiede, wo Gemeinsamkeiten?

Literaturhinweise

AGGTELEKY 92   Aggteleky, B.: Fabrikplanung. Band 1-3. München: Hanser, 1992.

AUCH 89   Auch, M.: Fertigungsstrukturierung auf der Basis von Teilefamilien. Berlin: Springer, 1989.

BLOECH 97   Bloech, J./Ihde, G. (Hrsg.): Vahlens großes Logistiklexikon. München: Beck, 1997.

BULLINGER 94a   Bullinger, H.-J./Thaler, K.: Zwischenbetriebliche Zusammenarbeit im Virtual Enterprise. In: Management & Computer Nr. 1/94, 1994.

BULLINGER 96   Bullinger, H.-J./Warnecke, H.-J. (Hrsg.): Neue Organisationsformen im Unternehmen. Berlin: Springer, 1996.

DAVIDOW 93   Davidow, W./Malone, M.: Das virtuelle Unternehmen. Frankfurt, 1993.

DÖRREN-
BECHER 97   Dörrenbecher, C./Meißner, H.-J./Schmitt, A.: Business Reengineering – Bewertung, Gestaltung und Mitbestimmung. Köln: Bund-Verlag, 1997.

EVERSHEIM 96   Eversheim, W. (Hrsg.): Prozessorientierte Unternehmensorganisation. Berlin: Springer, 1996.

FIETEN 96   Fieten, R./Schares, L./Binner, H. u.a.: Geschäftsprozessoptimierung in der Zulieferindustrie. Hrsg.: Deutsche Gesellschaft f. Logistik e.V., 1996.

HAMMER 94   Hammer, M./Champy, J.: Business Reengineering. Die Radikalkur für das Unternehmen. Frankfurt: Campus, 1994.

HANDFIELD 98   Handfield, R./Nichols, E.: Introduction to Supply Chain Management. New Jersey: Prentice Hall, 1998.

IPA 97   o.V.: Fraktales Unternehmen. Stuttgart: FhG-IPA, 1997.

JASPERSEN 94   Jaspersen, T./Warsch, Ch. (Hrsg.): EDI in der Praxis. Potentiale der elektronischen Datenkommunikation. Bergheim: Datacom, 1994.

KERN 92   Kern, W.: Industrielle Produktionswirtschaft. Stuttgart: Poeschel, 1992.

SCHEER 95   Scheer, A.-W.: Wirtschaftsinformatik. Referenzmodelle für industrielle Geschäftsprozesse. Berlin: Springer, 1995.

SCHULTE 96   Schulte, G.: Material- und Logistikmanagement. München: Oldenbourg, 1996.

THALER 94b   Thaler K.: Lean Logistik: Konzepte – Anwendungen – Trends. In: Tagungsunterlagen Fachkonferenz „Lean Logistik – Wege zum integrierten Logistik-Konzept". Institute for Intern. Research. Stuttgart, 1994.

THALER 96   Thaler, K.: Fitness-Faktoren für Zulieferer zur Sicherung der langfristigen Wettbewerbsfähigkeit. In: Tagungsunterlagen Fachkonferenz „Zukunft Zulieferer". Management Circle. Frankfurt 1996.

TURNER 95   Turner, G./Thaler, K.: Coordination and Management of European Supply Chains. Weaknesses revealed by the COMPRIE Study. Oxford: PERA Consulting Ltd, 1995.

VDMA 95   o.V.: Neue Produktionsstrukturen. Auswirkungen auf die Fertigungsorganisation im Werkzeugmaschinenbau. Stuttgart: VDMA, 1995.

WARNECKE 93a   Warnecke, H.-J.: Der Produktionsbetrieb. Band 1 – Organisation, Produkt, Planung. Berlin: Springer, 1993.

WARNECKE 93b   Warnecke, H.-J.: Der Produktionsbetrieb. Band 2 – Produktion, Produktionssicherung. Berlin: Springer, 1993.

WARNECKE 95   Warnecke, H.-J.: Aufbruch zum fraktalen Unternehmen. Berlin: Springer, 1995.

WIENDAHL 97   Wiendahl, H.-P.: Betriebsorganisation für Ingenieure. München: Hanser, 1997.

WILDEMANN 94   Wildemann, H.: Die modulare Fabrik. München, 1994.

WILDEMANN 97   Wildemann, H.: Fertigungsstrategien. München: Transfer-Centrum Verlag, 1997.

WOMACK 92   Womack, J. u.a.: Die zweite Revolution in der Automobilindustrie. Frankfurt: Campus, 1992.

3 Die logistische Kette

3.1 Begriff und Bedeutung der logistischen Kette

3.1.1 Inner- und überbetriebliche Sichtweise

Die Logistik umfasst inner- und überbetriebliche Materialflüsse sowie die dazugehörenden Informationsflüsse. Die überwiegenden Aufgaben der Logistik sind Querschnittsfunktionen. Diese beinhalten die Bereitstellung (vgl. IHDE 91, KOETHER 93, PFOHL 96): **Logistikbegriff**

- der richtigen Güter sowie Informationen,
- in der richtigen Menge,
- am richtigen Ort,
- in der richtigen Qualität,
- zum richtigen Zeitpunkt und
- zu den richtigen Kosten.

Die *logistische Kette* (auch: Logistikkette; engl.: supply chain) stellt die *Zusammenfassung einzelner Prozesse* im Unternehmen und in seinem direkt mit der Leistungserstellung verbundenen Umfeld zu bereichsübergreifenden Organisations- und Informationseinheiten dar (vgl. PFOHL 94, SCHULTE 95, KUHN 95, COPACINO 97). **Definition: logistische Kette**

Ein Beispiel einer logistischen Kette aus der Automobilindustrie wird in *Abbildung 3.1* dargestellt. Es wird deutlich, dass der Beschaffungsprozess des Automobilherstellers eng mit den Vormaterial-, Modul- und Systemlieferanten sowie den Logstikdienstleistern verzahnt ist. **Beispiel**

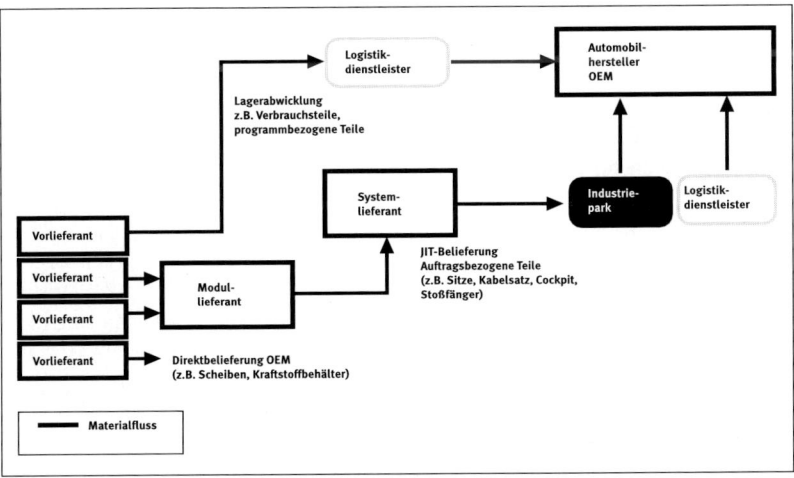

Abb. 3.1   Logistische Kette (Beispiel Automobilindustrie)

Unternehmensbezogene Sichtweise

Damit werden in einer unternehmensbezogenen Sichtweise sämtliche Planungs-, Entwicklungs-, Beschaffungs-, Produktions-, Distributionsaufgaben vom Kundenkontakt bis zur Auslieferung angesprochen. Im modernen Verständnis ist hierbei auch die Wiederverwertung eingeschlossen.

Die Planung, Steuerung und Koordination der Materialflüsse, Informations- und Zahlungsströme ist ein zentraler Bestandteil des Supply Chain Management. Die logistische Kette verläuft im Unternehmen beschaffungsseitig über die Produktionsstufen bis hin zu den Lieferanten, distributionsseitig bis hin zum Kunden (vgl. KOETHER 93, SCHULTE 95, PFOHL 96). Von den Kunden aus ist die logistische Kette durch den Nachfrageeffekt, von der Lieferantenseite aus durch den Versorgungseffekt gekennzeichnet (*Abbildung 3.2*).

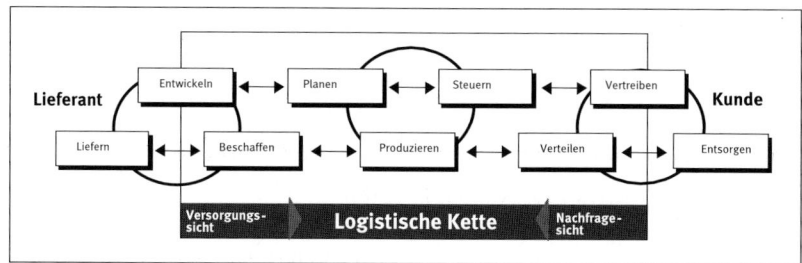

Abb. 3.2 Prozessdarstellung der logistischen Kette

Definition: Materialfluss

Der *Materialfluss* (engl.: material flow) umfasst alle physisch notwendigen Vorgänge und deren Verkettung zum Beschaffen, Transportieren, Fördern, Be- und Verarbeiten sowie bei der Lagerung, Verteilung oder Rücknahme von Gütern und Materialien.

Definition: Informationsfluss

Der *Informationsfluss* (engl.: information flow, auch: work flow) umfasst in der logistischen Kette alle Informationen zur Planung, Steuerung und Kontrolle von Materialflüssen, die Aufgabe der Informationslogistik sind.

Definition: Zahlungsfluss

Der *Zahlungsfluss* (engl.: cash flow) umfasst in der logistischen Kette alle finanziellen Transaktionen als Folge des Güter-, Waren- und Dienstleistungsverkehrs.

Interne und externe Sicht

Die innerbetriebliche Sicht ist auf für die Leistungserstellung notwendige interne Prozesse gerichtet. Hierfür wird in der Praxis häufig der Begriff „interne Supply Chain" verwendet. Das Zusammenwirken mit Kunden, Lieferanten, Dienstleistern und anderen Externen bildet die überbetriebliche Sicht im Sinne eines erweiterten Unternehmens (engl.: extended enterprise) als „externe Supply Chain".

Wichtige Kennzeichen und Merkmale logistischer Ketten sind:

Zusammenfassung: Kennzeichen logistischer Ketten

Kennzeichen	Beispiel
Beteiligte Akteure	Produzenten, Lieferanten, Spediteure, Großhändler, Verbraucher
Geografische Verteilung	Standorte, regionale/globale Verteilung: Werke, Rohstofflager, Distributionszentren, Zwischen- und Endlager
Branche und Produkt	Automobil-, Maschinenbau-, Chemie-, Rohstoffindustrie etc.
Beschaffungsstruktur	Anzahl, Art der Lieferanten, Beschaffungs- und Versorgungsstrategie
Distributionsstruktur	Distributionsstufen, Warenlagerung und -verteilung, Distributionsstrategie
Entsorgungskreislauf	wiederverwertbare Materialien, Wiederverwertungsstufen und -verfahren
Informationversorgung	Anwendungssysteme, Internet, elektronischer Datenaustausch
Materialfluss	Art der Transport- und Fördermittel
Zahlungsfluss	Art der elektronischen Zahlungsabwicklung
Fertigungsprinzip und -ablauf	Lagerfertigung, Programmfertigung, Steuerung von Lieferanten, auftragsneutrale Disposition
Zeitliche Struktur	Auftragsdurchlaufzeit, Transportzeit, Liegezeit
Logistikleistung	Logistikqualität, Lieferzuverlässigkeit, Lieferflexibilität
Prozesskosten	Kostenanteile, Kosten der Logistikleistung
Wirkungszusammenhang	Auswirkung von Maßnahmen, z.B. Bestandssenkung, Auswirkung von Kenngrößen, z.B. Bedarfsschwankungen

3.1.2 Aufgabenbereiche der inner- und überbetrieblichen Logistik

Konventionelle Aufgabenbereiche

Bei konventioneller, abteilungsbezogener Aufbauorganisation ist die innerbetriebliche Logistik zumeist für die Materialbeschaffung, -lagerung und den Materialtransport verantwortlich. Der Logistikbereich verantwortet in vielen Unternehmen auch Aufgaben der Auftragssteuerung und ist dann meist der Fertigungsleitung unterstellt. In manchen Betrieben ist die Logistik als eigenständiger Bereich der Produktion gleichgestellt (vgl. GÜNTHER 94, BICHLER 95).

Prozessorganisation

Diese Aufgabenverteilung wird in Unternehmen mit prozessorientierter Organisation meist nicht mehr vorgenommen. Dort werden auf Basis definierter Leistungsprozesse sogenannte *Prozessverantwortliche* (engl: process owner) festgelegt und alle Querschnittsaufgaben unter direkter Leitung wahrgenommen. Dies führt zu einer stärkeren Verzahnung der inner- und überbetrieblichen Material- und Informationsflüsse *(Abbildung 3.3)*.

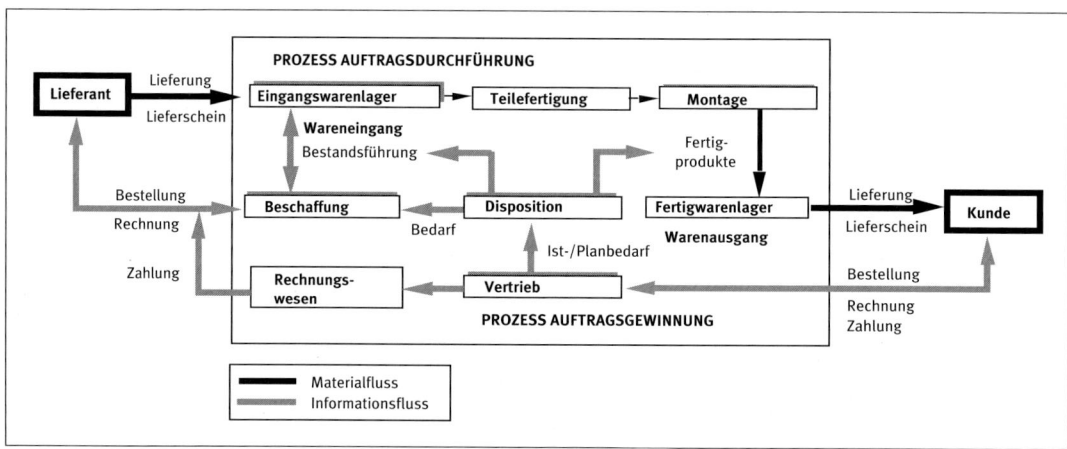

Abb. 3.3 Verzahnung von Material- und Informationsfluss

Beispiel: Prozessorganisation

Aus Abbildung 3.3 ist ersichtlich, wie der Material- und Informationsfluss in der strukturellen Betrachtung einer logistischen Kette verzahnt ist. Der Prozess „Auftragsgewinnung" deckt die Aufgaben vom Kundenkontakt über den Vertrieb bis zur Disposition ab. Der Planbedarf wird laufend mit der Istproduktion abgeglichen und benötigte Fremdteile werden direkt über die Beschaffung an den Lieferanten gemeldet. Dieser liefert Direktbedarf in ein Eingangswarenlager. Der Prozess „Auftragsdurchführung" beginnt mit der Materialbeschaffung des Direktbedarfs beim Lieferanten, umfasst die Produktion, das Fertigwarenlager und endet mit der Warenlieferung an den Kunden.

3.1.3 Strukturmodelle der logistischen Kette

Strukturmodelle dienen zur branchen- und unternehmensneutralen Betrachtung grundsätzlicher Zusammenhänge zur Optimierung der logistischen Kette. **Strukturmodell**

In der funktionalen Sichtweise der inner- und überbetrieblichen Material- und Informationsflüsse lassen sich i.d.R. folgende elementare Aufgaben unterscheiden (*Abbildung 3.4*): **Funktionale Sichtweise**

- Beschaffen,
- Herstellen,
- Liefern sowie
- Planen und Steuern.

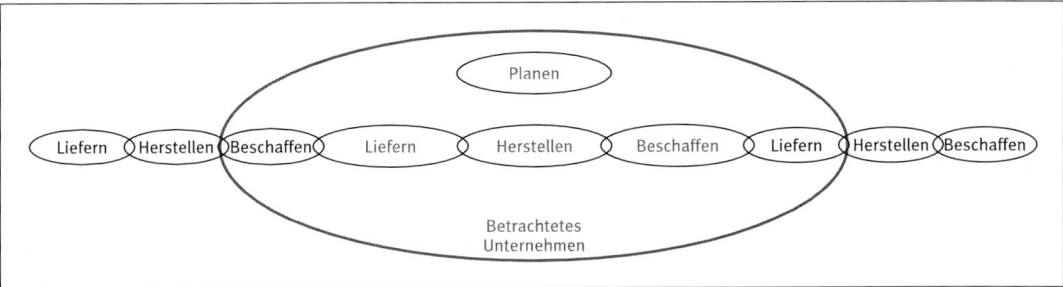

Abb. 3.4   SCOR-Modell

In der funktionalen Sicht wird deutlich, aus welchen Funktionen bzw. Aufgabenschritten sich der Ablauf in der logistischen Kette in einzelnen Abschnitten zusammensetzt bzw. zusammensetzen lässt. Das so genannte SCOR-Modell (engl.: supply chain operation reference) bietet zu diesem Zweck die Möglichkeit, mehrere Detaillierungs- und Funktionsebenen in einem Referenzmodell zu beschreiben. **SCOR-Modell**

In der prozessorientierten Sichtweise wird der zusammenhängende Ablauf betrachtet, der sich aus Einzelfunktionen ergibt. Die inner- und überbetriebliche Sichtweise der logistischen Kette ist in *Abbildung 3.5* dargestellt. **Prozessorientierte Sichtweise**

Als wichtige Schlüsselprozesse im Unternehmen gelten:

- Produktentstehungsprozess,
- Entwicklungsprozess,
- Auftragsgewinnungsprozess,
- Produktionsplanungsprozess,
- Beschaffungsprozess,
- Produktionsprozess,
- Distributions- und Entsorgungsprozess.

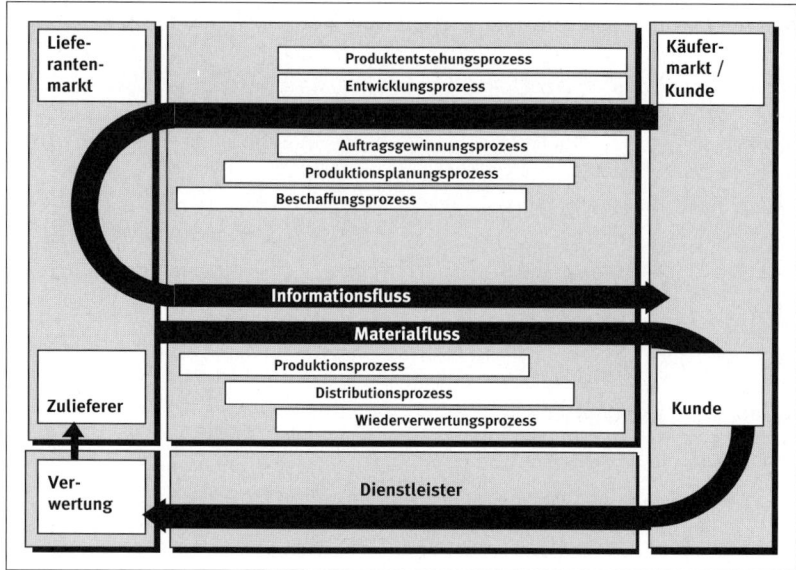

Abb. 3.5   Prozessorientiertes Strukturmodell der logistischen Kette

Objektorientierte Sichtweise

In der objektorientierten Sichtweise werden Objekte betrachtet, die im zusammenhängenden Ablauf erstellt, be- und verarbeitet, geändert oder in anderer Form genutzt werden. In der logistischen Kette sind wichtige Objekte:

- Waren, Güter, Transportbehälter und Verpackung,
- Aufträge: Lieferauftrag, Transportauftrag, Lagerauftrag etc.,
- Informationsdokumente: Angebote, Lieferlisten, Transport- und Bestandslisten, Rechnungen etc.,
- Planungsdokumente: Bedarfs-/Produktionsvorschau (Abruf), Kapazitätsdiagramme, Auslastungsvorschau, Lieferfortschrittsdiagramm etc.,
- Produktdokumente: Lastenhefte, Montage- und Fertigungsinformationen, Stücklisten, Kataloge, Zeichnungen.

Wertschöpfung

Die Schlüsselprozesse werden durch das Supply Chain Management nach unternehmensspezifischen Zielsetzungen im Hinblick auf Kunden, Lieferanten und Dienstleister gestaltet und optimiert. Hierfür wird auch der Begriff „Optimierung der Wertschöpfungskette" verwendet (vgl. Turner 95, Kuhn 95). Es wird davon ausgegangen, dass eine produktbezogene Wertschöpfung in sukzessiven Stufen stattfindet. Nicht wertschöpfende Stufen sollen vermieden werden.

Prozessmodell Kunde-Lieferant

Für die Betrachung übergreifender Prozesse wird in den nachfolgenden Kapiteln des Buches ein Prozessmodell angewendet, das die Abbildung zusammenhängender Material- und Informationsflüsse zwischen Kunden und Lieferanten erlaubt *(Abbildung 3.6)*.

Kunden (engl.: customer) sind in der unternehmensübergreifenden Sicht die externen Partner (Abnehmer), in der internen Sicht die internen Bereiche oder Stellen. Durch *Lieferanten* (Dienstleister, engl.: supplier) werden Teilprozesse „bedient", d.h., am Ende einer jeweiligen Kette entstehen Leistungen (Ergebnisse), die erneut in den Prozess eingebracht werden. Die wichtigste Logistikleistung ist die Lieferung (engl.: delivery).

Definition:
Kunden und Lieferanten

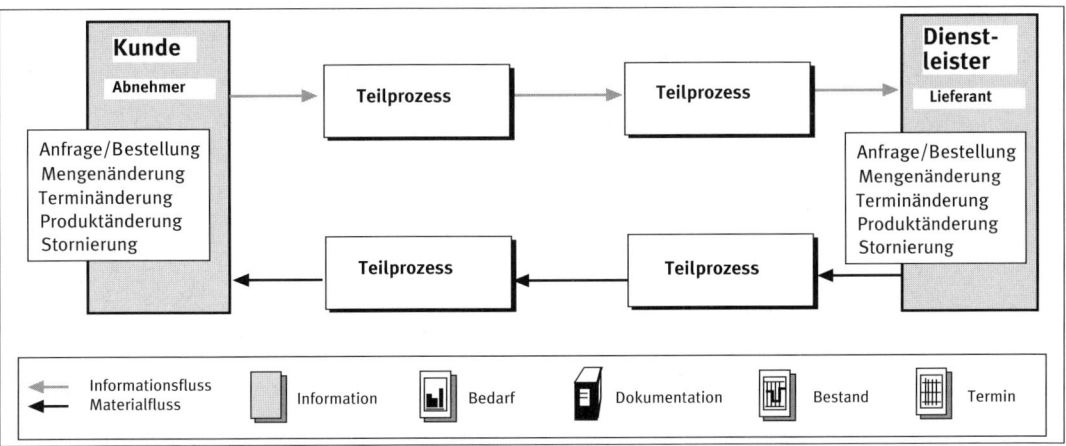

Abb. 3.6 Prozessmodell „Kunde – Lieferant"

Jeder Prozess besteht aus Prozessschritten, die durch Ereignisse im Zeitablauf angestoßen werden und zu einer weiteren Aktivität oder einem Ergebnis führen. Durch Aktivitäten des Kunden werden Ereignisse ausgelöst wie beispielsweise:

Definition: Ereignisse

- Anfrage und Bestellung,
- Mengenänderung,
- Terminänderung,
- Produktänderung.

Prozessschritte sind alle Aktivitäten, die den Material- und Informationsfluss betreffen. Prozessschritte sind in der logistischen Kette in mengenmäßiger und zeitlicher Hinsicht verknüpft. Die folgende Tabelle zeigt entsprechende Aktivitäten, Informationselemente und Materialarten.

Definition: Aktivitäten

Informationsfluss	Materialfluss
Aktivitäten Information be- und verarbeiten, weiterleiten, prüfen, speichern, sammeln, verteilen	**Aktivitäten** Material be- und verarbeiten, transportieren, prüfen, lagern, sammeln, verteilen
Informationselemente (allg.) Information, Bedarfsinformation, Dokumentation, Bestandsinformation, Termininformation	**Materialarten** Fertigungsmaterialien, Roh-, Hilfs- und Betriebsstoffe, Teile und Komponenten, Handelswaren, Fertigwaren, Abfallstoffe

Verbesserung als Gestaltungsprinzip

Zur Optimierung können mit dem dargestellten Prozessmodell einige grundsätzliche *Gestaltungsprinzipien* verfolgt werden (vgl. Gaitanides 94, Nippa 95):

- Konzeption durchgängiger Informations- und Materialströme,
- Vereinfachung der Prozesse,
- Parallelisierung von Prozessschritten,
- Schaffung von Prozessteams,
- Eliminieren von nicht wertschöpfenden Prozessschritten,
- bessere Abstimmung mit vor- und nachgelagerten Aktivitäten,
- Übertragung vielschichtigerer Arbeiten und größerer Verantwortung auf die Mitarbeiter.

3.2 Informationsversorgung in der logistischen Kette

3.2.1 Anwendungssysteme

Die Informationslogistik stellt die Anforderung, Informationen in der benötigten Qualität und zum benötigten Zeitpunkt an den gewünschten Ort zu liefern.

Anwendungssysteme (engl.: application system) übernehmen in der logistischen Kette die Informationsversorgung.

**Definition:
Anwendungssystem**

Dadurch ergeben sich einige allgemeine Anforderungen an diese Systeme (vgl. KRIEGER 95):

Systemanforderungen

- Vernetzungsfähigkeit und Durchgängigkeit innerhalb der logistischen Kette,
- Robustheit, da die verwendete Informationstechnik unter geografisch oder klimatisch unterschiedlichen Bedingungen eingesetzt werden kann,
- transparente, beherrschbare Bedienung,
- selektive Informationsverarbeitung, d.h., Reduzierung des Datenvolumens.

Allgemeine Systemarten und ihre Unterscheidungskriterien zeigt die folgende Tabelle:

Systemarten

Unterscheidungskriterien	Systemart
Art des Systems	Kommunikationssystem, Informationssystem, Identifikationssystem, Echtzeit- oder Batchsystem
Aufgabenbereich	Steuerungs-, Planungs-, Verwaltungs-, Datenerfassungssystem
Integrationsgrad	integriertes System (Datenschnittstellen zum Umfeld), Insellösung (geringer Vernetzungsgrad)
Datenorganisation	Datenbanksystem, Dezentrales System (Dezentrale Datenhaltung)
Systemarchitektur	Client-Server-System, Einzelplatzsystem
Standardisierung der Software	Standardsoftwaresystem, Individualsoftware

Aufgaben

Anwendungssysteme in der logistischen Kette werden danach unterschieden, welche Aufgaben und Prozesse unterstützt werden. Die folgende Tabelle zeigt die Liste typischer Anwendungssysteme:

Anwendungssystem	Aufgaben/Unterstützungsumfang
Auftragsabwicklungssysteme	Auftragsgewinnungsprozess: rechnergestützte Vertriebs-/Versandabwicklung und Auftragsdurchführung (engl.: computer aided selling = CAS; customer relationship management = CRM), elektronischer Handel = E-Commerce
Entwicklungssysteme	Entwicklungsprozess: rechnergestützte Produktentwicklung, Konstruktion und Fertigung (engl.: computer aided design = CAD; computer aided manufacturing = CAM)
Beschaffungssysteme	Beschaffungsprozess: Rechnergestütztes Einkaufssystem, Electronic Procurement, Lieferantenbewertung, Lieferabrufsystem
Produktionsplanungs-/-steuerungssysteme	Produktionsplanungsprozess: Rechnergestützte Programmplanung, Arbeitsvorbereitung, Fertigungssteuerung über mehrere Stufen
Distributionssysteme	Distributionsprozess: Rechnergestützte Warenverteilung (engl.: deployment), Warenwirtschaft, Lagerverwaltung, Kommissionierung
Informations-, Identifikations- und Verwaltungssysteme	Identifikation / Datenerfassung: Warenerfassung, Kennzeichnung, Leergut- und Retourenverwaltung
Kommunikations- und Navigationssysteme	Kommunikation und Datenübertragung (EDI, DFÜ): Navigation, Tourenplanung, Flottenmanagement

Zur Dateneingabe in ein Anwendungssystem werden Dateneingabegeräte benötigt. Für Logistikaufgaben sind vor allem gebräuchlich:

Automatisierte Datenerfassung

Gerät	Anwendung
Barcodeleser, Scanner	Einlesen Barcode, EAN-Code (Europäische Artikelnummer), Abtasten von Bildpunkten, Einlesen codierter Auftragsbelege und Warenetiketten (Wareneingangserfassung)
Beleg- und Schriftleser	Schrifterkennung (engl.: optical character recognition = OCR)
Fullscreenterminals, Industrieterminals	Dateneingabe: Auftragsdaten, Zu- und Abgänge
Handterminals	Dateneingabe: Lagerdaten, Inventurdaten
Fahrzeugterminals	Dateneingabe: Transportdaten
Mobile Datenspeicher	Datenspeicherung: Ein- und Auslesen von Identifikationsdaten

Terminals werden neben der Tastatureingabe üblicherweise über den Anschluss von Barcodelesegeräten bzw. Datenschnittstellen bedient. Die Datenübertragung zwischen Geräten erfolgt über genormte *Datenschnittstellen*, (engl.: interface), beispielsweise V.24 zwischen Computern und Peripheriegeräten oder X.25 für den Zugang zu Netzwerken.

Datenschnittstellen

Im mobilen Bereich erfolgt die berührungslose Identifikation meist über die RFID-Technologie (radio frequency identification) im Niedrig- und Hochfrequenzbereich.

Geräte zur Datenerfassung unterliegen einem schnellen Wandel in einem schnell wachsenden Markt, wie das Beispiel mobile Datenerfassung (Bordcomputer für Transportfahrzeuge, Leitrechner zur Navigation u.Ä.) zeigt.

Der Barcode enthält je nach Codierungsart verschlüsselt dargestellte Ziffern oder Zeichen zur Klassifizierung bzw. Nummerierung des bezeichneten Gegenstands. Für die unterschiedlichsten Anwendungen existieren zahlreiche Barcodearten. Einer der wichtigsten Codes ist der EAN-Code (european article numbering; DIN EN 797) für Handel und Warenwirtschaft. Charakteristisch für die Anwendung von Barcodes ist:

Informationsträger Barcode

- die Codierungsart, d.h., die Vorschrift zur Verschlüsselung, i.d.R. Strichcode,
- das Lesen des Code durch einen Scanner,
- die Umwandlung der Scannersignale in rechnerlesbare Datenformate.

Transponder

Neben der Barcodeetikettierung setzt sich als warenbegleitender Informationsträger zunehmend der Einsatz mobiler Datenspeicher (engl.: transponder) durch. Mobile Datenträger können Artikeldaten speichern und auslesen, erfordern aber auch höhere Investitionen als die konventionelle Barcodeetikettierung. Grundsätzlich sind bei den genannten Datenträgern folgende Vorteile bzw. Nachteile gegeben:

Informationsträger	Vorteile	Nachteile
Barcode	Universelle Einsatzmöglichkeiten (z.B. Klebeetiketten), kostengünstiger Einsatz, Robustheit und Kontrollmöglichkeit	nur (passives) Lesen möglich, Einlesen nur aus geringer Entfernung möglich
Mobile Datenspeicher / Transponder	Einspeichern und Auslesen von Daten, aktive Identifikation möglich, berührungslose Identifikation auch auf Distanz möglich (RFID-Technologie)	Kosten abhängig von Speichergröße, höhere Investition als Barcode

BDE / MDE

Daneben werden im Produktionsbereich Peripheriegeräte zur *Betriebsdatenerfassung* (BDE, engl.: data monitoring) sowie speziell zur *Maschinendatenerfassung* (MDE, engl.: process monitoring) eingesetzt. BDE bezeichnet allgemein die Erfassung von Auftrags-, Material-, Bestands-, Maschinen- sowie Personaldaten. Die MDE greift zur Messwerterfassung auf die installierte Sensorik an den Bearbeitungsmaschinen zurück. In der BRD ist die Datenerfassung und -auswertung, insbesondere von Personaldaten, gesetzlich nach dem Bundesdatenschutzgesetz (BDSG) sowie dem Betriebsverfassungsgesetz (BetrVG) geregelt.

3.2.2   Elektronischer Datenaustausch

Für den übergreifenden Informationsaustausch in der logistischen Kette, insbesondere zur Steuerung und zur Synchronisation von Produktionssystemen, werden Systeme zum *elektronischen Datenaustausch* (engl.: electronic data interchange = EDI) genutzt (vgl. STAHLKNECHT 95, JASPERSEN 94).

Kennzeichnend für EDI ist eine möglichst lückenlose, rechnergestützte Abwicklung und Datenübertragung.

Definition: EDI

EDI-Systeme dienen u.a. zum Übertragen von Auftrags-, Bestell- und Lieferinformationen in der logistischen Kette. Zunehmend werden herkömmliche Übertragungsmedien wie Telefax ersetzt und die Abwicklung erfolgt rechnergestützt. Viele Betriebe beabsichtigen, EDI-Systeme zur Beschleunigung der Prozesse in der logistischen Kette einzuführen und damit ihren Vernetzungsgrad auszubauen. Diese werden auch als Systeme zur Datenfernübertragung (DFÜ) bezeichnet.

Beschleunigung durch EDI

Die Risiken von EDI liegen vor allem bei der Datensicherheit, dem unberechtigten Lesen durch Dritte, dem Datenverlust sowie dem Abfangen und Verändern einer Nachricht. Berücksichtigt werden auch der Ausfall von Datenübertragungssystemen und Doppelübertragungen. Durch Verschlüsselung (kryptografische Verfahren), elektronischer Unterschrift (Public-key-Verfahren) und Passwortschutz wird versucht, die Datensicherheit zu gewährleisten.

Risiken von EDI

Studien in der Automobilindustrie zeigen beispielsweise, dass in Sachen EDI ein erheblicher Handlungsbedarf besteht und der Vernetzungsgrad weiter ansteigen wird. So sind etwa in der Ebene Direktlieferanten (der Fahrzeughersteller) zu Sublieferanten nur etwa ein Fünftel der Betriebe über EDI-Systeme eingebunden (TURNER 95).

Steigende Vernetzung

Voraussetzung zur Datenübertragung sind Netzwerke, Kommunikationsdienste und Übertragungsprotokolle (vgl. HOHMANN 97).

Voraussetzung

Rechnernetze	Merkmale
Rechnerfernnetzwerk (engl.: wide area network = WAN)	Datenaustausch über weite Distanzen, Übertragung über Festnetz oder Funknetz
Lokales Netzwerk (engl. local area network = LAN)	innerbetrieblich über kurze Distanzen, Übertragung mit hohen Übertragungsraten über Festnetz mit Servern oder dezentral (Peer-to-peer-Netzwerk)
Intranet	innerbetrieblich über weite Distanzen, geschlossenes, „privates" Netz mit TCP/IP-Protokoll (z.B. Vernetzung von Standorten)
Extranet	überbetrieblich über weite Distanzen, geschlossenes, „privates" Netz mit TCP/IP-Protokoll (z.B. Netzwerk mit Lieferanten)
Internet	öffenliches Netz über weite Distanzen, Übertragung über öffentliche Netze mit TCP/IP-Protokoll

**Defintion:
LAN und WAN**

Ein räumlich eng zusammenliegendes, meist innerbetrieblich genutztes Netz wird als *Lokales Rechnernetz* (engl.: local area network = LAN) bezeichnet.

Anwendungen sind beispielsweise Ethernet und Tokenring mit begrenzter lokaler Ausdehnung. Ein räumlich weit auseinander liegendes Rechnernetz wird als Rechnerfernnetzwerk (engl.: wide area network = WAN) bezeichnet.

In der logistischen Kette gewinnen Internet- und Intranetanwendungen stark an Bedeutung, wie einige Beispiele zeigen:

- Übermittlung von Ladungs- und Versanddaten einer Spedition über Internet (Sendungsverfolgung),
- Dokumentenaustausch zur Qualitätssicherung zwischen einem Fahrzeughersteller und den Lieferanten über Intranet,
- Lieferung von technischen CAD-Daten über Internet,
- Bestellabwicklung, Bestandsführung und -verfolgung über Intranet (Elektronikhersteller).

**Protokolle
OSI und TCP / IP**

Übertragungsprotokolle zur Datenübertragung basieren auf den zwei gebräuchlichen Protokollen nach OSI (open systems interconnection) und TCP/IP (transmission control protocol/Internet protocol, siehe Kapitel 3.2.3.1). Auf der Anwendungsebene werden häufig branchenspezifische Standards angewendet. Das OSI-Referenzmodell unterscheidet sieben Schichten:

	Bezeichnung (dt. / engl.)	Beschreibung
7	Anwendungsschicht / application layer	In der Anwendungsschicht befinden sich alle Anwendungssysteme.
6	Darstellungsschicht / presentation layer	Hier werden Vereinbarungen über den Datentransfer getroffen, z.B. bezüglich Formaten.
5	Kommunikationsschicht / session layer	Diese Schicht stellt für das Anwendungssystem sicher, dass der Datenaustausch aufgebaut, ggf. unterbrochen und schließlich geordnet wieder beendet werden kann.
4	Transportschicht / transport layer	Diese Schicht stellt sicher, dass Nachrichten fehlerfrei und in der richtigen Reihenfolge an den Empfänger geleitet werden.
3	Vermittlungsschicht / network layer	Die Netzwerkschicht bestimmt den „richtigen" Kommunikationspfad (Übertragungskanal) im Rechnernetz.
2	Sicherungsschicht / data link layer	Hier wird der Datenübertragungsdienst realisiert, damit Daten fehlerfrei übertragen werden können (beispielsweise bei auftretenden Übertragungsfehlern).

	Bezeichnung (dt. / engl.)	Beschreibung
1	Bitübertragungsschicht / physical layer	Hier wird die physikalische Verbindung zwischen Datenendgerät und Datenübertragungseinrichtung spezifiziert. Die Daten werden als Bitsequenz über die Leitung transportiert.

Die folgende Liste zeigt eine Auswahl relevanter Industriestandards für den überbetrieblichen Datenaustausch (vgl. Jaspersen 94):

Standards

Standard	Bedeutung / Anwendung
EDIFACT	Electronic Data Interchange for Administration, Commerce and Transport: standardisierte Nachrichten über Bestellungen, Lieferungen, Rechnungen u.v.m., branchenübergreifende Anwendung
ODETTE	Organisation for Data Exchange by Tele Transmission in Europe, Anwendung in der Automobilindustrie
SEDAS	Standardisiertes einheitliches Datenaustauschsystem, Anwendung im Groß-/Einzelhandel
VDA-Standard	Verband der Deutschen Automobilindustrie, Datenübertragung durch Lieferabruf, (VDA-4905/2) und Feinabruf (VDA 4915)

EDIFACT ist ein branchenübergreifender Standard zum automatisierten Datenaustausch zwischen Unternehmen (ISO 9735). Ziel ist es, Daten aus dem Anwendungssystem eines Unternehmens ohne weitere manuelle Erfassung und Bearbeitung direkt in das Anwendungssystem des Empfängers weiterzugeben. Der EDIFACT-Standard ist besonders für die rechnergestützte Auftragsabwicklung geeignet. Das Protokoll setzt sich aus strukturierten Nachrichtentypen zusammen, die branchenneutral für unterschiedliche Geschäftsfälle definiert wurden, z.B. für Bestellung, Rechnungsstellung oder Auftragsbestätigung. Die Tabelle zeigt einige wichtige EDIFACT-Nachrichtentypen und ihre Zuordnung zu unterschiedlichen Geschäftsfällen (vgl. Jaspersen 94):

EDIFACT

Anwendung (dt./engl.)	EDIFACT-Nachrichtentyp
Anfrage / request for quote	REQUOTE
Angebot / purchase offer	OFFERS
Auftrag / purchase order	ORDERS
Auftragsbestätigung / purchase order response	ORDRSP
Begleitschein / convoy certificate	CONCRT
Kontoauszug / financial statement	FINSTA
Rechnung / invoice	INVOIC

Die Standards ODETTE, VDA und SEDAS sind branchenspezifische Standards, die auf spezielle Anwendungserfordernisse zugeschnitten sind.

3.2.3   Internet und Internetdienste

3.2.3.1   Internet

„Internet" steht als Synomym für einen weltweiten Verbund aus lokalen, länderspezifischen und regionalen Netzwerken. Über eine Anbindung an zentrale Netzknoten (engl.: backbone) wird für private, wissenschaftliche und kommerzielle Nutzer der Eindruck eines Gesamtnetzes geschaffen.

Entwicklung des Internet

Mit der Entwicklung wichtiger Teile dieses Verbundes wurde bereits vor etwa 25 Jahren insbesondere zu militärischen Zwecken begonnen. Grundüberlegung war es, ein verteiltes Rechnernetzwerk zu schaffen, das auch bei Ausfall bzw. Zerstörung einzelner Knoten noch in der Lage wäre zu funktionieren. Glücklicherweise wurde dieses so genannte ARPA-Netz (advanced research projects agency) nie im Ernstfall benötigt. Viele wissenschaftliche Institutionen wurden in der weiteren Entwicklung ebenfalls über Netzwerke verbunden und waren damit in der Lage, Daten und Forschungsergebnisse schnell von anderen Rechnern abzurufen und auszutauschen. Es stellte sich dabei sehr früh das Problem der Integration unterschiedlicher Rechnertypen, verschiedener nicht kompatibler Betriebssysteme und unterschiedlicher Nutzungsarten.

Definition: Internet

Das Internet ist ein weltumspannendes, öffentliches Netz, das über Gateway-Server mit dem so genannten TCP/IP-Protokoll weltweit Institutionen, Unternehmen und private Nutzer verbindet.

Definition: Intranet

Als Intranet wird ein geschlossenes Netz bezeichnet, das vor allem firmenintern, z.B. zur Anbindung von Standorten, genutzt wird.

Definition: Extranet

Als Extranet wird ein geschlossenes Netz bezeichnet, das vor allem firmenübergreifend genutzt wird, beispielsweise zur Anbindung von Kunden und Lieferanten.

Wichtige Begriffe zur Internetarchitektur zeigt die folgende Tabelle:

Grundbegriffe der Internetarchitektur

Grundbegriffe	Erläuterung
Backbone	zentraler Netzwerkknoten („Rückgrat"), weitere lokale Knoten sind daran angebunden
ARPA-Netz	militärischer Vorgänger des heutigen Internet
Hostrechner	im Netzwerk (z.B. Internet) angeschlossener Rechner, der Daten oder Leistungen zur Verfügung stellt
Server	Verbindungsdienst zum Internet zur Erledigung von Seitenanfragen, Übertragung etc.
Client	über einen Server an das Internet angeschlossene lokale Programme
Client-Server-Architektur	Basisarchitektur im Internet: Server sind über Knoten untereinander verbunden, Clients kommunizieren jeweils mit einem Server
Gateway	Verbindungsrechner zur Weiterleitung (engl.: routing) von Daten im Internet
Proxy-Server	Zwischengeschalteter Rechner, um die Datenzwischenspeicherung und die Sicherheit im Netzwerk zu gewährleisten („firewall")
Channel (Push-Technologie)	Client empfängt regelmäßig Daten, ohne diese extra vom Server anzufordern (z.B. bei Nachrichtenlieferung)
IP-Adresse	eindeutige Kennnummer (Netzwerkadressierung) des Rechners

Als Standard zur Integration unterschiedlicher Übertragungsanforderungen entstand das so genannte TCP/IP-Protokoll.

Protokolle TCP/IP und IP-Adressierung

Das TCP/IP-Protokoll (transmission control protocol / Internet protocol) bezeichnet den Standard für die Datenübertragung im Internet. Unabhängig vom jeweiligen Internetdienst werden dabei Daten nach demselben Schema in Pakete zerteilt, transportiert und adressiert. Die Adressierung erfolgt dynamisch oder als Festadresse über die so genannte IP-Adresse des Hostrechners.

Zu Seitendarstellung, Seitenabruf und Seitenübertragung sind in der Anwendungsschicht weitere Protokolle notwendig, die vom Navigationsprogramm (engl.: browser) genutzt werden. Da Zugänge nicht nur über Festnetze, sondern in stärkerem Maße auch mobil, d.h. über Mobiltelefone und portable Rechner erfolgen, werden unterschiedliche Standards benötigt.

Seitendarstellung im Inter-, Intra- und Extranet

59

Wichtige Begriffe und Standards zeigt die folgende Tabelle:

Grundbegriffe	Erläuterung
Browser	Navigationsprogramm zum Seitenabruf
Hypertext	Bezeichung für Informationen auf Webseiten, die durch Verweise (engl.: link) markiert sind
HTTP-Protokoll	hypertext transfer protocol: www-Protokoll zur Kommunikation zwischen Servern und Clients
HTML	hypertext markup language: Standardisierte Beschreibungssprache (ISO 8879) zur Erstellung von Webseiten
XML	extensible markup language: Nachfolger des HTML-Standards, der in XML integriert wird
GSM	global system for mobile communication: Standard für digitale Mobilfunknetze
UMTS	universal mobile telecommunications system: Zukünftiger multimedialer Datenübertragungsstandard für Mobiltelefone
WML	wireless markup language: Beschreibungssprache für den mobilen Datenabruf für Mobilfunk
WAP	wireless application protocol: Übertragungsprotokoll von Seiteninhalten auf Mobiltelefone mit komprimierter Datenübertragung

3.2.3.2 Internetdienste

world wide web (www)

Als world wide web (www) wird einer der bekanntesten Informationsdienste im Internet bezeichnet. Mit Hilfe eines Navigationsprogrammes (engl.: browser) können Webseiten, Dateien oder beispielsweise Multimediainhalte im Internet über eine systematische Adressierung (engl.: domain name adress) gefunden, abgerufen oder gegebenenfalls veröffentlicht werden. Die Vergabe der Domain Names bzw. der Netzwerkadressen wird international gültig vereinbart. Innerhalb eines Netzwerks ist der Netzbetreiber (engl.: provider) für die Vergabe der IP-Adressen verantwortlich.

E-Mail

Durch E-Mail (elektronische Post) können Nachrichten und Daten im Inter- bzw. im Intra- und Extranet in kurzer Zeit und ausgesprochen kostengünstig von einem Absender an beliebig viele Empfänger versendet werden. Eine Übertragung von E-Mails über Kontinente benötigt i.d.R. nur wenig Zeit. Sender bzw. Empfänger müssen dabei nicht gleichzeitig online im Netz sein. An eine E-Mail können i.d.R. beliebig formatierte sowie mit entsprechenden Programmen verschlüsselte Dateien angehängt werden. Hierfür wird häufig das so genannte MIME-Verfahren (multipurpose internet mail extensions) verwendet.

Mit dem File-Transfer-Protokoll (FTP) werden Dateien oder Programme von einem Rechner zum anderen übertragen. Hierfür wählt sich der Nutzer mit Passwort und Benutzerkennung auf den Zielrechner ein und kann dort z.B. verschiedene Befehle durchführen wie Dateien holen (engl.: download), Dateien ablegen (engl.: upload) oder Verzeichnisse anlegen bzw. verändern. Das so genannte anonyme FTP wird verwendet, wenn es sich um öffentlich zugängliche Server handelt, z.B. für das Laden von Programmen aus Archiven.

File Transfer

Mit Telnet können Benutzer über eine Anmeldung am Zielrechner Betriebssystembefehle „fernsteuern", also z.B. Programme auf dem Zielrechner starten oder bedienen. Dies ist vor allem bei UNIX-Rechnern gebräuchlich. Gopher ist der Vorläufer des World Wide Web mit einfacher Menüführung.

Telnet und Gopher

Als Newsgroup wird ein Dienst bezeichnet, der eine zentral zugreifbare Ablage bzw. das Lesen von themenbezogenen Nachrichten ermöglicht. Hierfür wird ein Nachrichtenprogramm (engl.: newsreader) benötigt, das in den gängigen Browsern bereits enthalten ist. Um aus der Vielzahl von Newsgroups im Internet die entsprechend gewünschten zu erhalten, werden Newsgroups mit Kennungen bezeichnet und können abonniert werden. Ein bekanntes Beispiel für Newsgroup-Dienste ist das Usenet. Für viele private Nutzer werden auch Kommunikationsdienste (engl.: chat) betrieben.

Newsgroups

Die folgende Tabelle fasst die wichtigsten Internetdienste zusammen:

Zusammenfassung Internetdienste

Internetdienst	Beschreibung
world wide web	weltweiter Informationsdienst zum Abrufen und zum Veröffentlichen von Webseiten (http://...)
FTP-Dienst	Dateiübertragungsdienst im Internet (ftp://...)
E-Mail	wichtigster elektronischer Postdienst im Netz (Adresse: name@beispiel.de)
Gopher	Vorläufer des www mit einfacher Menüführung
Telnet	Dienst zur „Fernsteuerung" auf Zielrechnern (UNIX) (Adresse: telnet://...)
Newsgroup	Nachrichtendienst nach dem Prinzip eines „schwarzen Bretts" (news:...)
Chat	Bezeichnung für Kommunikation privater Nutzer mit anderen Nutzern (Online)

3.2.4 Supply Chain Management auf Webbasis

In Zusammenhang mit dem Supply Chain Management gewinnen Inter-, Intra- und Extranetanwendungen stark an Bedeutung wie folgendes Praxisbeispiel zeigt:

Praxisbeispiel

Ein Hersteller von Personal Computern bietet seinen Kunden die Möglichkeit, Bestellungen für die gewünschten Produkte über Internet vorzunehmen. Dazu kann über eine Katalogauswahl online die gewünschte Konfiguration festgelegt und die Verfügbarkeit bzw. Lieferzeit abgefragt werden. Der Kunde kann laufend aktualisierte Informationen über den Status der Bestellung bis zur Auslieferung der Ware erhalten.

Anwendungsvorteile der in Kapitel 3.2.3 dargestellten Internettechnologien ergeben sich beim Supply Chain Management oftmals in folgenden Punkten:

- kostengünstige Informationsversorgung in der logistischen Kette, da Netzzugänge und Browsersoftware in vielen Unternehmen am Arbeitsplatz bereits vorhanden sind
- Abstimmung direkt auf Planerebene,
- aktualisierbare Informationsversorgung über Routingmechanismen (E-Mail, Nutzung gemeinsamer Planungsdokumente über Internet),
- teure Festnetze und branchenspezifische EDI-Verfahren werden nicht benötigt.

Es entsteht letztlich eine Konkurrenz zwischen branchenspezifischen und branchenübergreifenden EDI-Verfahren sowie den oft kostengünstigeren Inter-, Intra- bzw. Extranetanwendungen.

E-Commerce und E-Business

Bei internetunterstütztem Supply Chain Management entstehen auf überbetrieblicher Ebene durch Informationsvernetzung übergreifende Gemeinschaften (engl.: communities) und elektronische Plattformen für den Geschäftsverkehr, Handel sowie den Güter- und Warentransport. Diese Form des elektronischen Geschäftsverkehrs wird meist auch als E-Business oder E-Commerce bezeichnet.

Plattformen und Portale

Als Plattform oder Portal wird ein virtueller Marktplatz bezeichnet, der den Anwendern ermöglicht, elektronische Geschäfte abzuwickeln. Die folgende Tabelle zeigt einige wichtige Szenarien für Plattformen im elektronischen Geschäftsverkehr:

Geschäftsszenarien (engl.)	Beschreibung
business to business (B2B)	Zusammenarbeit zwischen Unternehmen mittels elektronischer Geschäftsabwicklung
business to consumer (B2C) bzw. consumer to business (C2B)	Elektronische Geschäftsabwicklung zwischen Unternehmen und Verbrauchern
consumer to consumer (C2C)	Elektronische Plattformen für Handel zwischen Verbrauchern (z.B. Auktionen)
business to retailer (B2R)	Geschäftsabwicklung von Unternehmen und Wiederverkäufern (Handel, Distribution)
business to administration (B2A)	Geschäftsabwicklung von Unternehmen mit Behörden und Institutionen

Portale und Plattformen werden im Supply Chain Management in unterschiedlichen Zielrichtungen genutzt. Große Potenziale für die Nutzung bieten i.d.R. der Auftragsgewinnungs- und Beschaffungsprozess, insbesondere der Kundenservice und die Zahlungsabwicklung sowie die Produktionsabstimmung und die Distribution über Internetplattformen.

Beispiele für Anwendungsszenarien sind:

■ *Auftragsgewinnungsprozess*: Erweiterung der Vertriebswege, Kundenunterstützung auf Webbasis, direktes Webmarketing (engl.: one to one marketing), mit Verfügbarkeit von Waren- und Dienstleistungsangeboten rund um die Uhr,

■ *Auftragsabwicklung*: elektronische Bestellung und Zahlungsabwicklung, Nutzung digitaler Produktkataloge zur vereinfachten Bestellung,

■ *Beschaffungsprozess*: Kostengünstige elektronische Beschaffung (engl.: e-procurement), elektronischer Preisvergleich in Bietersystemen, globale Beschaffungsportale für Rohstoffe oder Waren,

■ *Produktionsabstimmung*: Produktionssynchronisation und Kapazitätsabgleich über Internet, Frühwarnsysteme bei Auftrags- und Mengenschwankungen, Zugriff auf Liefervorschaudaten der Kunden,

■ *Distributionsprozess und Handel*: Sendungsverfolgung (engl.: tracking and tracing), Lagerführung über mehrere Stufen, Planung der Distributions- und Logistiknetze, Abrufsysteme auf Webbasis.

Beispiele für Anwendungsszenarien

Trotz der vielfältigen Anwendungsmöglichkeiten und -chancen von Portalen und Plattformen gehören zu den Grundvoraussetzungen des Datenschutzes die Verschlüsselung sensibler Informationen und die Anwendungsmöglichkeit elektronischer Signaturen.

Anwendungsbeispiel: SCM- Modul Collaborative Planning

Das folgende Beispiel zeigt eine SCM-Anwendung zur übergreifenden Produktionsabstimmung (*Abbildung 3.7*):

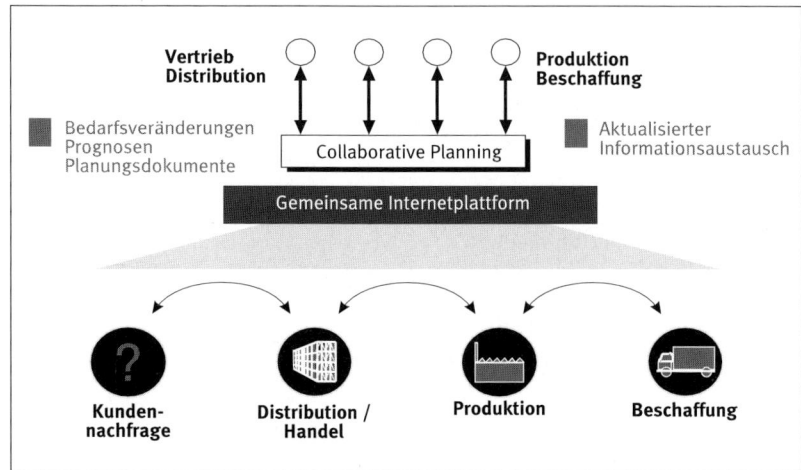

Abb. 3.7   Produktionsabstimmung in der logistischen Kette mittels Collaborative Planning

Zur Abstimmung mehrerer Planungsstufen in der logistischen Kette hinsichtlich Bedarf und Prognosen bietet sich die Internettechnologie an, da Abfrage und Austausch entsprechender Informationen in internetfähigen Formaten schnell und kostengünstig realisiert werden können. Collaborative Planning zielt darauf ab, den Informationsstand der Akteure in der logistischen Kette aktuell und abgestimmt zu halten, um damit Mehraufwand durch Prognoseänderungen, Nachfrage- und Bedarfsschwankungen (engl.: bull whip effect) verringern bzw. vermeiden zu können. Dies setzt u.a. voraus, dass sich die Akteure über eine gemeinsame Informationspolitik, sowie gemeinsame, vertrauensbildende Maßnahmen einig sind. In der Anwendungslösung eines SCM-Softwaremoduls informiert ein internetfähiger „Alert-Monitor" z.B. die beteiligten Planer über Ausnahmesituationen, wenn es zu Bedarfs- oder Prognoseveränderungen in der logistischen Kette kommt. Das in Abbildung 3.8 dargestellte Planungssystem erlaubt eine rollierende Abstimmung der wöchentlich erhobenen Verkaufsprognosen für unterschiedliche Produkte aus unterschiedlichen Vertriebsorganisationen. Zwischenhändler, Verkaufsbeauftragte und andere Akteure haben die Möglichkeit, online Prognosewerte anzugeben, die in einem Auswertungslauf zusammengeführt werden. Veränderungen und Korrekturen der Prognosewerte sind z.B. über einen Vergleich zu Vorjahredaten und den aktuellen Lieferungsmengen aufzeigbar. Anstehende

Entscheidungsschritte und Handlungsmaßnahmen können über verschlüsselte E-Mail in den einzelnen Stufen ausgetauscht werden. Die Komponenten des Collaborative Planning sind über Internetbrowser integriert, die die gemeinsame Planung bzw. die Nutzung gleicher Informationen und Planungsdokumente weltweit an unterschiedlichen Standorten ermöglichen (*Abbildung 3.8*).

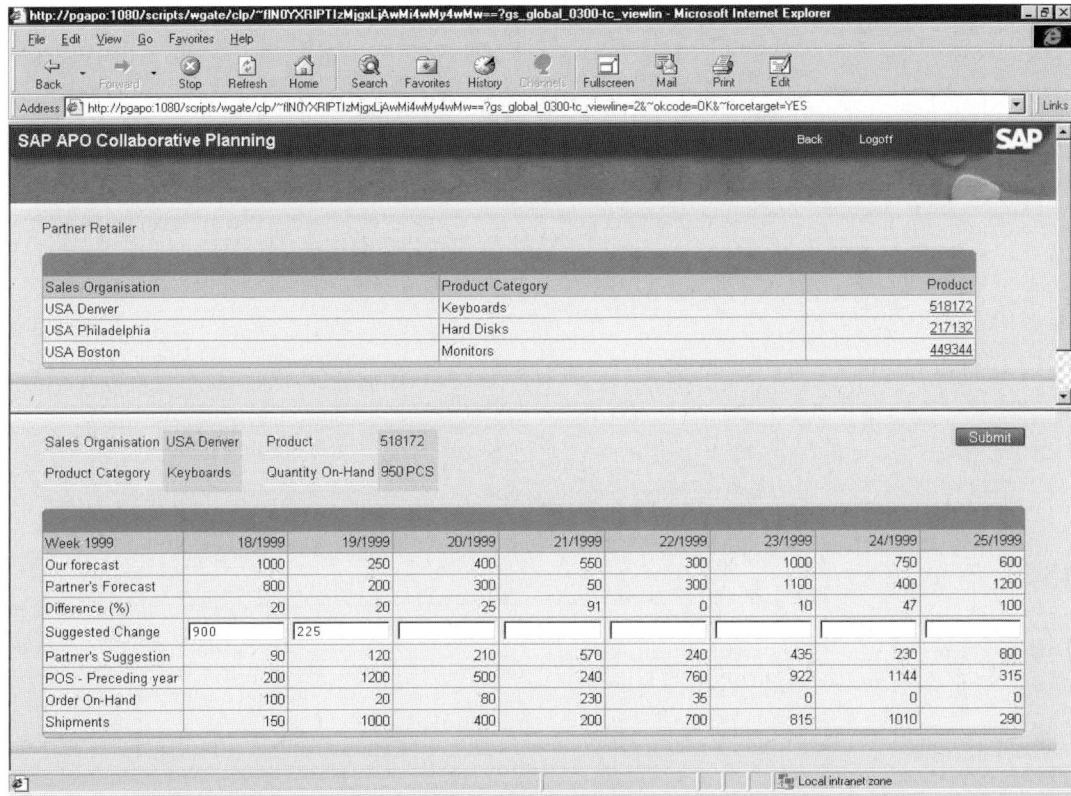

Abb. 3.8   *Collaborative Planning mit dem System APO*
         (Quelle: SAP AG)

Als Vorteile des Collaborative Planning lassen sich zusammenfassen:

- Vermeidung und Verringerung von Mehraufwand durch Bedarfsschwankungen und -spitzen (engl.: bull whip effect),
- Verbesserung des Vertriebs- und Auftragsgewinnungsprozesses durch aktuelle und durchgängige Prognose-, Verkaufs- und Planungsdaten,
- Stabilisierung und bessere Abstimmung der Produktions- und Produktionsplanungsprozesse, sowie der Beschaffung,
- transparente und nachvollziehbare Planung.

Zusammenfassung Vorteile Collaborative Planning

3.3 Aufbau- und ablauforganisatorische Kenngrößen

3.3.1 Bedeutung des Fertigungsprinzips und der Fertigungsarten

Fertigungsprinzip

Die logistische Kette ist inner- und außerhalb des Unternehmens oftmals vom gewählten Fertigungsprinzip geprägt. Das *Fertigungsprinzip* (engl.: manufacturing type) kennzeichnet die Fertigungsorganisation in ihrer logischen und räumlichen Anordnung. Nach der Verrichtungs- oder Erzeugnisorientierung werden unterschieden (vgl. Warnecke 93a):

Begriff (dt./engl.)	Beschreibung
Werkstättenfertigung / job shop production	gleichartige Fertigungsverfahren in einem Werkstattbereich (Verrichtungsorientierung), Beispiel: Werkstatt
Gruppenfertigung / cell production	verschiedenartige Fertigungsverfahren am gleichen Erzeugnis in einer Gruppe (Erzeugnisorientierung), Beispiel: Fertigungsinsel
Fließfertigung / line production	verschiedenartige Fertigungsverfahren an mehreren Erzeugnissen in einer Fertigungslinie, Beispiel: Endmontagelinie

Fertigungsart

Daneben ist die Fertigungsart bedeutsam; sie wird unterschieden in (vgl. Warnecke 93a, Koether 93):

Begriff (dt./engl.)	Beschreibung
Serienfertigung / series production	Aufträge werden in größerer Stückzahl, z.B. losweise oder im Modellmix (s.u.) gefertigt, Beispiel: Waggonbau
Kleinserienfertigung / small series production	Aufträge werden in geringer Stückzahl gefertigt, Beispiel: Maschinenbau
Einzelfertigung / one of a kind production	Produkte werden einzeln gefertigt, Beispiel: Anlagenbau
Losfertigung / batch production	gleichartige Aufträge werden gemeinsam in einem Los gefertigt, Beispiel: Leiterplattenfertigung
Fertigung im Modellmix / model mix production	unterschiedliche Aufträge werden in Reihenfolge in einem Bereich gefertigt, Beispiel: Endmontage Pkw

3.3.2 Einfluss des Fertigungsablaufs

Material- und Informationsflüsse innerhalb und außerhalb des Unternehmens werden u.a. durch den *Fertigungsablauf* (engl.: manufacturing flow) geprägt (vgl. WARNECKE 93a). Das Fertigungsablaufprinzip beschreibt die grundlegende Ablaufstruktur. Hierzu lassen sich unterscheiden:

- Lagerfertigung,
- Programmfertigung,
- Auftragsfertigung.

3.3.2.1 Lagerfertigung

Das Prinzip der *Lagerfertigung* (engl.: stock production) geht vom Grundgedanken aus, Kundenaufträge möglichst aus dem Lager bedienen zu können. Der Abnehmer bestellt die Waren kundenauftragsbezogen. Unter der Voraussetzung eines ausreichenden Lagerbestandes kann die Ware direkt geliefert werden. Bei Lieferung wird der Lagerbestand um die Liefermenge reduziert, bei Erreichen des Meldebestandes wird über die Disposition die Produktion bzw. Beschaffung angestoßen.

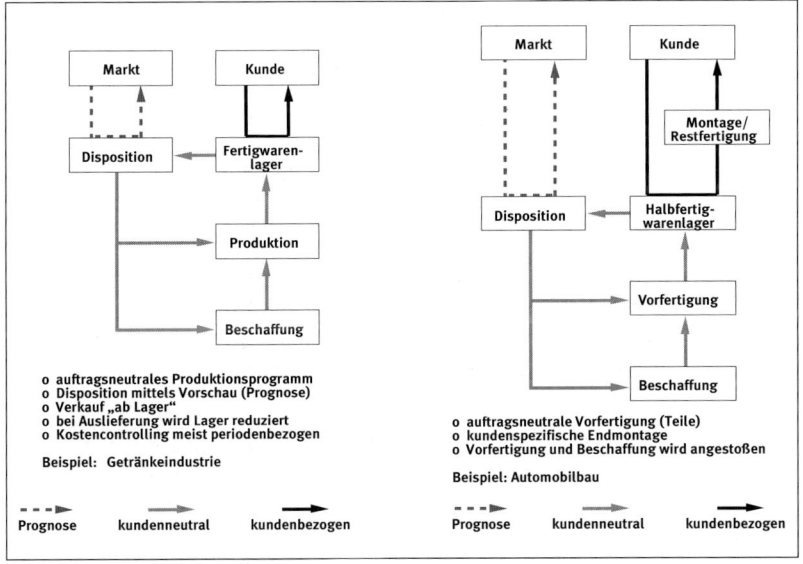

Abb. 3.9 *Lagerfertigung und Programmfertigung*

Meist liegen marktseitige Erfahrungswerte vor, wie viele Bestellungen in einer Periode erfolgen könnten. Die Disposition erstellt mittels Vorschau (Prognose) Vorgaben für die dem Warenlager vorgelagerte Produktion bzw. Beschaffung. Diese Vorgaben bestimmen das Absatzprogramm. Aus dem Absatzprogramm wird ein Produktionsprogramm erstellt. Im Produktionsprogramm wird festgelegt, welche Aufträge von der Produktion

Disposition

in bestimmten Perioden durchzuführen sind. Bei der Lagerfertigung wird das Produktionsprogramm auftragsneutral fortgeschrieben *(Abbildung 3.9, linke Bildhälfte)*.

Bestandsrisiko

Das generelle Risiko bei Lagerfertigung liegt in der Bildung von Beständen (engl.: inventory). Zur Prozessoptimierung ist es daher sinnvoll, Bestände kontinuierlich zu überwachen und geeignete Bestellverfahren einzuführen (siehe Kapitel 5.3).

3.3.2.2 Auftragsfertigung

Den Gegensatz zur Lagerfertigung stellt die *Auftragsfertigung* (engl.: order production) dar *(Abbildung 3.10)*. Grundgedanke ist die Produktion nach Kundenauftrag, wie sie im Anlagen- und Maschinenbau typisch ist. Da die Produkte meist komplex und in Baugruppen konfigurierbar sind, kann eine weit gehend kundenspezifische Auftragsabwicklung – meist in Projektform – erfolgen. Da es sich ebenfalls häufig um komplexe Projekte handelt, wird oftmals getrennt entwickelt, geplant und gefertigt. Eine auftragsneutrale Disposition von Teilen erfolgt üblicherweise nur für Standardkomponenten, im Maschinenbau beispielsweise für Profile, Bleche oder Schrauben.

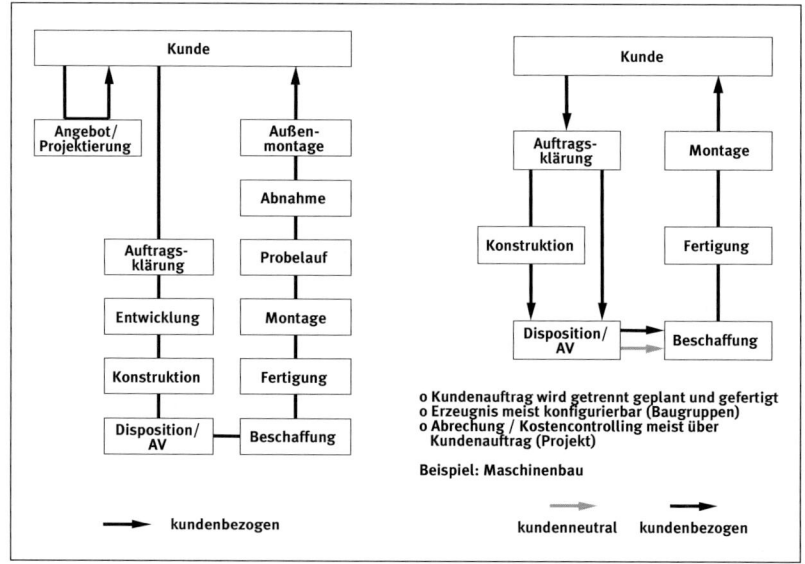

Abb. 3.10   Formen der Auftragsfertigung

Probleme:
Liefer- und Durchlaufzeit

Ein typisches Problem bei der Auftragsfertigung liegt in der Sicherstellung kurzer Liefer- und Durchlaufzeiten. Die logistische Kette wird hierzu unter Einbeziehung der Lieferanten nach zeitlichen Anforderungen optimiert.

3.3.2.3 Programmfertigung

Eine Mischform aus Lager- und Auftragsfertigung stellt die *Programmfertigung* (engl.: forecast production) dar. Grundgedanke ist eine auftragsneutrale Vorfertigung sowie eine kundenspezifische Endmontage. Über die Disposition werden ständig benötigte Standardteile bestellt, die auftragsabhängigen Komponenten aber individuell geordert. Dies findet u.a. im Fahrzeugbau Anwendung, wo ein Fahrzeug entsprechend dem individuellem Kundenauftrag in unterschiedlicher Ausstattung, Farbe und Zubehör hergestellt wird. Die Disposition und Vorfertigung von standardisierten Baugruppen erfolgt dort aber kundenneutral. Der Abruf dieser Teile und Baugruppen aus einem Halbfertigwarenlager stößt damit Vorfertigung und Materialbeschaffung an (*Abbildung 3.9*, rechte Bildhälfte). Die Programmfertigung vereint Vorteile von Auftrags- und Lagerfertigung.

Die nachfolgende Tabelle zeigt zusammenfassend die Merkmale der Lager-, Auftrags- und Programmfertigung:

Zusammenfassung

Begriff (dt./engl.)	Beschreibung
Lagerfertigung / stock production	Kundenaufträge werden möglichst aus dem Lager bedient, auftragsneutrale Produktion; Problem: Bestandsrisiko, Anwendungsbeispiel: Getränkeindustrie
Auftragsfertigung / order production	Produktion nach Kundenauftrag, kundenspezifische Auftragsabwicklung; Problem: Sicherstellung kurzer Liefer- und Durchlaufzeiten, Anwendungsbeispiel: Anlagen-, Maschinenbau
Programmfertigung / forecast production	Mischform: auftragsneutrale Vorfertigung und kundenspezifische Fertigstellung, Anwendungsbeispiel: Automobilbau

3.4 Zeitbezogene Kenngrößen

3.4.1 Lieferzeit

Definition: Lieferzeit

Die *Lieferzeit* (engl.: lead time) umfasst den Zeitraum zwischen dem Zeitpunkt der Auftragserteilung (Bestelleingang) und Bereitstellung der Ware für den Kunden, ggf. durch Auslieferung oder Abholung (tatsächlicher Liefertermin).

Fertigungsprinzip, Fertigungsart und Fertigungsablaufprinzip beeinflussen die Lieferzeit. Weitere Einflussfaktoren sind die verfügbaren Lagerbestände und die interne Durchlaufzeit.

Definition: Wiederbeschaffungszeit

Im Rahmen der Beschaffung wird der Begriff *Wiederbeschaffungszeit* (engl.: replacement time) für die Lieferzeit des benötigten Materials verwendet. Die Wiederbeschaffungszeit umfasst den Zeitraum zwischen der Abgabe der Bestellanforderung und der Anlieferung.

Die Wiederbeschaffungszeit setzt sich aus den Zeitanteilen zur Vorbereitung der Bestellung und der Lieferzeit inklusive der Transportzeit zusammen.

3.4.2 Durchlaufzeit

Definition: Durchlaufzeit

Die *Durchlaufzeit* (engl.: process time) bemisst die Prozesszeit zwischen dem Zeitpunkt des Anstoßes eines Prozesses und dessen Abschluss, d.h. dem Vorliegen des Prozessergebnisses.

Die Durchlaufzeit wird mit Hilfe der *Prozesszeitanalyse* (PZA) ermittelt. In der logistischen Kette werden i.d.R. kurze Durchlaufzeiten angestrebt. Die Auftragsdurchlaufzeit für Produkte setzt sich aus Zeitanteilen für eigengefertigte bzw. fremdbeschaffte Teile, d.h. vor allem aus Produktions-, Liefer- sowie Wiederbeschaffungszeiten, zusammen.

Plan- und Istzeit

Bei der Gliederung der *Produktionsdurchlaufzeit* (engl.: manufacturing time) in ihre Bestandteile wird zwischen Planzeiten und tatsächlichen Zeiten (Istzeit) unterschieden. Angaben über Planzeiten enthalten die betrieblichen Arbeitspläne, tatsächliche Durchlaufzeiten können nur durch Messung bzw. Beobachtung ermittelt werden. Hierzu sind Verfahren zur Zeitaufnahme notwendig (vgl. REFA 84).

Arbeitsplan als Quelle

Zur Ermittlung der Planzeiten für Produktionstätigkeiten können Arbeitspläne, gegliedert nach einzelnen Arbeitsvorgängen, herangezogen werden. Arbeitspläne enthalten Arbeitsgänge und Teilverrichtungen. Außerdem werden oft zusätzliche Beschreibungen und Merkmale der Arbeitsaufgaben aufgeführt wie Arbeitsunterweisungen und Prüfvorschriften. Die im

Arbeitsgang festgelegten Teilverrichtungen, die auch als Teilvorgänge bezeichnet werden, sowie zugehörige Betriebsmittel und Vorgabezeiten sind die am häufigsten vorzufindenden Informationen im Arbeitsplan.

Die im Arbeitsplan dokumentierten Vorgabezeiten nehmen als Basisdaten, u.a. bei der Arbeitsvorbereitung und Entlohnung, einen wichtigen Stellenwert ein. Zur Vorgabezeitermittlung werden Zeitaufnahmeverfahren oder Systeme vorbestimmter Zeiten eingesetzt. Übliche Verfahren zur Zeitermittlung sind das REFA-Verfahren sowie das MTM-Verfahren (vgl. REFA 84).

Zeitermittlung

Weitere Informationen, die üblicherweise dem Arbeitsplan entnommen werden, zeigt folgende Tabelle:

Zusatzinformationen

Begriff (dt./engl.)	Beschreibung
Arbeitsvorgang, Teilverrichtung / operation	Tätigkeit, die zusammenhängend an einem Arbeitsplatz ausgeführt wird. Teilverrichtungen sind Einzelschritte des Arbeitsvorgangs, z.B. Greifen, Bereitstellen
Betriebsmittel / tool	Fertigungs-, Mess-, Prüf- und Fördermittel
Vorgabezeit / allowed time	Zeitdaten zur Arbeitsvorbereitung und Entlohnung

Die Produktionsdurchlaufzeit wird durch die Ausführungszeiten der einzelnen Vorgänge bestimmt *(Abbildung 3.11)*. Die Ausführungszeit je Vorgang (engl.: operation time) setzt sich aus Zeitanteilen für Wartezeiten, Durchführungszeiten, Transportzeiten und Liegezeiten zusammen.

Produktionsdurchlaufzeit

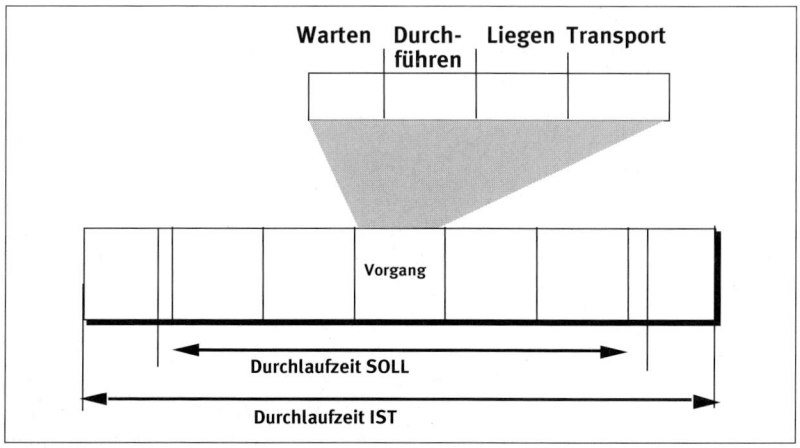

Abb. 3.11 Gliederung der Ausführungszeit

Wartezeiten

Auch Durchführungszeiten können Wartezeitanteile enthalten, beispielsweise für vorgeschriebene Pausen. Das REFA-Verfahren unterscheidet hier u.a. Zeitanteile für Tätigkeitszeit (Durchführen), Erholzeit und Verteilzeit (REFA 84). Die Durchführungszeit errechnet sich dann aus der Summe:

$$t_e = t_t + t_{er} + t_v$$

t_e = Durchführungszeitanteil je Einheit

t_t = Tätigkeitszeit

t_{er} = Erholzeit

t_v = Verteilzeit

Zur Ermittlung der Ausführungszeit werden zur Tätigkeitszeit alle Wartezeitanteile addiert, die nicht durch den Vorgang selbst bedingt sind:

$$t_g = \Sigma\, t_w + \Sigma\, t_e$$

t_g = Ausführungszeit

t_w = Wartezeitanteil

Auftragsdurchlaufzeit

Zur Gliederung der *Auftragsdurchlaufzeit* (engl.: order to delivery lead time) wird das gleiche Schema *(Abbildung 3.11)* angewendet. Für die Prozesszeitanalyse in der logistischen Kette ist es allerdings oftmals nicht notwendig, die Ausführungszeiten auf der Vorgangsebene einzubeziehen.

Reduzierung von Produktionsdurchlaufzeiten

Zur Reduzierung von Produktionsdurchlaufzeiten bestehen mehrere prinzipielle, in der Praxis häufig kombinierte Möglichkeiten:

Ansatz	Beschreibung / Beispiel
Verkürzung der Durchführungszeit	organisatorische Maßnahmen, Fertigung in Losgröße Eins, unterbrechungsfreie Bearbeitung (Komplettbearbeitung), Überlappung und Parallelisierung von Arbeitsgängen: Splittung von Losen, getaktete Fertigung, Automatisierung, Kapazitätserhöhung
Minimierung der Rüstzeit sowie der Wartezeit	schneller Werkzeugwechsel, Vermeidung von Wartezeiten beim Produktionsanlauf, Reduzierung von Störungen, Vermeidung von Stillstandszeiten
Verkürzung der Transport- und Liegezeit	Transportzeitoptimierung, schneller Lagerzugriff, kurze Wartezeiten zur Materialbereitstellung, Steuerungsverfahren: Fortschrittsverfolgung

3.4.3   Prozessverhalten im Zeitablauf

In der logistischen Kette wirken in jedem Prozess geplante oder ungeplante **Einflussgrößen**
Einflussgrößen. Störenden Einflussgrößen wird entgegengewirkt, um einen
Prozess stabil und beherrschbar zu halten.

Umrüsten oder Vorziehen eines Eilauftrages sind Beispiele für geplante Ein-   **Beispiele**
flussgrößen auf den Ablauf im Produktionsprozess, bei denen rechtzeitig
Gegenmaßnahmen ergriffen werden können. Der Ausfall einer Anlage
durch Werkzeugbruch ist ein Beispiel einer ungeplanten Einflussgröße
auf den Ablauf, wie die folgende Tabelle zeigt:

Einflussgrößen	Beispiele
Geplante Einflussgrößen	Umrüsten, Auftragsreihenfolge ändern, Fertigungskapazität erweitern/ verringern, Arbeitsgeschwindigkeit erhöhen/verringern
Ungeplante Einflussgrößen	Anlagenausfall, Stillstand durch Fehlteile, kurzfristige Stückzahlerhöhung/ -verringerung, Fehlzeiten Mitarbeiter

Das Verhalten eines Prozesses im Zeitablauf wird für Materialflüsse in Pro-   **Kennlinien**
duktion und Logistik oft mit Kennlinien dargestellt. Die Kennlinien beziehen sich i.d.R. auf Produktionsstufen wie Anlagen, Maschinen, Montagegruppen oder auf Lagerstufen wie Eingangs-, Ausgangslager und Materialpuffer (siehe Kapitel 5.3).

Das *Mengen-Zeit-Diagramm* (engl.: quantity-time diagram) liefert Kenn-   **Mengen-Zeit-**
linien von Mengenveränderungen im zeitlichen Ablauf. Die Kennlinie   **Diagramm**
„Zugang" zeigt den Zugangsverlauf an Aufträgen bzw. Material in das
betrachtete System, die Kennline „Abgang" den Abgangsverlauf, d.h.
Abarbeitung bzw. Auslagerung *(Abbildung 3.12)*.

Die Erhöhung des Zugangs führt zur Bestandsbildung. Die Erhöhung
des Abgangs führt zu Bestandssenkung.

Das Mengen-Zeit-Diagramm wird in der Produktion auch als Durchlaufdiagramm bezeichnet. Es eignet sich in der Produktion besonders zur
Fortschrittsverfolgung und Steuerung.

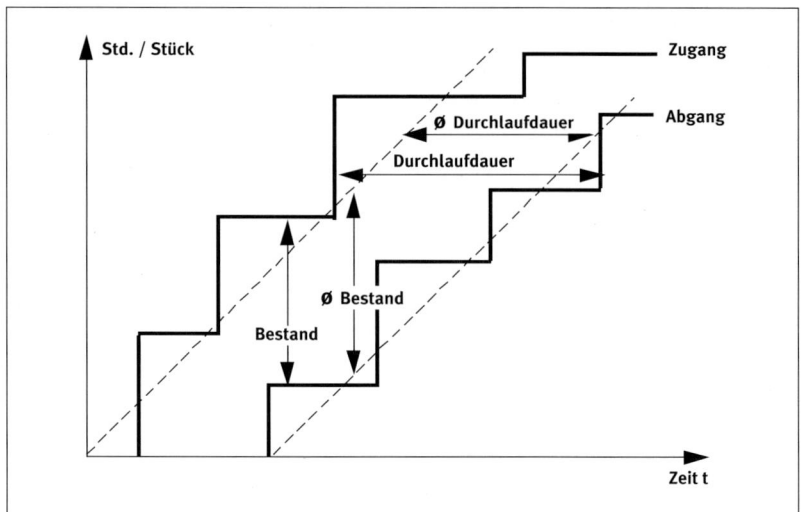

Abb. 3.12   *Zugangs- und Abgangsverlauf eines Produktionsprozesses im Durchlaufdiagramm (nach* WIENDAHL 97)

Kenngrößen

Kenngrößen im Mengen-Zeit-Diagramm sind Zugang, Abgang und Bestand sowie die Durchlaufzeit. Der durchschnittliche Bestand sowie die durchschnittliche Durchlaufzeit ergeben sich aus dem Abstand der gemittelten Zu- und Abgänge.

Die Kenngrößen sind wie folgt definiert:

Kenngröße	Produktionsstufe	Lagerstufe
Zugangsverlauf	Eingangsrate, gemessen in Stück oder Kapazitäts-einheit (z.B. Std.)	Eingangsrate, gemessen in Menge/Zeit (z.B. Stück)
Abgangsverlauf	erledigte Aufträge in Stück oder Kapazitäts-einheit (z.B. Std.)	ausgelagerte Mengen, gemessen in Stück
Ø Durchlaufzeit	gemittelter Wert der Durchlaufzeit, zwischen durchschnittlichem Zugang und Abgang	gemittelter Wert der Durchlaufzeit, zwischen durchschnittlichem Zugang und Abgang
Durchlaufzeit	Wert der Durchlaufzeit, gemessen zwischen Zugang und Abgang zum Zeitpunkt t	Wert der Durchlaufzeit, gemessen zwischen Zugang und Abgang zum Zeitpunkt t

Kenngröße	Produktionsstufe	Lagerstufe
Ø Bestand	gemittelter Wert des Auftragsbestandes in Stück oder Kapazitäts-einheit, gemessen zwischen durchschnitt-lichem Zugang und Abgang	gemittelter Wert des Mengenbestandes in Stück, gemessen zwischen durch-schnittlichem Zugang und Abgang
Bestand	Wert des Auftragsbe-standes in Stück oder Kapazitätseinheit, gemessen zwischen Zugang und Abgang zum Zeitpunkt t	Wert des Auftragsbestandes in Stück, gemessen zwischen Zugang und Abgang zum Zeitpunkt t

Mit Hilfe des Mengen-Zeit-Diagramms kann aufgezeigt werden, welche Auswirkungen im Zeitablauf auftreten, beispielsweise in der Produktion: **Auswirkungen im Zeitablauf**

- Erhöht sich der Zugang bei gleich bleibendem Abgang, so erhöht sich damit der Auftragsbestand und die Produktionsdurchlaufzeit steigt.

- Verringert sich der Zugang bei gleich bleibendem Abgang, so sinkt der Auftragsbestand und die Produktionsdurchlaufzeit sinkt ebenfalls.

- Um die Durchlaufzeit und den Bestand zu senken, wird der Abgang erhöht, beispielsweise durch Einsatz zusätzlicher Maschinen.

3.4.4   Einfluss von Schnittstellen im Prozess

Die Trennung in planende, steuernde, ausführende und kontrollierende Funktionen führt in vielen Unternehmen zu einer hohen Zahl von Prozessschnittstellen im Auftragsdurchlauf (vgl. SAUERBREY 91, WARNECKE 93a, KRAMPE 93, HAUSOTTER 94, SCHUH 96). Diese organisatorischen Schnittstellen entstehen, wenn Aufgaben funktionsübergreifend wahrgenommen werden müssen. Dadurch entstehen zusätzliche *Warte- und Liegezeiten* (engl.: idle time) oder andere Verluste.

Die Folge vieler Schnittstellen sind lange Durchlaufzeiten durch Liege-, Warte-, Transportzeiten sowie Doppelarbeiten. Ein Indikator für die Reibungsverluste ist die Bearbeitungszeit des Materials in der Fertigung. Sie beträgt oft zwischen 2–10 % der Durchlaufzeit.

Ursachen

Mögliche Ursachen für Reibungsverluste an Schnittstellen zeigt die folgende Tabelle:

Wirkung (Verlust)	Ursache
Lange Warte- und Liegezeit	Vorziehen anderer Aufträge
Doppelarbeit	nicht abgestimmter Bearbeitungsbeginn
Nacharbeit	„Vergessen" von Bearbeitungsschritten
Verzögerter Bearbeitungsbeginn	Umplanung und andere „Eilaufträge"
Rückfragen	Vorgang noch nicht abgeschlossen
Einarbeitungszeit	mangelnde Erfahrung oder fehlendes Personal

3.5 Kenngrößen zur Qualität und Flexibilität

Qualität ist die Übereinstimmung an Eigenschaften eines Produktes oder eines Prozesses mit vorgegebenen Anforderungen, um damit Kundenwünsche zu erfüllen und Fehler vermeiden zu können.

Definition: Qualität

Hierzu müssen die Eigenschaften bekannt und die Anforderungen festgelegt sein. Die Produktqualität wird einerseits durch technische Leistungsmerkmale wie Funktionserfüllung, Haltbarkeit oder Belastbarkeit bestimmt. Für den Kunden sind aber oft auch subjektive Merkmale wichtig, wie Ästhetik des Designs oder Zufriedenheit im Gebrauch.

Die Qualität der Logistikleistung wird über die Kenngrößen Lieferzuverlässigkeit, Lieferfähigkeit und Lieferqualität beurteilt. Im Fertigungsprozess steht die Prozesssicherheit im Vordergrund.

Qualität der Logistikleistung

3.5.1 Lieferzuverlässigkeit, Lieferqualität und Lieferfähigkeit

Die *Lieferzuverlässigkeit* (engl.: delivery precision) ist ein Maß für die Fähigkeit, Aufträge zeit- und mengengerecht zu erfüllen.

Definition: Lieferzuverlässigkeit

Dies setzt u.a. eine hohe *Termin-* und *Liefertreue*, d.h. Übereinstimmung zwischen zugesagtem und tatsächlichem Liefertermin voraus.

Die *Lieferqualität* (engl.: delivery quality) wird bestimmt durch den Anteil der ohne Beanstandungen durchgeführten Lieferungen.

Definition: Lieferqualität

Die Produktqualität beeinflusst somit die Lieferqualität.

Daten zur Lieferqualität und Lieferzuverlässigkeit werden bei der Lieferantenbewertung genutzt (siehe Kapitel 5.3.3.1). Wichtige Messgrößen hierzu sind (vgl. WEBER 92):

Messgrößen

- Anteil termingerechter Lieferungen (Termintreue),
- Anteil Nachlieferungen,
- Anteil beanstandeter Lieferungen (Fehllieferungen, Verpackungsfehler),
- Anteil vorgezogener Lieferungen,
- Anteil Lieferungen mit Mengendifferenzen.

Die Lieferzuverlässigkeit wird wesentlich von der Bestandssituation, der Zuverlässigkeit im Produktionsprozess und einer zuverlässigen Lieferdurchführung bestimmt (vgl. WIENDAHL 96).

Die *Lieferfähigkeit* (engl.: delivery ability) wird bestimmt aus der Übereinstimmung zwischen gewünschtem und bestätigtem Liefertermin.

Definition: Lieferfähigkeit

Zusammenhang	Die nachfolgende Tabelle zeigt den Zusammenhang zwischen Lieferfähigkeit, Lieferqualität und Lieferzuverlässigkeit.

Begriff (dt. / engl.)	Fragestellung
Lieferfähigkeit / delivery ability	Wie oft wurden gewünschte Liefertermine tatsächlich bestätigt?
Lieferqualität / delivery quality	Wie hoch ist der Anteil der Lieferungen ohne Beanstandungen? Wie oft sind gelieferte Produkte fehler- oder mangelhaft?
Lieferzuverlässigkeit / delivery precision	Wie oft wurde der zugesagte Liefertermine tatsächlich erfüllt? Welche Mengenabweichungen traten auf?

3.5.2 Prozesssicherheit

Prozesssicherheit

Zum Erreichen einer hohen Lieferqualität ist im Fertigungsprozess eine hohe *Prozesssicherheit* (engl.: process reliability), d.h. Verfügbarkeit und Zuverlässigkeit der Anlagen, von Bedeutung. Ein Fertigungsprozess ist dann zuverlässig und stabil, wenn eine hohe Sicherheit gegenüber Störungen gegeben ist (geringe Ausfallwahrscheinlichkeit). Die Zuverlässigkeit ist definiert als Wahrscheinlichkeit, dass ein Ausfall (Fehler) innerhalb einer Zeitperiode nicht auftritt (vgl. Masing 94).

Serielle Prozesse

Bei seriellen Fertigungsprozessen, d.h., wenn beispielsweise die Komponenten einer Fertigungsanlage hintereinander verknüpft sind, lässt sich die Gesamtzuverlässigkeit aus dem Produkt der Einzelzuverlässigkeiten der Teilkomponenten errechnen. Je mehr Komponenten einer Anlage hintereinander verknüpft sind, desto stärker sinkt bei gleichen Einzelzuverlässigkeiten die Gesamtzuverlässigkeit.

$$R_s = R_1 * R_2 * \ldots R_n$$

R_s = Gesamtzuverlässigkeit

R_i = Einzelzuverlässigkeit einer Komponente i

n = Anzahl hintereinander verknüpfter Komponenten

Parallele Prozesse

Bei parallelen Prozessen, d.h., wenn die Komponenten der Anlage parallel verknüpft sind, errechnet sich die Gesamtzuverlässigkeit aus dem Produkt der Ausfallwahrscheinlichkeiten der Teilkomponenten. Bei gleichen Einzelzuverlässigkeiten steigt also die Gesamtzuverlässigkeit, wenn Komponenten zusätzlich parallel geschaltet werden.

$$R_s = 1 - (1 - R_1) * (1 - R_2) * \ldots (1 - R_n)$$

R_s = Gesamtzuverlässigkeit

$1 - R_i$ = Einzelausfallwahrscheinlichkeit
einer Komponente i

n = Anzahl parallel verknüpfter Komponenten

Zur Verbesserung der Prozesssicherheit werden in den Unternehmen laufend Daten der Fertigungsprozesse aufgenommen und im Rahmen der *Prozessdatenerfassung* (engl.: process monitoring and control) ausgewertet. Die folgende Tabelle zeigt, welche Aufgaben in den Phasen Vorbereitung, Datenerfassung und -auswertung anfallen:

Prozessdatenerfassung

Vorbereitungsphase	Datenerfassungsphase	Auswertungsphase
Analyse der Struktur der Anlage / des Prozesses	Messung	Statistik
Daten zum Störort	Datensatz je Störung	Analyse
Daten zu Stördauer / -art	automatische oder manuelle Erfassung	Ableitung von Handlungsmaßnahmen

Voraussetzung zur Prozessdatenerfassung sind quantitativ messbare Parameter im Fertigungsprozess. Zu erfassende Daten sind Störfaktoren wie Dauer und Art der Störung sowie gegebenenfalls die Ursache der Störung. Als Ergebnis wird eine Prozessdatenstatistik generiert. Aus Anzahl und Art der Störungen lassen sich Maßnahmen zur Verbesserung der Prozesssicherheit ableiten.

Durch die Maschinenfähigkeitsuntersuchung wird festgestellt, ob eine Maschine die geforderten technischen Kennwerte zur Fertigung eines Produktes innerhalb der vorgegebenen Toleranzgrenzen einhält.

Maschinenfähigkeit

Die *Maschinenfähigkeit* (engl.: machine capability) wird ermittelt aus:

$$C_m = \frac{\text{Toleranz}}{\text{Maschinenstreuung}} = \frac{T}{6\,s}$$

C_m = Kennwert Maschinenfähigkeit

T = Kennwert Toleranz
(obere minus untere Toleranzgrenze)

s = Standardabweichung

Ist der C_m-Wert > 1, ist die Maschine fähig, ansonsten nicht fähig, innerhalb der vorgeschriebenen Toleranzen zu fertigen. Ist der C_m-Wert = 1, wird die Toleranz mit der Sicherheit 99,73 % eingehalten.

Der Kennwert für die kritische Maschinenfähigkeit C_{mk} berücksichtigt darüber hinaus die Abweichung von der oberen bzw. unteren Toleranzgrenze.

Prozessfähigkeit

Entsprechend wird die *Prozessfähigkeit* (engl.: process capability) berechnet:

$$C_p = \frac{\text{Toleranz}}{\text{Prozessstreuung}} = \frac{T}{6 s}$$

C_p = Kennwert Prozessfähigkeit

T = Kennwert Toleranz
(obere minus untere Toleranzgrenze)

s = Standardabweichung

Für die Maschinenfähigkeit bzw. Prozessfähigkeit werden üblicherweise Werte von mindestens 1,33, für die kritische Maschinenfähigkeit bzw. Prozessfähigkeit von mindestens 1,67 verlangt (vgl. Masing 94, Evans 93).

3.5.3 Liefer- und Fertigungsflexibilität

Begriff Flexibilität

Unter Flexibilität wird allgemein die Anpassungsfähigkeit an Veränderungen verstanden. Flexibilität ist erforderlich, da sich die Bedarfsstruktur in der logistischen Kette ständig ändert.

**Definition:
Lieferflexibilität**

Lieferflexibilität **(engl.: delivery flexibility) umfasst die Flexibilität bei Änderungen bezüglich Mengen und Terminen.**

In der logistischen Kette fordern Abnehmer i.d.R. von ihren Lieferanten eine hohe Lieferflexibilität, um eigene Bedarfsveränderungen ausgleichen zu können. Bedarfsänderungen wirken sich u.a. im Vorziehen von Lieferungen (frühere Liefertermine) oder im kurzfristigen Umbestellen von Lieferpositionen aus.

Voraussetzungen für eine hohe Lieferflexibilität sind vor allem optimierte, flexible Fertigungs-, Lager- und Umrüstvorgänge sowie eine ausreichende Bestandshöhe, um kurzfristigen Bedarf abdecken zu können. Ein weiterer Punkt ist die Absprache und Berücksichtigung von Kapazitäten und Bedarfsstückzahlen im zeitlichen Verlauf, für die oft der Begriff Kammlinie verwendet wird.

**Definition:
Fertigungsflexibilität**

Fertigungsflexibilität **(engl.: manufacturing flexibility) umfasst die Eigenschaft im Produktionssystem, ausreichend flexible und anpassbare Fertigungskapazitäten einbringen zu können.**

Eine hohe Fertigungsflexibilität bedingt u.a. die schnelle Umrüstbarkeit einer Fertigungsanlage bei unterschiedlichen Kundenaufträgen, beispielsweise durch schnellen Werkzeugträgerwechsel (engl.: single minute exchange of dies = SMED)

Die Tabelle zeigt den Zusammenhang und die typische Fragestellung:

Begriff (dt. / engl.)	Fragestellung
Lieferflexibilität / delivery flexibility	Kann bei Änderungen von Mengen und Terminen schnell reagiert werden?
Fertigungsflexibilität / manufacturing flexibility	Bietet das Produktionssystem flexible und anpassbare Fertigungskapazitäten? Ist die schnelle Umrüstbarkeit bei unterschiedlichen Aufträgen gegeben?

Praxisbeispiel: Flexibles Fertigungssystem   **Beispiel**

Ein Hersteller produziert elektronische Messsysteme, die vor allem in Einzel- und Kleinserie hergestellt werden. Während die Produkte früher losweise in Programmfertigung hergestellt wurden und daraus hohe Lagerbestände und lange Durchlaufzeiten resultierten, stellte man daraufhin auf die so genannte absatzgesteuerte Produktion um. Dies bedeutet, dass alle Produkte grundsätzlich auftragsbezogen gefertigt werden, d.h. unter Umständen auch in Losgröße Eins. Somit wird nur genau das produziert, was der Kunde bestellt. Zwangsläufig führt dieses Prinzip aber zu Auftrags- und Produktionsschwankungen, die durch geeignete Maßnahmen abgefangen werden müssen.

Ein Element ist die Personaleinsatzplanung, die über ein flexibles Arbeitszeitmodell mit variablen Arbeitszeitkonten gesteuert wird. Der Personaleinsatz passt sich eigenverantwortlich den Absatzschwankungen an. Dies funktioniert nur dann, wenn die Mitarbeiter auch flexibel einsetzbar sind, d.h. qualifiziert, um alle Produkte zu fertigen. Zum anderen soll durch die Arbeitszeitregelung gewährleistet werden, dass der Mitarbeiter die tägliche Arbeitszeit in gewissen Grenzen dem tatsächlichen Auftragsbedarf anpassen kann.

Als zweites Element soll eine kurze Durchlaufzeit erreicht werden, damit Liefertermine kalkulierbar sind. Die Produktion erfolgt in der Endmontage einstufig, d.h., ein Mitarbeiter erledigt im Prinzip alle erforderlichen Arbeitsschritte vom eingehenden Kundenauftrag über die Materialentnahme bis zur Prüfung.

Als drittes Element erfolgt die Materialentnahme aus Behältern nach dem Hol-Prinzip, d.h., über den aktuellen Verbrauch in der Montage wird der Bedarf an Vormaterial direkt an die interne Vorfertigung und an die Materiallieferanten durchgereicht. Kurze Durchlaufzeiten in der Montage setzen auch abgestimmte Lieferzeiten der Vorfertigung und der Lieferanten voraus. Die beschriebenen Elemente greifen ineinander, durch einen fertigungsgerechten Produktaufbau wird der Wirkungseffekt zusätzlich verbessert.

3.6 Kostenbezogene Kenngrößen

3.6.1 Kostenarten

Kostenzuordnung

Die Zuordnung von Kosten in der logistischen Kette nimmt eine besondere Rolle ein. Um Transparenz zu gewinnen und um Handlungsmaßnahmen ableiten zu können, ist es oftmals notwendig:

- Kostenbestandteile und -arten zu ermitteln,
- Kosten und Leistungen zu vergleichen,
- angefallene Kosten Kostenstellen und Kostenträgern zuzuordnen.

Bei der Prozessoptimierung in der logistischen Kette stellt sich im Kern die Frage, an welchen Stellen und mit welchen Maßnahmen wesentliche Kostenanteile beeinflusst werden können. Kostenbetrachtungen in der logistischen Kette konzentrieren sich in der Praxis oft auf:

- Lagerwirtschaft und Bestandsführung,
- Systeme und Steuerung (Disposition und Auftragsabwicklung),
- Transport sowie
- Handling.

Betrachtet werden hierzu beispielsweise Lager-, Raum- und Flächenkosten, Kosten der Disposition und Steuerung, Anlagekosten, Kosten des internen und externen Transports, sowie Verpackungs-, Handling- und Kommissionierkosten. (*Abbildung 3.13*)

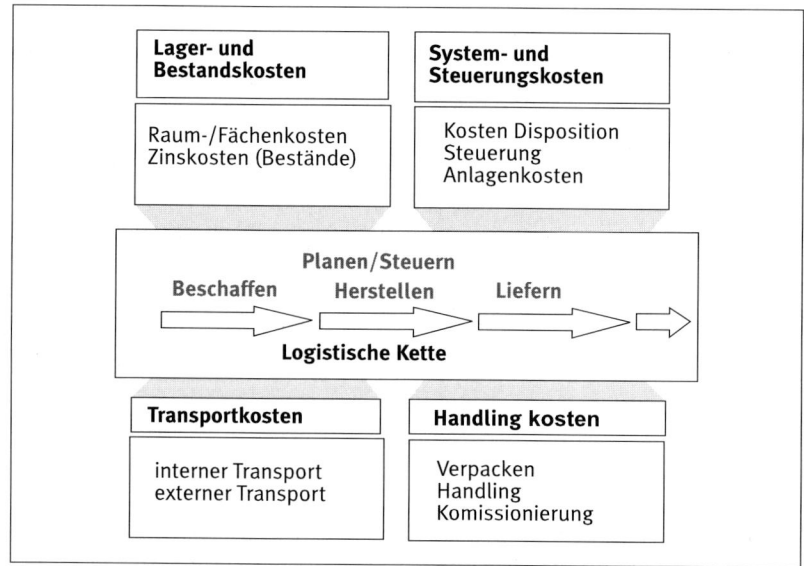

Abb. 3.13 Kostenbetrachtung in der logistischen Kette

Die Zuordnung von Kostenarten für typische Logistikleistungen zeigt die folgende Tabelle (vgl. Weber 92):

Kostenzuordnung

Zuordnung	Kostenarten und Beispiele (dt./engl.)
Personal	Lohnkosten / direct labor cost, Lohnnebenkosten / labor overheads
Material	Materialkosten / material cost, Verpackungskosten / packaging cost
Transport	Treibstoffkosten / fuel cost, Abschreibung / depreciation, Versicherung / insurance, Reparatur- / Wartungskosten / maintenance cost
Lager	Energie-, Raumkosten (Lagerung) / stockholding cost, Zinskosten (Bestände) / interests (stock), Anlagen, gebundenes Kapital / assets, bound capital
Qualität	Prüfkosten / inspection cost, Fehlerkosten (Beschädigung etc.) / cost of defects

Besondere Aufmerksamkeit wird üblicherweise den *Bestandskosten* sowie den Fehlerkosten gewidmet. Bestandskosten ergeben sich aus der Verzinsung des gebundenen Kapitals im Umlauf. Problematisch ist, dass die Bestandskosten in der logistischen Kette nicht immer exakt erfassbar sind.

Problem: Bestandskosten

Unter Fehlerkosten fallen alle Aufwendungen zur Fehlerverhütung, Qualitätsprüfung, Nacharbeit, Garantie und Reklamation. Problematisch ist, dass die Ursachen hoher Fehlerkosten oft bereits in frühen Phasen der Produktentwicklung entstehen, während deren Kostenwirksamkeit erst später festgestellt werden kann (vgl. Masing 94).

Problem: Fehlerkosten

Dispositionsaufwand in der logistischen Kette entsteht i.d.R. durch fehlerhafte oder falsche Prognosen der Bedarfe, Liefermengen und -zeiten, unzureichende Informationsweitergabe, sowie nicht abgestimmter Planung und Steuerung zwischen mehreren Stufen. Die Kostenermittlung und -zuordnung des Dispositionsaufwandes in der logistischen Kette setzt i.d.R. Methoden der Prozesskostenrechnung voraus.

Probleme: Dispositionskosten in der logistischen Kette

3.6.2 Prozesskostenermittlung

Neben der klassischen Zuordnung von Kosten auf Kostenstellen gewinnt insbesondere für Logistikleistungen der Ansatz der *Prozesskostenrechnung* (engl.: activity based costing) an Bedeutung. Da es sich bei Leistungen in der logistischen Kette oft um übergreifende Aufgaben sowie um Querschnittsaufgaben handelt, ist eine eindeutige Kostenzuordnung auf

Prozesskosten

interne Kostenstellen oftmals schwierig. Darüber hinaus ist die Transparenz der Kostenverteilung auf inner- und überbetrieblicher Ebene oft nicht gegeben.

Gemeinkostenzuschläge

Werden Kosten eines Leistungsprozesses, beispielsweise Warenlieferung, über Gemeinkostenzuschläge und Verteilungsschlüssel auf Kostenstellen verteilt, ergibt sich häufig eine nicht verursachungsgerechte Kostenzuordnung. Die traditionelle Betrachtung von Kostenstellen reicht nicht aus, um beispielsweise die Frage zu beantworten, welche Leistungen oder Produkte mit welchen Kosten „belastet" werden müssen (vgl. Weber 92).

Kostentreiber

Es ist im Rahmen der Prozesskostenermittlung (PKE) daher notwendig, kostenrelevante Einflussfaktoren zu analysieren. Die kostenrelevanten Einflussfaktoren werden als Kostentreiber (engl.: cost driver) bezeichnet. Es werden mengen- bzw. leistungsabhängige Kostentreiber unterschieden. Ziel ist es, die Kosten pro Prozessdurchführung zu ermitteln. Basisdaten für die Ermittlung der Prozesskosten werden aus den einzelnen Tätigkeiten des Prozesses gewonnen. Die Basis für die Kostenbestandteile wird im Prinzip folgendermaßen ermittelt:

- Festlegen (Identifizieren) des Prozesses,
- Gliederung (Zerlegung) in Teilprozesse und Tätigkeiten (z.B. Arbeitsvorgänge),
- Ermitteln der Kostendaten und Kosteneinflussgrößen pro Tätigkeit,
- Verdichten der Tätigkeits- bzw. Kostenstruktur (Hochrechnung).

Die Vorgehensweise wird an einem Fallbeispiel erläutert:

Beispiel

Prozesskosten der Versandabwicklung bei einem Schaltschrankhersteller

Die Prozesskosten der Versandabwicklung eines Herstellers von Schaltschränken sollen ermittelt und den zwei Produktgruppen „Exportprodukte" sowie „Inlandsprodukte" zugeordnet werden. Als Ausgangssituation wird angenommen, dass im Unternehmen bisher die Kosten der Versandabwicklung pauschal nur als prozentualer Gemeinkostenzuschlag auf die Fertigungskostenstellen „Vorfertigung", „Teilefertigung" und „Schaltschrankmontage" verteilt werden, also nicht transparent sind.

Im ersten Schritt der PKE wird zunächst der Ablauf im Prozess „Versandabwicklung" analysiert und der Prozess definiert. Im zweiten Schritt wird der Ablauf in Teilprozesse und Tätigkeiten zerlegt. Vereinfachend wird angenommen, dass sich die Teilprozesse „Auftragsannahme", „Kommissionierung" sowie „Transport" bilden lassen. Bei der Kommissionierung werden Teile manuell verpackt sowie über eine automatische Anlage kommissioniert, die in gewissen Zeitabständen überprüft werden muss. Alle Arbeitsvorgänge dieser Teilprozesse werden durch Zeitaufnahme nach Zeitanteilen ermittelt und mit Lohnkosten bewertet.

Zur Analyse der Kostentreiber sollte festgelegt werden, ob Kostenanteile von der Häufigkeit der Durchführung eines Teilprozesses abhängig sind oder nicht. In der Kommissionierung werden bei der Tätigkeit „Manuelles Verpacken" die anteiligen Kosten im Prozess beispielsweise von der Anzahl der Lieferungen ins Inland sowie von der Anzahl der Lieferungen ins Ausland beeinflusst. Diese beiden Faktoren werden als so genannte mengeninduzierte Kostentreiber festgehalten. Andererseits werden bei der Tätigkeit „Überprüfen der automatischen Kommissionieranlage" keine mengeninduzierten Kostentreiber festgestellt, da die Anlage unabhängig von der gefahrenen Produktpalette und Menge überprüft wird.

Abschließend werden die Tätigkeiten entsprechend ihren Kostentreibern zu den Teilprozessen zugerechnet und die Kosten im Gesamtprozess aufgeschlüsselt, bezogen auf einen Auftrag. Eine Voraussetzung zur Anwendung der PKE ist die laufende Aktualisierung der Zeit- und Kostendaten sowie der Kostentreiber.

3.7 Wirkungsanalyse

Übergreifende Wirkungskette

Zur übergreifenden Prozessoptimierung müssen i.d.R. durch ein Projektteam die genauen *Kenngrößen* herausgearbeitet werden, durch die der Prozess beeinflusst wird. Hierzu sind neben einer systematischen Vorgehensweise vor allem inhaltliche Beurteilungs- und *Messgrößen* notwendig. Damit kann ein Modell einer logistischen Kette aufgebaut, beurteilt und gegebenenfalls rechnerisch ermittelt werden.

Berechnung und Simulation

Die Berechnung von Wirkungszusammenhängen erfolgt häufig nach zeitlichen, mengenmäßigen und kostenbezogenen Parametern. Wenn eine analytische Berechnung aus Aufwandsgründen nicht mehr sinnvoll ist, können Simulationsverfahren verwendet werden.

Anwendung der Simulation

Zur Rechnung über mehrere Stufen der logistischen Kette bietet sich das Verfahren der Simulation an. Bei der Simulation wird ein reales System in einem Simulationsmodell abgebildet, mit dem in Simulationsläufen experimentiert werden kann. Ausgangspunkt zur Erstellung eines Simulationsmodells ist üblicherweise eine Systemanalyse, die die wesentlichen Einflussgrößen und Wirkungszusammenhänge festlegt. Einige Simulationsverfahren erlauben die zeitliche, dynamische Veränderung von Einflussgrößen in Abhängigkeit eintretender Ereignisse.

Beispiel

Anwendungsbeispiel: Berechnung von Logistikkosten

Das Softwarewerkzeug InProLog ermöglicht die Berechnung und Bewertung von Logistikkosten in einer logistischen Kette. Zur Berechnung von Logistikkosten werden Kostendatensätze vorausgesetzt. Logistische Prozesse werden in Ketten oder Netzen aus Grundbausteinen abgebildet. Die Grundbausteine decken elementare Prozesse wie Transport, Lagerung oder Produktion ab, die sich auf eine oder mehrere Teile beziehen können. Rechungsbasis sind die vom Anwender zu definierenden Kostensätze für bestands- und vorgangsorientierte Kostenarten. Die wesentlichen Kostenarten beziehen sich auf Bestand, Fläche, Abwicklung, Warenhandlung, Ladungsträger sowie Transportmittel.

Ergebnis der Simulation sind Mengen- und Kostenkennzahlen, die der Anwender bezogen auf Kostenarten oder Teile für eine jeweils betrachtete logistische Kette erhält.

Prüfen von Voraussetzungen

Obwohl die Simulation i.d.R. viele Vorteile bietet, müssen im Anwendungsfall die Voraussetzungen der Modellbildung genau geprüft werden:

- Verwendete Einflussgrößen im Modell,
- Aussagefähigkeit des Modells bzgl. des Anwendungsfalles,
- Erstellungsaufwand zur Modellbildung,
- Benutzeraspekte des Simulationsprogramms.

Wirkungen in der logistischen Kette bei Bedarfsschwankungen   **Beispiel**

Ein Hersteller von Waschmaschinen schließt mit einem Lieferanten von Thermostaten eine langfristige Liefervereinbarung. Es wird festgelegt, dass je Thermostattyp jeweils eine bestimmte Menge pro Jahr abgenommen werden soll. Die tatsächlich benötigte Liefermenge der jeweiligen Thermostate wird vom aktuellen Bedarf des Abnehmers abhängig gemacht und in unterschiedlichen Mengen im Wochenraster abgerufen. Ein Spediteur fährt die Lieferung einmal in der Woche, falls ein genügend hoher Bedarf vorliegt. Durch Produktionsschwankungen des Abnehmers werden Mehraufwände in der logistischen Kette hervorgerufen, die nur über eine gesamte Betrachtung der Folgewirkungen beim Zulieferer, beim Abnehmer und beim Spediteur beurteilt oder quantifiziert werden können.

Hierzu gehören bei Bedarfsspitzen des Abnehmers ein erhöhter Umrüstaufwand beim Zulieferer (Rüstkosten), höhere Werkzeugeinsatzkosten oder der Effekt der Produktion der Thermostate „ins Lager" (Kapitalbindung, Verschrottungsrisiko). Kurzfristig sind beim Thermosthersteller Sondermaßnahmen (Überstunden, Sonderschicht etc.) und „Feuerwehraktionen" notwendig. Ggf. sinkt die Leistungsmotivation der Belegschaft. Dadurch steigt der Anteil an Fehlteilen beim Abnehmer. Beim Zulieferer steigt der Anteil an Nacharbeit, beim Abnehmer steigen die Prüfkosten und die Kosten für Zusatzfahrten der Spedition.

Für die Modellbildung ist offensichtlich, dass beim Abnehmer die Kenn-   **Modellbildung**
größen „Menge" und „Zeit", beim Lieferanten und Spediteur die Kenngröße „Kosten" eine Rolle spielen. Es liegt auf der Hand, das Produktionsprogramm des Abnehmers und die Kostenstruktur des Lieferanten bzw. des Spediteurs zu analysieren. Erst nach einer detaillierten Betrachtung der Wirkungsgrößen kann entschieden werden, ob beispielsweise eine Simulation sinnvoll wäre.

Das Beispiel zeigt, dass die Festlegung geeigneter Kenn-, Beurteilungs- und   **Analyse von**
Messgrößen sowie deren Bewertung für die übergreifende Prozessopti-   **Kenngrößen**
mierung von Bedeutung ist. Problematisch ist, dass es sich in der logistischen Kette um vielfältige Einflussfaktoren handelt. Wechsel- und Folgewirkungen in der logistischen Kette sind nach Möglichkeit zusammenhängend zu beurteilen.

Der Rahmen für Kenngrößen in der logistischen Kette kann allgemein   **Rahmen für**
nach den Kriterien Prozessinhalt und -ergebnis, Kosten, Zeit, Qualität,   **Kenngrößen**
Flexibilität und Wechselwirkungen aufgestellt werden. Mess- und Beurteilungskriterien für das vorhin dargestellte Beispiel zeigt die folgende Tabelle:

Kenngrößen	Beispiele für Beurteilungs- und Messgrößen
Prozessinhalt / -ergebnis Übergreifende Lieferabwicklung, Abrufe	Produktionsprogramm Abnehmer, Abrufschwankung / Periode
Prozesskosten	Kosten der Lieferabwicklung (Abnehmer), Bestandskosten, gebundenes Kapital (Abnehmer), Rüstkosten, Prüfkosten (Zulieferer), Kosten Spediteur, Zusatzfahrten usw.
Prozesszeit	Liefer-, Durchlauf-, Transportzeit
Prozessqualität	Lieferzuverlässigkeit
Prozessflexibilität	Reaktion auf Änderungen
Wechselwirkungen	Fehlteile, Falschlieferungen

Fragen zur Diskussion und Vertiefung

1. Welche Schlüsselprozesse umfasst die logistische Kette? Welche Vorteile bieten durchgängige Informations- und Materialflüsse?

2. Welche Aufgaben würde der Logistikbereich in einem Unternehmen mit konventioneller Organisation, welche dagegen in einem prozessorientierten Unternehmen verantworten?

3. Nennen Sie mehrere Arten von Anwendungssystemen und beurteilen Sie den Unterstützungsumfang in unterschiedlichen Stufen in der logistischen Kette.

4. Ein Unternehmen stellt Sportfahrräder in Lagerfertigung her. Entwickeln Sie in einer Übersicht ein Beispiel zur Verknüpfung von Material- und Informationsfluss über verschiedene ausgewählte Bereiche des Unternehmens.

5. Welche Unterscheidungsmerkmale haben Auftrags- bzw. Programmfertigung? Wozu benötigt man ein Halbfertigwarenlager bei der Programmfertigung?

6. Was unterscheidet die Lieferzuverlässigkeit von Lieferfähigkeit bzw. Lieferqualität? Wie lässt sich die Lieferzuverlässigkeit anhand eines Mengen-Zeit-Diagramms verfolgen?

7. Warum ist es wichtig, Produktionsprozesse stabil und beherrschbar zu halten? Welche Rolle spielt die Maschinenfähigkeit? Wie lässt sich die Ausfallwahrscheinlichkeit ermitteln?

8. Wodurch ist im Durchlaufdiagramm der durchschnittliche Auftragsbestand bestimmt? Nennen und beurteilen Sie einige mögliche Maßnahmen, wie die Durchlaufzeit gesenkt werden kann.

9. Erörtern Sie den Zusammenhang, der zwischen der Prozesskostenrechnung, den gewonnenen Informationen und der Prozessoptimierung in der logistischen Kette besteht. Unter welchen Voraussetzungen ist die Anwendung von Simulationsverfahren sinnvoll?

Literaturhinweise

BICHLER 95	Bichler, K./Schröter, N.: Praxisorientierte Logistik. Stuttgart : Kohlhammer, 1995.
COPACINO 97	Copacino, W.: Supply Chain Management. St. Lucie Press, 1997.
EVANS 93	Evans, J./Lindsay, W.: The Management and Control of Quality. Minneapolis/St. Paul: West Publishing, 1993.
GAITANIDES 94	Gaitanides, M. (Hrsg.): Prozessmanagement. Konzepte, Umsetzungen und Erfahrungen des Reengineering. München/Wien, 1994.
GÜNTHER 94	Günther, H.-O./Tempelmeier, H.: Produktion und Logistik. Berlin: Springer, 1994.
HAUSOTTER 94	Hausotter, A.: Logistische Beziehungen zwischen Unternehmen. Das Beispiel der Automobilwirtschaft. Wiesbaden: Gabler 1994.
HOHMANN 97	Hohmann, P.: Datenverarbeitung für Betriebswirte. Köln: Fortis Verlag FH, 1997
IHDE 91	Ihde, G.; Transport, Verkehr, Logistik. München: Vahlen, 1991.
JASPERSEN 94	Jaspersen, T./Warsch, Ch. (Hrsg.): EDI in der Praxis: Potentiale der elektronischen Datenkommunikation. Bergheim: Datacom, 1994.
KOETHER 93	Koether, R.: Technische Logistik. München: Hanser, 1993.
KRAMPE 93	Krampe, H./Lücke, H.-J.: Grundlagen der Logistik. Einführung in Theorie und Praxis logistischer Systeme. Huß, 1993.
KRIEGER 95	Krieger, W.: Informationsmanagement in der Logistik. Gabler, 1995.
KUHN 95	Prozessketten in der Logistik: Entwicklungstrends und Umsetzungsstrategien. Dortmund, 1995.
MASING 94	Masing, W.: Handbuch Qualitätsmanagement. München: Hanser, 1994.
NIPPA 95	Nippa, M./Picot, A. (Hrsg.): Prozessmanagement und Reengineering. Die Praxis im deutschsprachigen Raum. Frankfurt: Campus, 1995.
PFOHL 94	Pfohl, H.-Chr.: Logistikmanagement. Funktionen und Instrumente. Berlin, 1994.
PFOHL 96	Pfohl, H.-Chr.: Logistiksysteme. Betriebswirtschaftliche Grundlagen. Springer, 5. Aufl., 1996.
REFA 84	REFA – Verband für Arbeitsstudien und Betriebsorganisation e.V.: Methodenlehre des Arbeitsstudiums. Teil 1 – Grundlagen. München: Hanser, 1984.
SAUERBREY 91	Sauerbrey, G.: Logistisch Denken. Wiesbaden: Gabler, 1991.
SCHMIDT 93	Schmidt, K.-J. u.a.: Logistik. Grundlagen, Konzepte, Realisierung. Vieweg, 1993.

SCHUH 96   Schuh, G./Weber, H./Kajüter, P.: Logistikmanagement. Strategische Wettbewerbsvorteile durch Logistik. Stuttgart: Schäffer-Poeschel, 1996.

SCHULTE 95   Schulte, C.: Logistik – Wege zur Optimierung des Material- und Informationsflusses. München: Vahlen 1995.

STAHLKNECHT 95   Stahlknecht, P.: Einführung in die Wirtschaftsinformatik. Berlin: Springer, 1995.

TURNER 95   Turner, G./Thaler, K.: Coordination and Management of European Supply Chains. Weaknesses revealed by the COMPRIE Study. Oxford: PERA Consulting Ltd, 1995.

WARNECKE 93a   Warnecke, H.-J.: Der Produktionsbetrieb. Band 1 – Organisation, Produkt, Planung. Berlin: Springer, 1993.

WEBER 92   Weber, J.: Praxis des Logistik-Controlling. Stuttgart: Schäffer-Poeschel, 1992.

WIENDAHL 97   Wiendahl, H.-P.: Betriebsorganisation für Ingenieure. München: Hanser, 1997.

WIENDAHL 96   Wiendahl, H.-P. (Hrsg.): Erfolgsfaktor Logistikqualität. Vorgehen, Methoden und Werkzeuge zur Verbesserung der Logistikleistung. Berlin: Springer, 1996.

Teil II Die Prozesse

„Don't imitate, innovate!"
(Werbeslogan)

In Teil II wird dargestellt:

– wie sich einzelne Schlüsselprozesse in produzierenden Unternehmen
   darstellen und welche Aufgabenzusammenhänge bestehen,
– welche Zielrichtungen zur übergreifenden Prozessverbesserung mit
   Kunden, Lieferanten und Dienstleistern verfolgt werden,
– welche Potenziale durch Optimierungsansätze wie System- und
   Modulbildung, Lieferantenintegration, Bestandsoptimierung oder
   fertigungsnahe Steuerungsverfahren eröffnet werden,
– welche Methoden des Supply Chain Management eingesetzt werden,
– wie sich die Integration der Anwendungssysteme in der logistischen
   Kette auswirkt.

4 Der Produktentstehungs- und Entwicklungsprozess

4.1 Aufgabenzusammenhang in der logistischen Kette

Der *Produktentstehungs- und Entwicklungsprozess* (engl.: product development process) bildet den Ausgangspunkt im Produktlebenszyklus. Wesentliches Ergebnis ist die Fertigstellung der Produktspezifikation und die Erstellung funktionsfähiger Produktprototypen durch die Mitarbeiter, u.a. der Entwicklung, Konstruktion, Planung, des Versuchs und des Prototypenbaus. Aus der Betrachtung der logistischen Kette findet der Anstoß zur Produktentwicklung über die Kundenanforderungen (Konzeptspezifikation) in der Produktplanung statt (vgl. *Abbildung 4.1*).

Produktentstehung

In Abstimmung mit den Kunden werden Ideen- und Konzepte konkretisiert, markt- und kundenspezifisch durchdacht und auf Realisierung geprüft. Vielfach notwendig ist die systematische Ermittlung der Kundenwünsche, auf denen das Lastenheft aufbaut, d.h. die Liste der Anforderungen an Produktfunktionen und -merkmale.

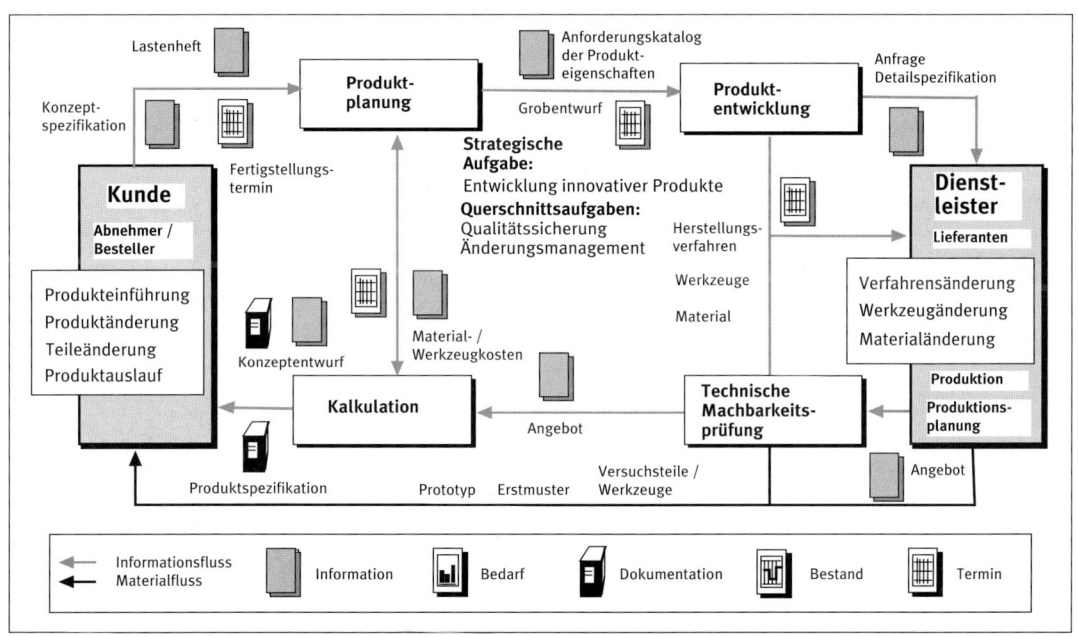

Abb. 4.1   Übersichtsmodell Produktentstehungs- und Entwicklungsprozess

Die *Produktplanung* (engl.: product planning) hat in einer frühen Phase die Aufgabe, die vom Kunden geforderten Produkt- und Qualitätsmerkmale festzulegen. Hierfür erfolgt ein Abgleich zwischen Markterfordernissen und technischer sowie wirtschaftlicher Machbarkeit.

Produktentwicklung

Die *Produktentwicklung* (engl.: product development) umfasst vor allem die Aufgaben der Definition und Realisierung technischer Produktspezifikationen, insbesondere Konzept- und Ideenentwicklung, Vorentwicklung Grobentwurf, Detailentwicklung und Konstruktion, Versuchsplanung, bis hin zum Produktionsbeginn. An Bedeutung gewonnen hat die recycling- und demontagegerechte Konstruktion (vgl. Kapitel 6.3.4).

Dienstleister

Lieferantenseitig werden im Prozess externe und interne Dienstleister eingebunden, um Leistungen bzw. Produkte und Know-how bezüglich Komponenten, Material, Verarbeitungsverfahren, Werkzeugen oder Anlagen in die möglichen Lösungskonzepte einzubringen (vgl. *Abbildung 4.1*). Interne Dienstleister sind beispielsweise Arbeitsvorbereitung, Versuch, Logistik, Einkauf oder Fertigung (vgl. Spur 94).

Machbarkeitsprüfung

Die technische Machbarkeitsprüfung engt über die Versuchplanung, die Versuchsdurchführung und den Prototypenbau die Zahl der technisch realisierbaren Lösungskonzepte ein. Andererseits ist eine wirtschaftliche Betrachtung der Lösungsalternativen über die *Produktkalkulation* (engl.: product calculation) notwendig.

Neuprodukte

Strategische Aufgaben liegen in der Entwicklung neuer, innovativer Produkte, die für viele Unternehmen mit einer Intensivierung der Forschung und Entwicklung (F&E, engl.: research and development) verbunden ist.

Quality Engineering

Als Querschnittsaufgabe in der logistischen Kette müssen im Produktentstehungs- und Entwicklungsprozess Aufgaben der *Qualitätssicherung* (engl.: quality management) und des Änderungsmanagements (engl.: life cycle management) wahrgenommen werden. Als Grundlage hierfür dienen Verfahrens- und Arbeitsanweisungen für die speziellen Abläufe, die üblicherweise in einem unternehmensspezifisch erstellten Qualitätssicherungshandbuch dokumentiert werden.

Definition: Quality Engineering

Die Sicherstellung der Produktqualität sowie der Prozessqualität, wird mit dem Begriff Quality Engineering bezeichnet.

Definition: Änderungsmanagement

Das Änderungsmanagement deckt die unterschiedlichen Änderungsaufgaben im Rahmen der Produkteinführung bis zum Produktauslauf ab. Laufende Teile- und Komponentenänderungen sowie Verfahrens- und Werkzeugänderungen müssen beherrscht werden.

Aufgabenzusammenhang

Die nachfolgende Tabelle zeigt zusammenfassend den typischen Aufgabenzusammenhang in der logistischen Kette:

Aufgaben (dt. / engl.)	Aufgabenzusammenhang in der logistischen Kette
Produktplanung / product planning	kundenseitig: Klären/Festlegen der Spezifikation, lieferantenseitig: Ideen- und Konzeptentwicklung, strategische Aufgabe: Planung und Entwicklung innovativer Produkte
Produktentwicklung / product development	kundenseitig: Definition von Produktfunktionalität und -eigenschaften, Lastenheft, lieferantenseitig: Abklärung der Herstellungsverfahren, Funktionen, Zukaufteile, Materialien, Abmessungen oder Werkstoffqualitäten
Technische Machbarkeitsprüfung / prototype test, design of experiment	Machbarkeitsprüfung (technischer Ablauf), Versuchsplanung, Versuchsdurchführung, Prototypenbau (ggf. mit Lieferant)
Kalkulation / calculation	Wirtschaflichkeitsprüfung, Herstellungs-, Material-, Werkzeugkosten, Prozesskostenermittlung
Qualitätssicherung / quality management	Querschnittsaufgabe: Sicherung Produktqualität, Sicherung Prozessqualität, Herstellungsverfahren, Methoden-einsatz, Erstmusterprüfung, Produktionsfreigabe
Änderungsmanagement / life cycle management	Querschnittsaufgabe: Zusammenarbeit mit internen/ externen Lieferanten, Laufende Teile-, Komponenten-, Verfahrens-, Werkzeugänderungen

4.2 Gestaltungsziele in der logistischen Kette

Gestaltungsziele

Viele Gestaltungsziele beziehen sich auf die Optimierung des Produktaufbaus und die bessere organisatorische Einbeziehung interner und externer Dienstleister. Durch Einsatz prozessspezifischer Verfahren und durch Nutzung von Anwendungssystemen soll außerdem eine bessere methodische und informationstechnische Durchgängigkeit erreicht werden.

Einbeziehung Dienstleister

In den meisten Unternehmen bestehen im Produktentstehungs- und Entwicklungsprozess eine Vielzahl von Beziehungen zu internen und externen Dienstleistern, wie zu Teile- und Komponentenlieferanten oder zu Werkzeugherstellern. Die Komplexität der Aufgabe macht oft eine sehr enge organisatorische Abstimmung und Verzahnung notwendig.

Beispiel

Dies verdeutlicht der folgende Anwendungsfall bei der Aufgabenteilung im Entwicklungsprozess eines Fahrzeugs *(Abbildung 4.2)*:

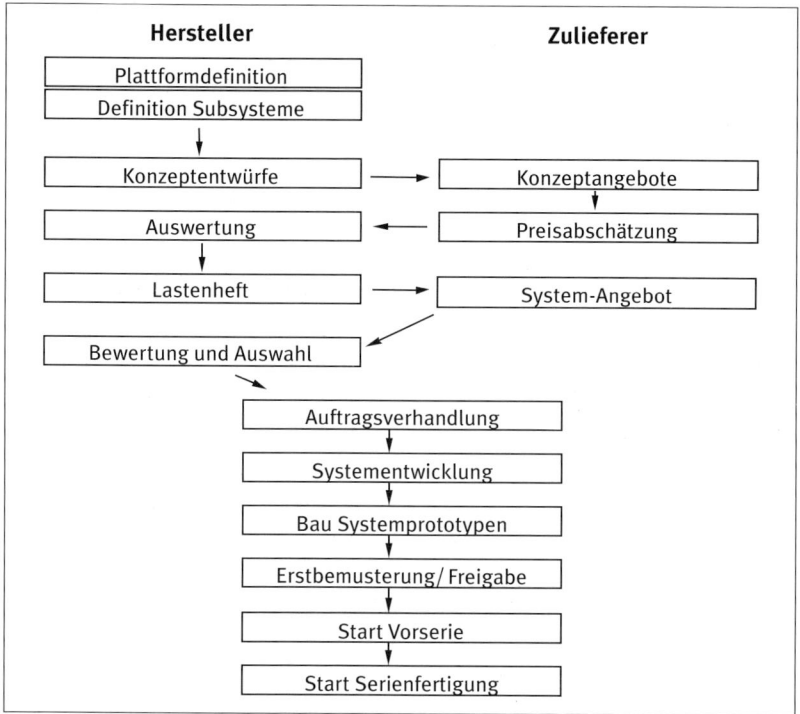

Abb. 4.2 Schema des Prozessablaufes einer Systementwicklung im Fahrzeugbau

Simultaneous Engineering: Strategie des Zeitsparens

Aus der übergreifenden Sicht kann durch bessere Integration der Entwicklung mit den externen Dienstleistern und den direkten Bereichen – insbesondere mit der Fertigung und Montage – eine „Strategie des Zeitsparens" verfolgt werden. Wenn Entwicklungs- und Produktionstätigkeiten besser abgestimmt werden, wie beispielsweise durch frühzeitige Klärung und Vorbesprechung von Maßnahmen vor Ort, lassen sich Doppelarbeiten und Mehraufwand vermeiden. Fertigungs-, service- und montagegerechte Detaillierung und Optimierung der Produkte gehören mit zu den Aufgabe von interdisziplinären Teams. Die Entwicklung findet in enger Abstimmung zwischen Konstrukteuren und Produktionsfachleuten statt (Simultaneous Engineering).

Entwicklungs- und Konstruktionsaufgaben werden in vielen Unternehmen rechnergestützt mit Hilfe von CAD-Systemen (engl.: computer aided design) durchgeführt. CAD-Systeme decken das technische Produktdatenmodell ab, das durch Geometrieelemente wie Flächen, Form oder Volumen abgebildet wird. Der Datenaustausch mit internen und externen Lieferanten erfolgt über Datenschnittstellen hautpsächlich zur Produktionsplanung (engl.: computer aided planning = CAP) und zur Fertigung (engl.: computer aided manufacturing = CAM). Zur Bearbeitung der CAD-Datenmodelle für konstruktionsspezifsche Berechnungen werden EDM-Systeme (engl.: engineering database management) genutzt, die weitere Produktmerkmale wie Werkstoff- und Gebrauchseigenschaften integrieren. Für Festigkeitsuntersuchungen wird beispielsweise für konstruktionsspezifsche Berechnungen (engl.: computer aided engineering = CAE) die Finite Elemente-Methode (FEM) genutzt. Virtual-Reality-Systeme (VR) werden zur Prototypenentwicklung eingesetzt.

Einsatz von EDMS und Virtual Reality

Die dargestellten Gestaltungsziele verfolgen zwei wesentliche Zielrichtungen:

Zielrichtungen

Zielrichtung	Wirkung in der logistischen Kette
Optimierung des Produktaufbaus	Reduzieren der Produktkomplexität, Prozessvereinfachung (Auswirkung z.B. in Produktion und Logistik), Materialeinsparung, Qualitätsverbesserung
Organisatorische und informationstechnische Integration	Integration der Entwicklung, interne und externe Dienstleister, Teile- und Komponentenlieferanten, Werkzeughersteller u.Ä., gemeinsame Entwicklungsplattform (CAD), CAD-Datenaustausch, Zeiteinsparung, Vermeidung von Doppelarbeit, Kostenreduzierung

Die Gestaltung von Schnittstellen im Prozess bietet in der Praxis meist Handlungsmöglichkeiten zur Verbesserung des organisatorischen Ablaufes. Dies zeigt das Beispiel eines Elektronikfertigers. Der prinzipielle Konstruktionsablauf sowie die Schnittstellen zu anderen Bereichen sind in einem Schnittstellendiagramm dargestellt:

Schnittstellengestaltung

Konstruktionsprozess	F&E	EK	V	F	MB	N	A	DV	Z
Aufgabenschritte	1	2	3	4	5	6	7	8	9
Auftragseingang Konstruktion	❏								
Vorbesprechung F&E	❏								
Terminsetzung	❏		❏						❏
Erstellen Spezifikation	❏								
Entwurf	❏	❏	❏	❏					❏
Durchsprache Musterbau					❏				
Unterlagenerstellung								❏	
Prüfung F&E	❏								
Prüfung Normen						❏			
Freigabe				❏					
Archivierung							❏		

F&E: Forschung/ Entwicklung
EK: Einkauf
V: Vertrieb
F: Fertigung

MB: Musterbau
N: Normenstelle
A: Archiv
DV: Datenverarbeitung
Z: Zulieferer

Das Diagramm zeigt markierte Schnittstellen im Konstruktionsprozess zu den internen Bereichen Einkauf, Vertrieb, Fertigung, Musterbau, Normenstellen, Archiv, Datenverarbeitung sowie zum Zulieferer.

Mit Hilfe der Prozessanalyse wird untersucht, welche Möglichkeiten bestehen, Aufgabeninhalte und Abläufe besser abzustimmen, um Doppel- und Mehrfacharbeiten sowie Reibungsverluste zu reduzieren (siehe Kapitel 7).

4.3 Optimierungsansätze und Verfahren

Zur Optimierung im Produktentstehungs- und Entwicklungsprozess wird auf eine Vielzahl von Konzepten, Verfahren und Methoden zurückgegriffen. Einige der wichtigsten sind:

Optimierungsansätze

- System- und Modulbildung,
- Produktstandardisierung,
- Variantenreduzierung,
- fertigungs-, montage- und recyclinggerechte Konstruktion,
- Quality Engineering,
- Lieferantenintegration,
- rechnergestützte Entwicklung.

Im Folgenden werden in Kapitel 4.3.1 die System- und Modulbildung als Ansatz zur Optimierung und Standardisierung des Produktaufbaus sowie in Kapitel 4.3.2 die Lieferantenintegration als Ansatz zur organisatorischen und informationstechnischen Integration betrachtet.

Die Verfahren Quality Function Deployment (QFD), Fehler-Möglichkeits- und Einflussanalyse (FMEA) sowie Wertanalyse begleiten einzelne Phasen im Produktentstehungs- und Entwicklungsprozess (vgl. REINHART 96). Diese Methoden des Quality Engineering werden in den Kapiteln 4.3.3 bis 4.3.5 erläutert.

Zu speziellen Verfahren der Konstruktionsmethodik, wie fertigungs- und montagegerechte Konstruktion (engl.: design for manufacturing = DFM, design for assembly = DFA), recyclinggerechte Konstruktion, statistische Versuchsplanung (engl.: design of experiments = DOE, Beispiel: Taguchi-Methode) oder Finite-Elemente-Methode (FEM), wird auf die vertiefende Literatur hingewiesen (siehe VDI 93, EVANS 93, MASING 94, Literaturangaben am Ende von Kapitel 4).

Vertiefung: spezielle Verfahren

4.3.1 System- und Modulbildung

Die *System- und Modulbildung* (engl.: system and module design) ist der wichtigste übergreifende Ansatz zur Prozessoptimierung, der im Rahmen der Produktplanung und -entwicklung eingesetzt wird. Ziel ist die Optimierung des Produktaufbaus, um durch Reduzierung der Produktkomplexität Vorteile zu erzielen (vgl. THALER 95).

System- und Modulbildung

Als Modul werden komplettierte, funktionsfähige Baugruppen und Komponenten bezeichnet, die einbaufertig geliefert werden. Ein System entsteht, wenn Funktionen über mehrere Baugruppen, Komponenten oder Module wirken, wie beispielsweise beim Bremssystem, der Klimatisierung oder beim Antriebsstrang eines Fahrzeugs (vgl. *Abbildung 4.3*). Entsprechend werden Lieferanten, die diese Leistung erbringen, als System- oder Modullieferanten bezeichnet.

Definition: Modul, System

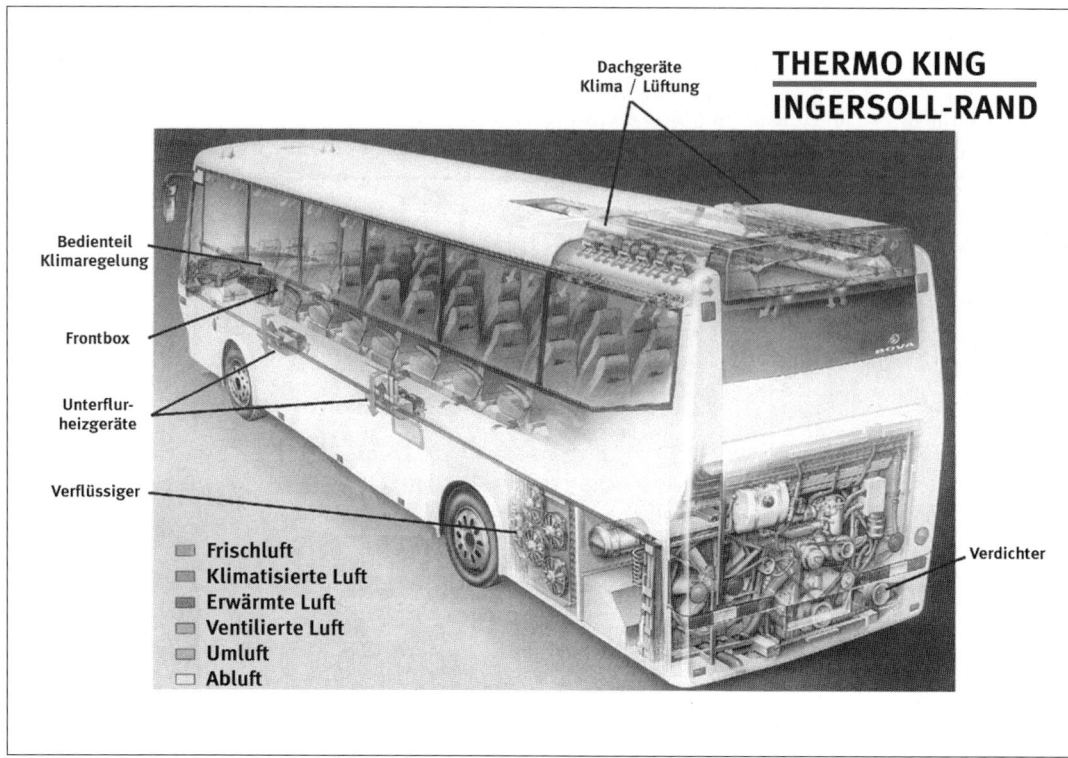

Abb. 4.3   *System zur Fahrzeugklimatisierung für Reisebusse*
                    (Quelle: Thermo King Deutschland GmbH)

Beispiel: System Fahrzeugklimatisierung

Das Beispiel der Fahrzeugklimatisierung in einem Reisebus zeigt, wie die Module „Bedienteil/Klimaregelung", „Frontbox", „Unterflurheizgeräte", „Dachgeräte Klima/Lüftung", „Verflüssiger" sowie „Verdichter" im Fahrzeug platziert sind und als Gesamtsystem zusammenwirken. Das Sicherstellen des funktionsgerechten Zusammenwirkens der Module ist eine der Hauptaufgaben des Systemlieferanten im Produktentstehungs- und Entwicklungsprozess.

Wirkungen

Die Wirkungen der System- und Modulbildung lassen sich in unterschiedlicher Hinsicht zeigen *(Abbildung 4.4)*. In technischer und prozessbezogener Hinsicht lässt sich vor allem die Möglichkeit zur Materialeinsparung und zur Vereinfachung der logistischen Abläufe bei der späteren Produktion nennen. Aus Produkt- bzw. Konstruktionssicht ergeben sich Möglichkeiten zum modularen Aufbau und zur Standardisierung. Genutzt werden Methoden der montage- und fertigungsgerechten Konstruktion. Ziel ist es, Produktentwürfe hinsichtlich ihrer Montagegerechtheit zu bewerten. Bei rechnergestützten DFA-Verfahren werden Onlinekataloge mit Konstruktionsrichtlinien und -beispielen genutzt.

Kann ein Produkt modular aufgebaut werden, ergeben sich weniger Wechselwirkungen der Komponenten und ein höherer Nutzen, beispielsweise bei der Wartung. Die Reduzierung der Variantenvielfalt wirkt sich aufwandsmindernd in Fertigung und Montage aus, wenn es gelingt, standardisierte Module einzusetzen. Weitere Vorteile ergeben sich aus organisatorischen, methodischen und zeitlichen Gründen. Die System- und Modulbildung erlaubt eine besser abgestimmte Zusammenarbeit zwischen Abnehmer und Lieferant (THALER 96).

Nutzen der System- und Modulbildung

Die System- und Modulbildung hat Auswirkungen auf die gesamte logistische Kette und führt zu veränderten Beziehungen zwischen Lieferanten und Abnehmern sowie zu einer veränderten Arbeitsteilung (vgl. THALER 95).

Veränderte Beziehungen

Die zunehmende Beteiligung der System- und Modullieferanten bei der Entwicklungsarbeit führt zu einer weiteren Differenzierung der Leistungen. Teilweise damit verbunden ist eine Verringerung der Fertigungs- und Leistungstiefe des Endherstellers. Die *Abbildung 4.5* zeigt dieses Szenario in einer Portfoliodarstellung. Wenn eine begrenzte Anzahl von Lieferanten die Rolle als Systemlieferanten (engl.: system supplier) übernimmt, werden sich andere Lieferanten als Produktions- bzw. Komponentenspezialisten einbringen. Es bilden sich Bietergemeinschaften, die sich stärker untereinander vernetzen. Für den Endhersteller (engl.: original equipment manufacturer = OEM) reduziert sich die Anzahl der direkten Lieferanten. Die gegenseitigen Abhängigkeiten in der Beziehungsstrukur Lieferant – Abnehmer werden dabei größer.

Differenzierung der Leistung

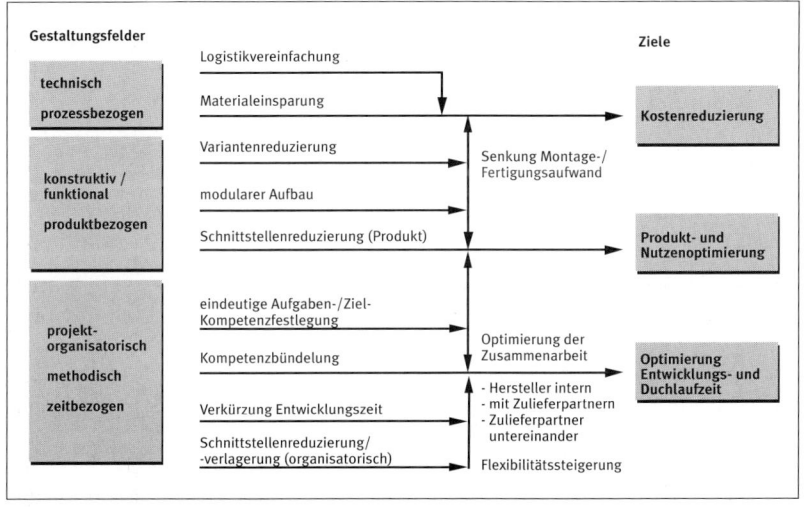

Abb. 4.4 Wirkungen der System- und Modulbildung

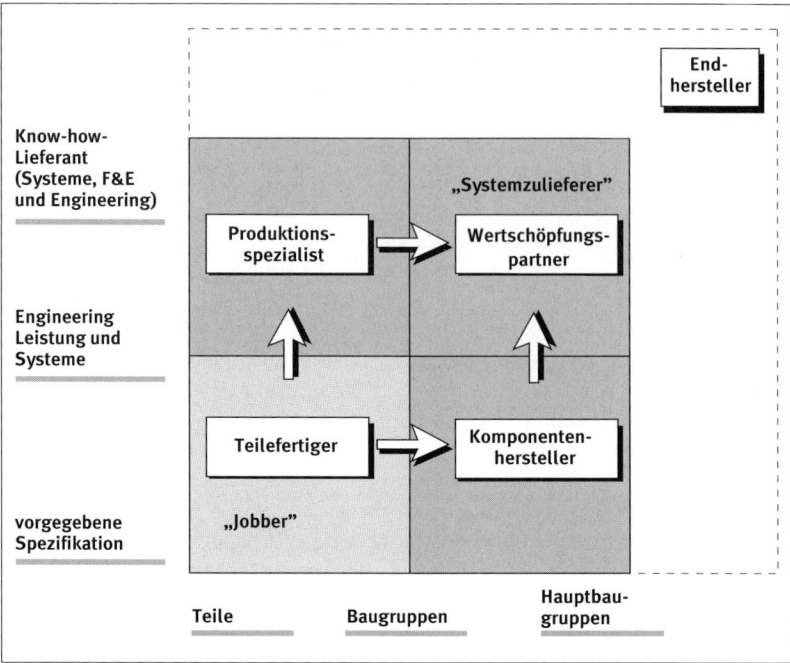

Abb. 4.5   Differenzierung der Lieferantenleistung (BULLINGER 92b)

Zusammenfassung:
Kennzeichen
der System- und
Modulbildung

Zusammenfassend lassen sich folgende Kennzeichen der System- und Modulbildung nennen (vgl. BULLINGER 92b, THALER 96):

- Optimierung des Produktaufbaus und dadurch des Kundennutzens,
- Variantenreduzierung und Standardisierung,
- Konzentration der Abnehmer auf Kernaufgaben,
- bessere Beherrschung der Produktkomplexität,
- Verbesserung der (gemeinsamen) Kostenposition,
- Optimierung der Entwicklungs- und Produktionsprozesse,
- Logistik- und Verfahrensvereinfachung.

4.3.2   Lieferantenintegration

Viele Unternehmen verfolgen neben den dargestellten konstruktionsbezogenen Maßnahmen der System- und Modulbildung eine frühzeitige organisatorische Integration innovativer Lieferanten in den Entwicklungsprozess.

Definition:
Lieferantenintegration

Die Lieferantenintegration (engl.: supplier integration) ist ein organisatorisches Konzept zur unternehmens- und bereichsübergreifenden Einbeziehung der Zulieferer, Dienstleister und Ausrüster. Die Wirkung ist nicht nur auf die Entwicklung beschränkt (vgl. IHDE 96).

In zeitlicher Hinsicht ist besonders die möglichst parallele Durchführung von Entwicklungs-, Planungs- und Produktionsaufgaben (engl.: simultaneous engineering, auch: concurrent engineering) notwendig. Ziel ist die Optimierung der Entwicklungszeit (vgl. THALER 93a, EVERSHEIM 95, GERHARD 96, AHN 97).

Optimierung der Entwicklungszeit

Hierin sind auch Lieferanten und Dienstleister einbezogen, die in die Ablauforganisation eingebunden werden. Es werden Projektteams aus Mitarbeitern verschiedener Unternehmensbereiche und der Lieferanten gebildet. Doppelarbeiten und Mehraufwand lassen sich u.a. dadurch verringern, dass die Entwicklungs- und Produktivtätigkeiten frühzeitig besser aufeinander abgestimmt werden. Lieferanten erhalten mehr Freiheitsgrade, da nur Rahmenvorgaben des Abnehmers erstellt werden. Der Lieferant braucht dann nicht mehr „nach Zeichnung" des Abnehmer zu fertigen.

Wirkungen

In den Entwicklungsprozess eingebundene Lieferanten können hierzu folgende Aufgaben übernehmen:

Aufgaben der Lieferanten

- fertigungs- und montagegerechte Ausarbeitung von Komponenten, Modulen auf so genannter „Black-Box"-Basis, d.h., es werden nur technologische Rahmenvorgaben vereinbart.
- Konstruktionsberatung für Fertigungs- und Bearbeitungsverfahren,
- Unterstützung der Entwicklung durch Koordination mit weiteren Zulieferern und Dienstleistern.

Die folgende Tabelle verdeutlicht die Lieferantenintegration im Entwicklungsprozess bei einem Projekt zur Fahrzeugklimatisierung.

Beispiel: Lieferantenintegration

Arbeitsumfang	Hersteller	Lieferant	Bemerkungen
Entwicklungsphase			
Geometrische und theoretische Ausarbeitung des Gesamtkonzepts	X		Konzept
Erstellung Lastenheft	X		
Entwurf Anbau, Einbau, Festlegung Gesamtkonzept	X	X	
Entwurf Gesamtmodul mit Varianten	X		
Entwurfsunterstützung des Lieferanten mit Leistungsrechnungen	X		
Integration der Module hinsichtlich Geometrie und Funktion	X		
Kalkulation Modulvarianten		X	Kalkulation
Konstruktive Festlegung der Bauteilkomponenten		X	
Überprüfung der Konstruktionsunterlagen von wichtigen Komponenten	X		
Erstellung freigabefähiger Zeichnungen der Hauptkomponenten sowie wichtiger Zusammenbauten auf CAD (Zeichnungen, Modelle)		X	

Arbeitsumfang	Hersteller	Lieferant	Bemerkungen
Anfertigung von Festlegungsattrappen		X	Muster
Abstimmung der Festlegungsattrappen	X	X	
Anfertigung von Musterteilen für Erprobungsträger und Prototypen (Einhaltung Bereitstellungstermine gemäß Aufbauplan)	X	X	
		X	
Erstellen und Führen einer detaillierten Entwicklungsdokumentation mit Entwicklungslebenslauf		X	Dokumentation
Prüfungen			
Korrosionsprüfung Gesamtmodul	X	X	Versuche
Abnahmemessungen im Gesamtmodul			
Momentenkennlinie für Strom, Drehzahl,			
Wirkungsgrad	X		
Stromaufnahme			
Geräuschprüfung	X		
Unwucht	X	X	
Maßprüfung Gesamtmodul		X	
Werkstoffprüfungen		X	
Erprobung	X	X	
Crash-Versuche	X		
Korrosionsdauerlauf	X		

Auditierung der Lieferanten

Zur *Qualitätsverbesserung* (engl.: quality improvement) zielt die Lieferantenintegration auf die Nutzung des meist spezifischeren Fertigungs- und Entwicklungs-Know-hows der Zulieferer. Hierzu wird der Lieferant vom Abnehmer auditiert, d.h. nach einem festgelegten Verfahren geprüft und beurteilt. Auf die Auditierung wird in der Regel verzichtet, wenn der Lieferant bereits ein Zertifikat einer Zertifizierunggesellschaft erhalten hat.

Zertifizierung

Unter dem Begriff *Zertifizierung* wird i.A. die Vorbereitung, die Durchführung und der erfolgreiche Abschluss einer Auditierung durch eine unabhängige Zertifizierungsgesellschaft verstanden. Ein Zertifikat bescheinigt die Übereinstimmung des unternehmensspezifischen Qualitätsmanagementsystems mit den geltenden Qualitätsnormen.

Der übliche Umfang der Zertifizierung nach den geltenden Normen der ISO 9000 ff. umfasst 20 Elemente, nach denen das unternehmensspezifische Qualitätsmanagementsystem beurteilt wird:

Zertifikat	Umfang
ISO 9001	zertifiziert für Qualitätsmanagementsystem der Bereiche: Entwicklung, Fertigung, Montage, Wartung
ISO 9002	zertifiziert für Qualitätsmanagementsystem der Bereiche: Fertigung, Montage, Wartung
ISO 9003	zertifiziert für Qualitätsmanagementsystem des Bereiches Endmontage
ISO 9004	zertifiziert für Qualitätsmanagementsystem der Bereiche Dienstleistungen

Die Zertifizierung erfolgt häufig in folgenden Schritten:

- Festlegen des Zertifizierungsumfanges (Fertigung, Montage, Entwicklung usw.) und Beauftragung einer Zertifizierungsgesellschaft,
- Prüfung der unternehmensspezifisch vorliegenden Voraussetzungen hinsichtlich Qualitätsmanagementhandbuch, Maßnahmen zur Qualitätssicherung usw.,
- Feststellen von Defiziten und Ableitung von Handlungsmaßnahmen,
- „Vor-Ort"-Prüfung umgesetzter Maßnahmen durch ein Auditorenteam,
- Erstellung eines Ergebnisberichts und Erteilung eines zeitlich gültigen Zertifikates bei erfolgreicher Auditierung.

Neben der ISO 9000 ff. gewinnt die Zertifizierung nach ISO 14000 hinsichtlich des Umweltmanagements sowie die Bewertung nach dem EFQM-Modell (European Foundation for Quality Management) an Bedeutung.

Präventive Qualitätsicherung

Maßnahmen zur Qualitätssicherung werden oft unter dem Begriff *Total Quality Management (TQM)* zusammengefasst. TQM umfasst organisatorische und methodische Elemente. Kennzeichen der meisten TQM-Methoden ist die vorbeugende Qualitätssicherung im Sinne der Fehlervermeidung durch vorbeugende Maßnahmen (vgl. MASING 94, PFEIFER 96).

Lieferanten-Know-how zur Kostensenkung

Die Kostenreduzierung ist ein weiteres Ziel der Lieferantenintegration. Von innovativen Lieferanten wird erwartet, dass sie hierzu mit ihrem spezifischen Know-how beitragen. Betrachtet man die typische Verteilung von Kostenfestlegung und Kostenabrechnung über verschiedene Bereiche, so wird der überwiegende Teil der Kosten eines Produkts, bis zu 70 %, im Rahmen der Konstruktion festgelegt. Die Kostenzuordnung wird aber hauptsächlich für Produktion und Beschaffung vorgenommen.

Einbindung der Ausrüster

Die parallele Produkt- und Prozessplanung für Fertigungs- und Montageanlagen ist ein weiterer Aspekt der Lieferantenintegration. Die Markteinführungszeit eines Produktes lässt sich durch enge Einbindung der Ausrüster wesentlich verkürzen. Wenn die Konzeption der Produktionsmittel und Fertigungsanlagen bereits in frühen Phasen berücksichtigt wird, können Lösungen oft mit geringerem Aufwand realisiert werden.

Zusammenfassung: Kennzeichen der Lieferantenintegration

Zusammenfassend sind die Kennzeichen der Lieferantenintegration:

- Intensivierung und Optimierung der Zusammenarbeit zwischen Abnehmer und Lieferant,
- zeitliche Optimierung der Entwicklungs- und Produktionsprozesse,
- kürzere Markteinführungszeiten,
- Verbesserung der (gemeinsamen) Kostenposition,
- parallele Produkt- und Prozessplanung durch Einbezug der Ausrüster,
- bessere Zuordnung von Aufgaben, Kompetenzen und Verantwortlichkeiten zwischen Abnehmern und Lieferanten.

4.3.3 Quality Function Deployment

Die Entwicklung von kundenbezogenen Qualitätsanforderungen (engl.: quality function deployment = QFD) ist im Rahmen der Produktplanung erforderlich.

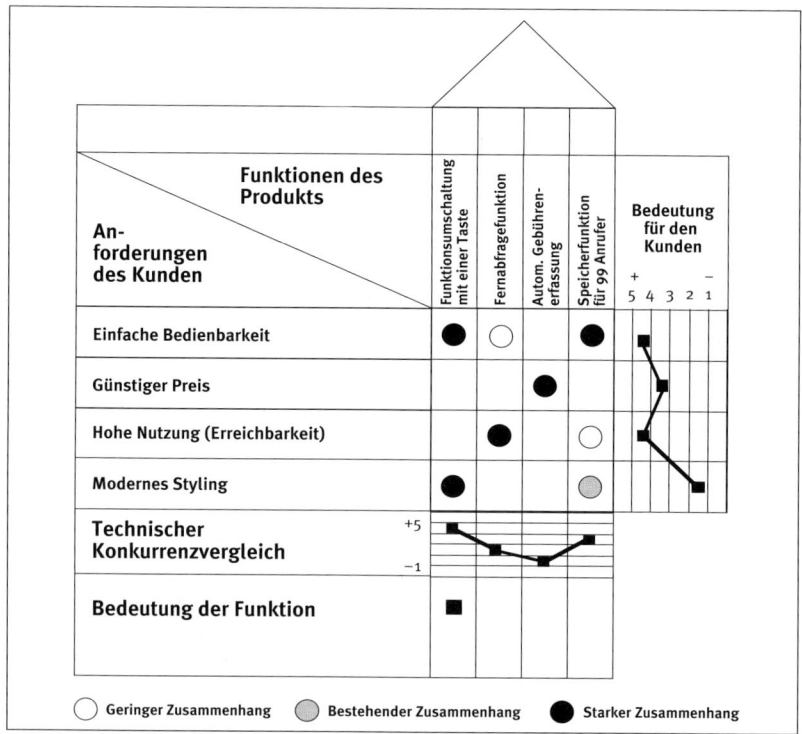

Abb. 4.6 Quality Function Deployment

QFD ist ein prozessbegleitend eingesetztes Verfahren, mit dem Produktan-forderungen des Kunden in Vorgaben für die Produktplanung, Entwicklung und Produktion umgesetzt werden (vgl. Evans 93).

Definition: Quality Function Deployment

Mit QFD werden technische Produktfunktionen in einer Gegenüberstellung zu Kundenanforderungen bewertet und entwickelt. Das Bewertungsschema wird als „house of quality" bezeichnet.

Das vereinfachte Beispiel auf der Seite gegenüber *(Abbildung 4.6)* zeigt die Anwendung von Quality Function Deployment für das Produkt „Anrufbeantworter".

Zeilenweise werden Kundenanforderungen aufgelistet und in ihrer Bedeutung für den Kunden gewichtet. Im Beispiel sind dies „einfache Bedienbarkeit", „günstiger Preis", „hohe Nutzung" sowie „modernes Styling". Spaltenweise werden Produktfunktionen und Konstruktionsmerkmale aufgeführt. Dies sind im Beispiel „Funktionsbedienung mit einer Taste", „Fernabfragefunktion", „Automatische Gebührenerfassung" sowie „Speicherfunktion für 99 Anrufer". Es wird eingestuft, wie gut oder schlecht Kundenanforderungen mit Produktfunktionen korrelieren. Beispielsweise ergibt sich eine positive Korrelation zwischen „einfacher Bedienbarkeit" und „Funktionsbedienung mit einer Taste". Beachtet wird mit QFD der technische Konkurrenzvergleich, sodass kritische Produktfunktionen abgeleitet werden können. Das Ergebnis der QFD wird als Entwicklungs- und Herstellungsvorgabe oder zur Produktverbesserung genutzt.

Beispiel: QFD

Die folgende Tabelle zeigt den schematischen Verlauf der QFD-Anwendung:

Verfahrensanwendung

Schritt	Beschreibung
① Vorbereitung	organisatorische Vorbereitung: Zielsetzung, Projekt, Einbezug Fachteam, Kunde, Lieferant
② Kundenanforderungen ermitteln	Kundenbefragung, Kundenwünsche, -profil, Bilden von Prioritäten bezüglich Anforderungen
③ Konstruktive Anforderungen ermitteln	Entwicklung der technischen Funktionalität, Festlegen der Qualitätsmerkmale
④ Bewertung des Zusammenhangs zwischen Kundenanforderungen u. konstruktiven Anforderungen	Beziehungen zwischen Anforderungen und Qualitätsmerkmalen, Bewertung der technischen Schwierigkeiten, Beurteilung des Marktes, Konkurrenzvergleich
⑤ Ableitung und Umsetzung von Maßnahmen	detaillierte Entwicklungs- und Herstellungsvorgabe, u.a. Prüf- und Arbeitsanweisungen

Zusammenfassung: Quality Function Deployment

Zusammenfassend sind die Kennzeichen des QFD-Verfahrens:

- Es wird ein besserer Einbezug der Kundenerwartungen und Kundenwünsche im Entwicklungsprozess erreicht.
- Produktverbesserungen, die zwischen Lieferant und Abnehmer abgestimmt werden, können systematisch erzielt werden.
- Kritische Produktmerkmale und -funktionen werden frühzeitig identifiziert.
- Die Kundenorientierung in Entwicklung, Produktion und Vertrieb wird möglich.
- Die Kostenreduzierung durch Wegfall von Produktänderungen wird möglich, überflüssige Detailkonstruktionen können vermieden werden.
- Das interne Verständnis für den Kunden wird verbessert, da Kundenwünsche in technische Anforderungen umgesetzt werden.
- Der übergreifende Einsatz im Rahmen der Produktplanung und Entwicklung, ggf. bei der Marktuntersuchung ist möglich.

4.3.4 Fehlermöglichkeits- und Einflussanalyse

Definition: Fehlermöglichkeits- und Einflussanalyse

Die *Fehlermöglichkeits- und Einflussanalyse* (engl.: failure-mode and effects analysis = FMEA) ist ein Qualitätsinstrument zur Untersuchung des funktionsgerechten Zusammenwirkens von Bauteilen, Komponenten und Systemen.

Anwendung

FMEA wird in der Entwicklung prozessbegleitend eingesetzt, um sicherheitskritische Zustände und Fehlerquellen zu vermeiden und zu beseitigen. Durch die FMEA werden Risikoteile identifiziert, Fehlerzusammenhänge aufgezeigt und Fehlerauswirkungen bei Mängeln konstruktiver bzw. fertigungstechnischer, qualitativer Art begrenzt (vgl. EVANS 93, MASING 94). Die Anwendung der FMEA beim Lieferanten wird von vielen Abnehmern aus Produkthaftungsgründen als Voraussetzung zur Zertifizierung bzw. zur Erteilung der Betriebserlaubnis vorausgesetzt.

FMEA-Bewertungsschema

Mit Hilfe eines Analyse- und Bewertungsschemas der FMEA werden in einer frühen Phase Einfluss auf die Konstruktion und den Prozessablauf genommen sowie Gestaltungs- und Prüfmaßnahmen festgelegt:

Merkmale	Potenzielle Fehler	Potenzielle Fehlerfolgen	Potenzielle Fehlerursache	Derzeitiger Zustand	Abgeleitete Maßnahme	Verantwortlich	Verbesserter Zustand, Maßnahme
■ Fehleranalyse			■ Fehlerbewertung	■ Maßnahmen			
■ Ursache-Wirkungsanalyse ■ Fehlerbaum ■ Fehlerfolgen			■ Risikoprioritätszahl RPZ	■ vorzusehende Prüf- und Entwicklungsmaßnahmen			

Die FMEA dient vor allem zur präventiven Fehlererkennung und -vermeidung. In der praktischen Anwendung wird zwischen Produkt-FMEA (Konstruktions-, System-FMEA) bzw. Prozess-FMEA unterschieden.

Die Produkt-FMEA umfasst Systeme sowie Bauteile und enthält technische Nachweise wie Zusammenbauzeichnung, Funktionsübersicht, Fehlerbaum oder Fehlerfolgen. Die Prozess-FMEA analysiert den Fertigungsprozess und soll sicherstellen, dass sich die erforderliche Prozesssicherheit erreichen lässt. Um die im Lastenheft geforderte Spezifikation zu erreichen, ist die Prozessfähigkeit sicherzustellen.

Produkt- und Prozess-FMEA

In der Anwendung umfasst die FMEA folgende Schritte:

Ablauf der FMEA

- Bestimmung möglicher Fehlerarten,
- Festhalten von aufgetretenen Produkt- bzw. prozessbezogenen Fehlern in Charts und Tabellen,
- Aufzeigen der Bedeutung des Fehlers und der Fehlerauswirkungen (Fehlerklassifikation, Fehlerbaum),
- Festhalten der Fehlerhäufigkeiten (Auftretenswahrscheinlichkeiten) und ggf. der Fehlerkosten,
- Bildung einer Risikoprioritätszahl (RPZ) für Fehler,
- Aufzeigen von Prüf- und Handlungsmaßnahmen unter Berücksichtigung der Risikosituation,
- Festlegung der Verantwortlichkeit und Umsetzung der Maßnahmen,
- Überprüfung und Kontrolle, ob Fehlerhäufigkeiten zurückgehen.

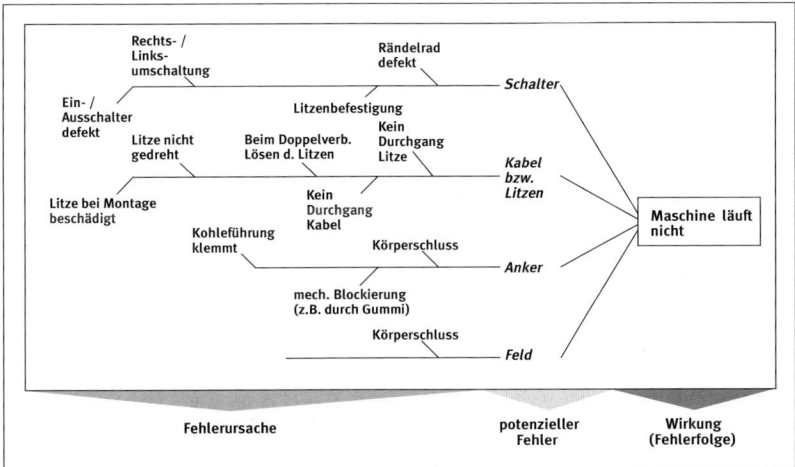

Abb. 4.7   Ursache-Wirkungs-Diagramm (Fehlerbaum) einer Produkt-FMEA

Abbildung 4.7 illustriert ein Teilergebnis der Produkt-FMEA. Der dargestellte Fehlerbaum zeigt von links nach rechts die Fehlerursachen, den Fehler an der jeweiligen Komponente und die Fehlerfolgen.

Zusammenfassung: Fehlermöglichkeits- und Einflussanalyse

Zusammenfassend sind die Kennzeichen der FMEA:

- Produkt- bzw. prozessbezogene Fehler können systematisch ermittelt werden.
- Ursache-Wirkungszusammenhang und Bedeutung der Fehler werden aufgezeigt (Fehlerbaum).
- Vorbeugende Prüfmaßnahmen zur Fehlervermeidung können ermittelt und frühzeitig umgesetzt werden, um spätere, teurere Fehler zu vermeiden.
- Die Prozess-FMEA wird für Produktionsprozesse, die Produkt-FMEA wird für Systeme und Bauteile angewendet.
- Die FMEA erfährt im Rahmen der Frage der Produkthaftung zunehmende Bedeutung zur Zertifizierung der Lieferanten.

4.3.5 Wertanalyse

Definition: Wertanalyse

Wertanalyse (engl.: value analysis) ist ein Verfahren zur Optimierung der Funktionserfüllung eines Produktes nach wirtschaftlichen und technischen Gesichtspunkten (DIN 69910).

Ziele

Ziel ist es vor allem, die Herstellkosten und den Materialaufwand zu minimieren. Dabei ist die Funktionserfüllung und Qualität des Produktes zu gewährleisten oder sogar zu verbessern. Wertanalyseprojekte setzen sich daher häufig aus Teams unterschiedlicher Fachbereiche zusammen. Die Wertanalyse wird ebenso wie QFD und FMEA zur übergreifenden Prozessoptimierung eingesetzt.

Anwendung

Typische Fragestellungen für das Wertanalyseteam zeigt die folgende Tabelle:

Bezug	Fragestellung
Produkt	Welche Funktionen des Produkts sind wichtig?
Technische Funktionalität	Kann die bisherige technische Produktfunktionalität durch andere Wirkungsprinzipien ersetzt werden?
Kosten	Ist eine andere technische Funktionalität kostengünstiger herzustellen?
Materialien	Welche Materialien werden genutzt? Welche Materialien können kostengünstig substituiert werden?
Materialausschuss	Wie hoch ist der Materialausschuss im Produktionsprozess? Wie kann der Materialausschuss reduziert werden?

Zusammenfassend sind die Kennzeichen der Wertanalyse:

Zusammenfassung: Wertanalyse

- Einsatz im Rahmen des Entwicklungsprozesses, bei Änderungskonstruktion und zur Kostenoptimierung,
- Aufzeigen möglicher Kostensenkungspotenziale im Produktaufbau und im Produktionsprozess,
- Hinterfragung der „wichtigen" Produktfunktionen,
- Einsatz im direkten Bereich in Produktion und Logistik,
- Reduzierung von Kosten durch Senkung von Ausschuss und bessere Materialnutzung.

4.4 Zusammenfassende Darstellung

Zusammenfassung: Produktentstehungs- und Entwicklungsprozess

Die folgende Tabelle zeigt die beschriebenen Ansätze und Verfahren zur übergreifenden Optimierung im Produktentstehungs- und Entwicklungsprozess. Der Zusammenhang zu den anderen Schlüsselprozessen ist mit dem Zeichen ✔ angegeben (Abkürzungen siehe Legende).

Produktentstehungs- und Entwicklungsprozess	Optimierung / Wirkung	K	E	A	P	B	F	D	L
■ System- und Modulbildung:	Lieferung kompletter Baugruppen, Module, Systeme, Produktstandardisierung; fertigungs- und montagegerechte Produktgestaltung	✔	✔			✔	✔	✔	✔
■ Lieferantenintegration (Entwicklung):	organisatorische Einbindung in den Entwicklungsprozess, prozessbegleitende Qualitätssicherung, TQM; Simultaneous Engineering (SE)	✔	✔		✔		✔		✔
■ Quality function deployment (QFD):	Abgleich von Kundenanforderungen und Produktqualität	✔	✔						
■ Fehlermöglichkeits- und Einflussanalyse (FMEA):	funktionsgerechtes Zusammenwirken von Bauteilen, präventive Fehlererkennung und -vermeidung (Produkt und Prozess)	✔	✔				✔		
■ Wertanalyse (WA):	Minimierung Herstellkosten und Materialaufwand	✔	✔			✔	✔		

Einbezug von:
K: Kunde
E: Produktplanung und Entwicklung
A: Auftragsgewinnung
P: Produktionsplanung

B: Beschaffung
F: Fertigung
D: Distribution
    Wiederverwertung
L: Lieferant

Fragen zur Diskussion und Vertiefung

1. Durch welchen grundsätzlichen Aufgabenzusammenhang ist der Produktentstehungs- und Entwicklungsprozess in der logistischen Kette gekennzeichnet?

2. Charakterisieren Sie die Aufgaben des Quality Engineering. Was ist der Unterschied zum Simultaneous Engineering?

3. Welche generellen Vorteile hat ein Abnehmer, welche ein Zulieferer von einer System- und Modulbildung? Welche Folgen sind möglicherweise mit diesem Ansatz verbunden?

4. Diskutieren Sie unterschiedliche Formen der Lieferantenintegration im Entwicklungsprozess eines Fahrzeugs. Welche Aufgaben können die Zulieferer übernehmen?

5. Inwieweit führt die System- und Modulbildung zu einer Differenzierung der Lieferantenleistung? Erörtern Sie Chancen und Risiko aus der Sicht des Lieferanten sowie aus der Sicht des Abnehmers.

6. Beschreiben Sie das Verfahren Quality Function Deployment (QFD) hinsichtlich der Einsatzmöglichkeiten und übergreifenden Optimierungsziele.

7. Ein Hersteller von Bohrmaschinen wendet das FMEA-Verfahren für die Eigenfertigung, die Qualitätssicherung im Fertigungsablauf und die Produktprüfung der fremdbeschafften Komponenten an. Zeigen Sie am Beispiel, wodurch sich Produkt-FMEA bzw. Prozess-FMEA jeweils unterscheiden.

8. Ein Automobilhersteller setzt Wertanalyseteams zur Prozessoptimierung bei den Lieferanten der Fahrzeugtür ein. Zeigen Sie am Beispiel, welche Fragestellungen für die Teams relevant sind.

Literaturhinweise

AHN 97 — Ahn, H.: Optimierung von Produktentwicklungsprozessen. Wiesbaden: Universitätsverlag, 1997.

BULLINGER 92b — Bullinger, H.-J./Thaler, K.: Vom Teilefertiger zum Wertschöpfungspartner. In: Technische Rundschau, Heft 46, 1992.

DGQ 93 — Deutsche Gesellschaft für Qualität e.V. (Hrsg.): Begriffe zum Qualitätsmanagement. Frankfurt, 1993.

EVANS 93 — Evans, J./Lindsay, W.: The Management and Control of Quality. Minneapolis/St. Paul: West Publishing, 1993.

EVERSHEIM 95 — Eversheim, W. (Hrsg.): Simultaneous Engineering. Berlin: Springer, 1995.

GERHART 96 — Gerhardt, A./Schmied, H.: Externes Simultaneous Engineering. Berlin: Springer, 1996.

IHDE 96 — Ihde, G.; Lieferantenintegration. In: Handwörterbuch der Produktionswirtschaft (Hrsg.: Kern, W. u.a). Stuttgart: Schäffer-Poeschel, 1996.

KAMINSKE 93 — Kaminske, G. F./Brauer, J. P.: Qualitätsmanagement von A bis Z. München: Hanser, 1993.

MASING 94 — Masing, W. (Hrsg.): Handbuch der Qualitätssicherung. München: Hanser, 1994.

PFEIFER 96 — Pfeifer, T.: Qualitätsmanagement. München: Hanser, 1996.

REINHART 96 — Reinhart, G./Lindemann, U./Heinzl, J.: Qualitätsmanagement. Berlin: Springer, 1996.

SPUR 94 — Spur, G.: Fabrikbetrieb. München: Hanser, 1994.

THALER 93a — Thaler, K.: Regelbasiertes Verfahren zur Montageablaufplanung in der Serienfertigung. Berlin: Springer, 1993.

THALER 95 — Thaler, K.: Denken in Wertschöpfungsketten: Schlank, aber für die Zukunft nicht fit genug. In: Beschaffung aktuell, 04/95. Leinfelden-Echterdingen: Konradin, 1995.

THALER 96 — Thaler, K.: Fitness-Faktoren für Zulieferer zur Sicherung der langfristigen Wettbewerbsfähigkeit. In: Tagungsunterlagen Fachkonferenz „Zukunft Zulieferer". Management Circle. Frankfurt 1996.

THALER 97a — Thaler, K.: Neugestaltung der Hersteller-Zulieferer-Beziehung. In: Tagungsunterlagen Benchmarking ´97. FhG-IKP. Berlin, 1997.

VDI 93 — Verein Deutscher Ingenieure (Hrsg.): VDI-Richtlinie 2243 – Konstruieren recyclinggerechter Produkte. Düsseldorf, 1993.

5 Der Auftragsgewinnungs-, Produktions-planungs- und Beschaffungsprozess

5.1 Auftragsgewinnungsprozess

5.1.1 Übersicht

Im *Auftragsgewinnungsprozess* (engl.: order processing) werden die für das Unternehmen relevanten Kundenaktivitäten durchgeführt. Wesentliches Ergebnis sind realisierte, d.h. verbindliche Bestellungen (engl.: order), die sich als Auftragseingänge im Auftragsbestand niederschlagen. Der Anstoß im Auftragsgewinnungsprozess findet vor allem über Anfragen des Kunden statt, zudem gehen direkte Bestellungen ein.

Definition: Auftragsgewinnungsprozess

Über die *Anfragebearbeitung* (engl.: inquiry processing) werden Kundenanfragen entgegengenommen. Eine zügige und kompetente Anfragebearbeitung und die Trennung in Routine- und Sonderanfragen für unterschiedliche Fragestellungen, Produktbereiche oder Kundengruppen sind in der Regel sinnvoll.

Routine- und Sonderanfragen

Die *Auftragsabklärung* (engl.: order handling) klärt ggf. technische Fragen, voraussichtliche Liefertermine, verfügbare Mengen oder Materialreservierungen. Hierzu erfolgt auch die Abstimmung in weiteren internen und externen Prozessen, insbesondere mit der Produktionsprogrammplanung, aber beispielsweise auch mit der Konstruktion, der Entwicklung und den Lieferanten.

Interne und externe Abklärung

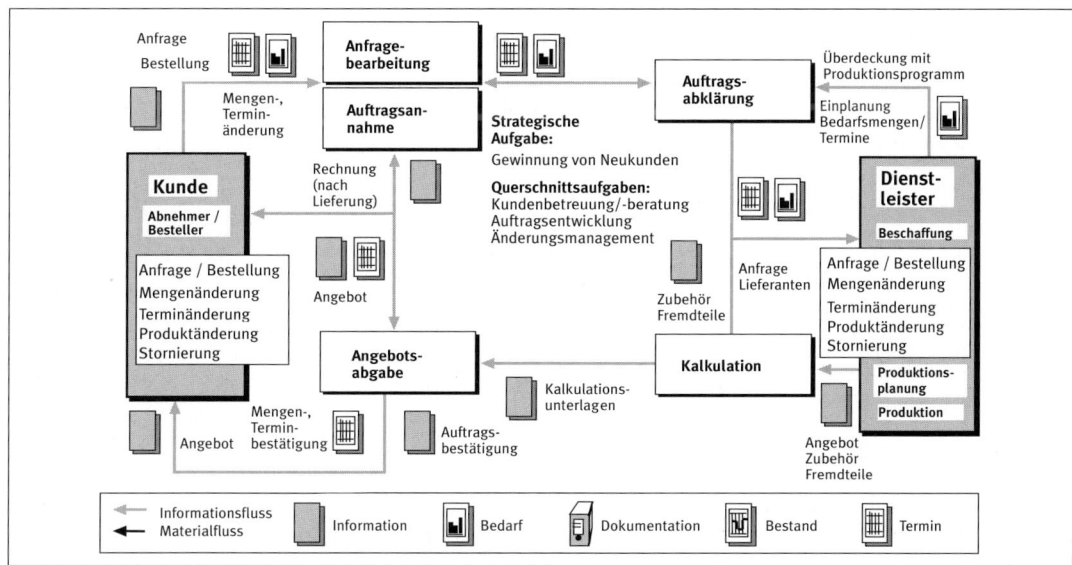

Abb. 5.1   Übersichtsmodell Auftragsgewinnungsprozess

Verfügbarkeit und Liefertermin

Die *Produktionsplanung* (engl.: production planning) ist als Dienstleister in den Prozess eingebunden und liefert Angaben darüber, welche der angefragten Artikel oder Produkte aktuell verfügbar sind und mit welchen voraussichtlichen Lieferterminen zu rechnen ist. Eingehende Anfragen werden i.d.R. hinsichtlich der verfügbaren Lagerbestände, der belegten sowie der freien Produktionskapazitäten beurteilt. Um den Kunden Aussagen liefern zu können, werden die Angebotserstellung und Lieferzeitabschätzung vielfach rechnerunterstützt durchgeführt. Bei Bestellung werden die Aufträge dann eingeplant (siehe Kapitel 5.3).

Fremdmaterial und Zubehör

Die *Beschaffung* (engl.: purchasing) ist üblicherweise als Dienstleister über die Anfragebearbeitung und die Auftragsabklärung in den Prozess eingebunden. Neben dem benötigten Anteil an Fremdmaterial werden u.a. auftragsspezifische Zubehörteile oder Sonderzubehör beschafft (siehe Kapitel 5.4).

Angebotspreis

Die *Angebotskalkulation* (engl.: offer calculation) setzt den Angebotspreis (engl.: offer price) fest. Damit ist die Voraussetzung zur Angebotsabgabe erfüllt, wenn Mengen, Termine, Material, Vormaterial oder Zubehör feststehen. Die Angebotskalkulation setzt u.a. voraus, dass aktuelle Stammdaten der Stücklisten und Materialpositionen vorliegen. Zu Verfahren der Kalkulation wird auf SCHWEITZER sowie WOLFSTETTER verwiesen (SCHWEITZER 91, WOLFSTETTER 98).

Einplanung der Bestellung

Bestellungen des Kunden gehen schließlich über die *Auftragsannahme* (engl.: order income) ein. Ggf. vorreservierte Produktionskapazitäten werden danach in das laufende Produktionsprogramm eingeplant. Die *Auftragsbestätigung* (engl.: order confirmation) schließt den Kommunikationskreis zum Kunden und dokumentiert verbindlich die zugesicherten Leistungen des Angebots wie Artikel, Preise, Liefertermin sowie Konditionen. Nach erfolgter Lieferung kann hieraus die Rechnungsstellung veranlasst werden.

Laufende Programmanpassung

Als strategische Aufgabe im Auftragsgewinnungsprozess gilt die Gewinnung von Neukunden und die langfristige Kundenbindung. Die Kundenbetreuung und -beratung bilden wichtige Elemente zur Sicherung eines hohen Auftragsbestandes. Da die Produkte einem Lebenszyklus unterliegen, wird das Vertriebsprogramm laufend an neue Marktanforderungen angepasst.

Prognose der Auftragsentwicklung

Die Einschätzung der Auftragsentwicklung kann ebenfalls als strategische Aufgabe angesehen werden. Diese nimmt vor allem für Lager- und Programmfertiger einen wichtigen Stellenwert ein, da für die langfristige Programmplanung Prognosen über die Auftragsentwicklung benötigt werden (siehe Kapitel 3.3.2).

Änderung von Liefermengen und Lieferterminen

Aufgaben des Änderungsmanagements nehmen im Auftragsgewinnungsprozess eine bedeutsame Rolle ein. Neben den Änderungen des Vertriebsprogramms ist in der Praxis davon auszugehen, dass in der logistischen Kette vor allem Liefermengen und Liefertermine auch bei bereits bestätigten Aufträgen oft verändert und häufig aufgrund von Umplanungen des Kunden auch zeitlich vorgezogen werden. Eine hohe Lieferflexibilität sichert zwar dann die Erfüllung der Kundenwünsche, wird aber entweder mit höheren Beständen oder aber mit Investitionen in flexible Produktionssysteme erkauft (siehe Kapitel 3.5.3).

5.1.2 Aufgabenzusammenhang

Die nachfolgende Tabelle zeigt zusammenfassend den typischen Aufgabenzusammenhang im Auftragsgewinnungsprozess in der logistischen Kette:

Zusammenfassung: Aufgabenzusammenhang

Aufgaben (dt./engl.)	Aufgabenzusammenhang in der logistischen Kette
Anfragebearbeitung / inquiry processing	kundenseitig: Anfragebearbeitung, ggf. Trennung in Routine- und Sonderanfragen für unterschiedliche Produktbereiche oder Kunden
Auftragsabklärung / order handling	kundenseitig / interne und externe Dienstleister: Abklärung technischer Fragen, voraussichtliche Liefertermine, verfügbare Mengen, Materialreservierung, ggf. Rücksprache mit weiteren Bereichen
Auftragsannahme / order income	kundenseitig: Entgegennahme von Aufträgen / Bestellungen, Einplanung in das Produktionsprogramm, Veranlassen der Rechnungsstellung nach Lieferung
Auftragsbestätigung / order confirmation	Kommunikation mit Kunden, Bestätigung des zugesicherten Angebots (u.a. Preis, Liefertermin, Konditionen)
Angebotsabgabe / offer placement	Kommunikation mit Kunden, Festlegung Angebotsform und des Zeitpunkts der Angebotsabgabe
Angebotskalkulation / offer calculation	Kostenrechnung zur Ermittlung des Angebotspreises
Kundenbetreuung, -beratung / service	Kundenbindung, langfristige Sicherung eines hohen Auftragsbestandes (Querschnittsaufgabe)
Analyse, Gestaltung des Vertriebsprogramms / sales planning	Planung des Vertriebsprogramms mit Auswirkung auf das Fertigungsprogramm

Aufgaben (dt./engl.)	Aufgabenzusammenhang in der logistischen Kette
Einschätzung Auftragsentwicklung / order forecast	Einschätzung / Prognose der mittel- und langfristigen Auftragsentwicklung (strategische Aufgabe)
Änderungsmanagement / life cycle management	Zusammenarbeit mit internen u. externen Dienstleistern, Änderungen von Mengen, Lieferterminen, Stornierung (Querschnittsaufgaben)

5.1.3 Maßnahmen und Ziele zur übergreifenden Optimierung

Optimierungsziele

Viele Maßnahmen und -ziele zur Verbesserung des Auftragsgewinnungsprozesses beziehen sich auf die marktgerechte Analyse und Gestaltung des *Vertriebsprogramms* (engl.: sales programme) sowie auf die Schaffung geeigneter Vertriebsformen. Die verfolgte Programmpolitik, die laufende Ermittlung „erfolgreicher" Produkte sowie die Ableitung von Marktstrategien legen den grundsätzlichen Rahmen fest. Verfahren zur Wettbewerbsanalyse, Portfoliotechnik, Deckungsbeitragsrechnung sowie Preispolitik werden insbesondere von SCHULTE, PFOHL und BROCKHOFF dargestellt (s. SCHULTE 95, PFOHL 94, BROCKHOFF 93).

Erfolgsfaktoren

Aus der übergreifenden Sicht der logistischen Kette ist es vielfach notwendig, über die einzelnen Aufgabenschritte eine bessere Durchgängigkeit im Auftragsgewinnungsprozess vom Kunden bis hin zu den Lieferanten zu erreichen.

Dies gilt nicht nur für die Handhabung von Anfragen und Bestellungen bis zur Rechnungsstellung nach erfolgter Lieferung. Auch die Fähigkeit, Mengenschwankungen und Terminverschiebungen in der logistischen Kette zu beherrschen, wird zum Erfolgsfaktor. Die Verbesserung und durchgängige Nutzung von Prognosedaten, deren qualitative Güte eine der wesentlichen Planungsgrundlagen in vielen Unternehmen darstellt, ist ein weiteres Gestaltungsfeld.

Kundenorientierte Organisationsformen

Die Schaffung kundenorientierter Organisationsformen ist im Auftragsgewinnungsprozess notwendig, um im Wettbewerb um Marktanteile sowohl Neukunden gewinnen zu können als auch die Kundenbindung an „zufriedene" Kunden zu erhalten. In der Zulieferindustrie wird beispielsweise das *Key-account*-Konzept angewendet, d.h. die Schaffung fester Ansprechstellen für den Kunden. Die unternehmensspezifische Segmentierung erfolgt oft nach Kundengruppen, Produkten, Produktgruppen, Branchen oder Umsatzanteilen. Weitere Faktoren können Unternehmensgröße, Region oder Dauer der Geschäftsbeziehung sein. Die organisatorische Integration im Auftragsgewinnungsprozess wird häufig als Kundenmanagement bezeichnet (engl.: customer focus).

Für die datentechnische Integration werden Anwendungssysteme des Computer Aided Selling (CAS) sowie des Customer Relationship Management (CRM) genutzt (siehe Kapitel 3.2.1). CAS und CRM haben in der logistischen Kette große Bedeutung, da ein durchgängiges Datenmanagement möglich wird.

Anwendungssysteme für CAS und CRM

Insbesondere im Außendienst kann mit der Integration leistungsfähiger Laptopsysteme als Client-Server-Lösung eine permanente Aktualisierung der Vertriebsdaten wie Kundendaten, Kontakte, Abschlüsse oder Umsätze erfolgen. Ein Beispiel der Datenintegration und Weitergabe der Vertriebsinformation an einzelne Bereiche zeigt die folgende Tabelle:

Vertriebsinformation	E	P	B	F	D	G
Kundendaten			✔		✔	✔
Umsatz			✔			✔
Produktspezifikation	✔			✔		
Angebote	✔		✔		✔	✔
Marktinformation			✔			✔
Wettbewerber			✔			✔
Umsatz			✔			✔
Aufträge			✔		✔	✔
Besuchsbericht	✔	✔		✔		
Preise und Konditionen			✔		✔	✔

E: Produktplanung und Entwicklung
P: Produktionsplanung
B: Beschaffung
F: Fertigung
D: Distribution, Wiederverwertung
G: Geschäftsführung

Die systematische Erfassung und Bewertung der *Kundenzufriedenheit* (engl.: customer satisfaction) ist ein weiterer Aspekt. Unternehmen, die eine entsprechende Bewertung mit Hilfe von Kennzahlen vornehmen, trennen in der Regel zwischen subjektiven Kundenangaben, die u.a. durch Meinungsbefragungen ermittelt werden und tatsächlichen Kundenhandlungen, die beispielsweise aus der Anzahl von Wiederholaufträgen, Beschwerden oder verlorenen Kunden hervorgehen. Zum Thema Messverfahren wird auf die vertiefende Literatur verwiesen (HOMBURG 95).

Höhere Kundenzufriedenheit

Zur Qualitätssicherung im Prozess sieht die EFQM (European Foundation for Quality Management) im EFQM-Modell u.a. die *Selbstbewertung* (engl.: self evaluation) vor. Aus der Selbstbewertung soll hervorgehen, welche Leistungen die Organisation erbringt, um die Bedürfnisse und Erwartungen ihrer Kunden zu befriedigen (vgl. MASING 94, EVANS 93).

Selbstbewertung

Schneller Zugriff auf Vertriebs-, Kunden- und Lieferdaten

Zur Schaffung einer besseren Durchgängigkeit in der logistischen Kette werden im Auftragsgewinnungsprozess technische Zugriffe, beispielsweise auf Kundendaten, verfügbare bzw. lieferbare Artikel, technische Spezifikationen sowie voraussichtliche Produktions- und Lieferzeiten vorgenommen. Darüber hinaus spielen auch Lieferantenprofile und Dienstleistungsinformationen eine Rolle.

Auftragsdatenmanagement

Bei Auftragsfertigern im Maschinen- und Anlagebau ist der Informationsbedarf oft sehr eng mit dem Produktentstehungs- und Entwicklungsprozess verknüpft. Bei Lager- und Programmfertigung müssen verstärkt Informationen mit der Lager- und Warenwirtschaft ausgetauscht werden. Die informationstechnische Integration wird mit dem Begriff Auftragsdatenmanagement beschrieben.

Beherrschen von Änderungen

Da Mengen- und Terminänderungen sich im Auftragsgewinnungsprozess in der gesamten logistischen Kette auswirken, ist eine durchgängige Auftragsbearbeitung bis hin zu den Lieferanten notwendig. Nicht immer sind allerdings hierzu die Voraussetzungen gegeben. Teilweise werden informationstechnische Hilfsmittel wie Electronic Data Interchange (EDI) nur in Ansätzen genutzt (vgl. Kapitel 3.2.2).

Bessere Auftragsprognosen

Die durchgängige Nutzung von Prognose- und Kundendaten bedingt ebenfalls weitere informationstechnische Voraussetzungen (vgl. MERTENS 94). Unternehmen, die auf die systematische Verbesserung von Auftrags- und Bestellprognosen abzielen, verfolgen den *Data-Warehouse*-Ansatz für Kundendaten. Mit diesem Verfahren werden rechnergestützt laufend Kundendaten erfasst, gespeichert und Massendaten nach Gesichtspunkten charakteristischer Bestell- und Auftragsprofile ausgewertet.

Beispiel: Bedarfsplanung und -vorschau mit einem Data Warehouse

Die Einplanung eines zukünftig erwarteten Bedarfs wird im Anwendungssystem eines Handelsunternehmens über einen zentralen Datenpool (Data Warehouse) geführt (*Abbildung 5.2*). In Zeitreihen geführte Markt- und Kundendaten, z.B. bezüglich Absatz, Kundengruppen und Preis, werden über spezielle statistische Verfahren ausgewertet. Ziel ist es, in Prognose- und Planungsszenarios spezielle Muster, Zyklen oder kausale Einflussgrößen aus den Artikeldaten zu erkennen. Insbesondere die mit elektronischen Kassen über Barcode am Verkaufspunkt (engl.: point of sale = POS) erfassten Artikeldaten lassen sich hierzu nutzen. In der zentralen Datenbank des Data Warehouse werden die Artikeldaten in Zeitreihen nach Nutzungsgesichtspunkten in so genannten Data Marts abgelegt, um eine flexible Auswertung zu ermöglichen. Wird eine erzielte Prognose gegen die tatsächlichen Ist-Verkäufe gespielt, können Planungsreports hinsichtlich Prognosegenauigkeit bzw. -fehler erzeugt werden.

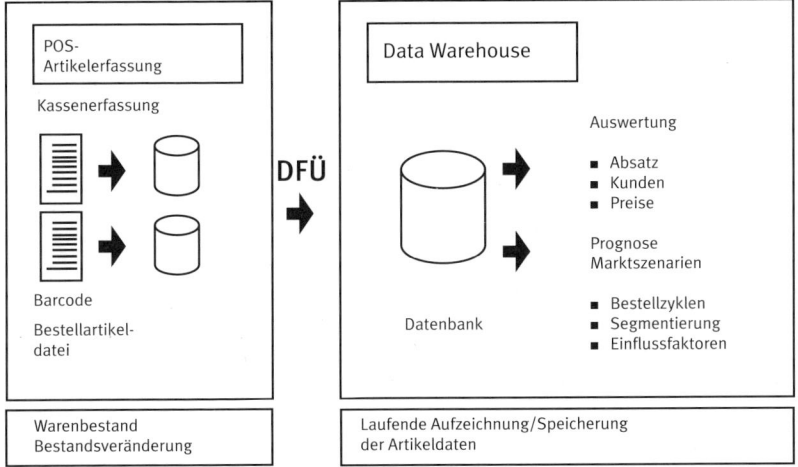

Abb. 5.2 Bedarfsplanung und -vorschau mit einem Data Warehouse

Die dargestellten Ansätze lassen sich drei Hauptrichtungen zuordnen:

Zusammenfassung: Optimierungsansätze Auftragsgewinnung

Begriff	Ansatz
Kundenmanagement	**Kundenorientierung:** organisatorische Prozessintegration, Ziel: kundenorientierte Prozesskette, Kunde – Auftragsgewinnung, Kundensegmentierung und -differenzierung, Key-account-Konzept
Auftragsdatenmanagement	**Informationstechnische Durchgängigkeit:** Informationstechnische Integration, Ziel: durchgängiger Informationsfluss und Zugriff auf Vertriebs-, Kunden- und Lieferdaten, Beherrschen von Änderungen
Analyse und Strukturierung des Vertriebsprogramms, Bewertung der Kundenzufriedenheit, Prognose	**Methoden und Instrumente:** Ziel: Kennzahlensysteme, Portfolios, Produktanalyse: Wachstum, Umsatz, Altersstruktur, Umsatzrentabilität, Deckungsbeiträge, Ziel: Kennzahlensysteme, systematische Bewertung, Prognoserechnung mit Kundendaten (Data Warehouse)

5.2 Produktionsplanungsprozess

5.2.1 Übergreifender Aufgabenzusammenhang

Definition: Produktions-planungsprozess

Der *Produktionsplanungsprozess* (engl.: production planning process) umfasst die produktionslogistischen Planungsaufgaben vor dem eigentlichen Produktionsbeginn. Dies sind Produktionsprogrammplanung, Mengenplanung, Kapazitäts- und Terminplanung sowie die Produktionsvorbereitung.

Wesentliches Ergebnis sind eingeplante Bestellungen und Aufträge (engl.: order) sowie die bestätigten Angaben zu Liefertermin und Liefermenge. Der Anstoß im Produktionsplanungsprozess findet über eingegangene Bestellungen statt, die aus dem Auftragsgewinnungsprozess resultieren. Diese müssen i.d.R. mit dem laufenden Produktionsprogramm abgeglichen werden (*Abbildung 5.3*).

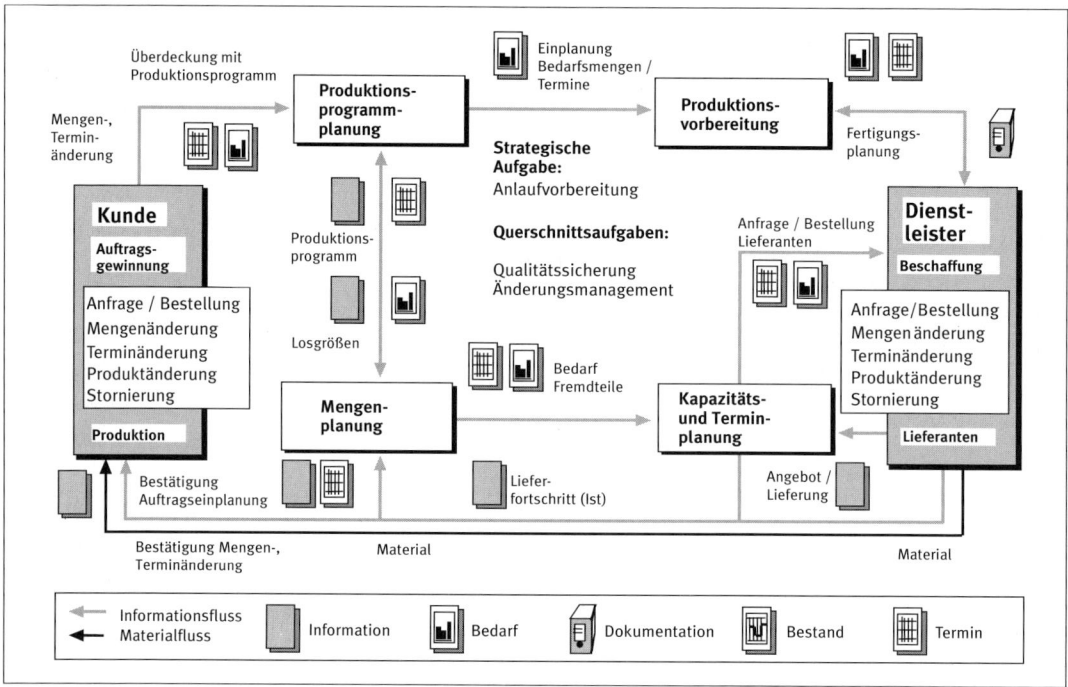

Abb. 5.3 Übersichtsmodell Produktionsplanungsprozess

Produktions-programmplanung

Die *Produktionsprogrammplanung* (engl.: production program planning) erhält Anfragen und liefert Aussagen, welche der angefragten Artikel aktuell verfügbar sind und mit welchen voraussichtlichen Lieferterminen zu rechnen ist. Bei Bestellungen wird über die Schnittstelle zur Produktion (interner Dienstleister) die aktuelle Kapazitätssituation überprüft.

Die *Mengenplanung* (engl.: planning of batches) ermittelt über das Produktionsprogramm günstige Fertigungslosgrößen und Beschaffungsmengen, um durch Bündelung des eingegangenen Bedarfs wirtschaftlich produzieren zu können.

Mengenplanung

Über die *Kapazitäts-* und *Terminplanung* (engl.: capacity balancing, time management) wird ein Abgleich von Kapazitätsbedarf und Kapazitätsangebot vorgenommen sowie die Terminrechnung durchgeführt.

Kapazitäts- und Terminplanung

Die *Produktionsvorbereitung* (engl.: production planning) umfasst die Planung aller notwendigen Betriebsmittel und Arbeitsunterlagen bis zur Fertigungsfreigabe.

Produktionsvorbereitung

Die *Beschaffung* (engl.: purchasing) erhält aus der Bedarfsermittlung den Anteil an Fremdteilen, der extern beschafft wird. Neben dem normalen Anteil an Fremdteilen, die beim Lieferanten bestellt werden, müssen häufig auch auftragsspezifische Zubehörteile oder Sonderzubehör beschafft werden. Auch hier sind Liefertermine und Liefermengen anzufragen und abzuklären.

Beschaffung

Im Produktionsplanungsprozess werden darüber hinaus die Querschnittsaufgaben Qualitätssicherung, Anlaufvorbereitung und Änderungsmanagement durchgeführt.

Querschnittsaufgaben

Die nachfolgende Tabelle zeigt zusammenfassend den typischen Aufgabenzusammenhang im Produktionsplanungsprozess in der logistischen Kette:

Zusammenfassung: Aufgabenzusammenhang

Produktionsplanungs-prozess (dt. / engl.)	Zielsetzung / Ergebnis
Produktionsprogrammplanung / production program planning	kundenseitig: Abgleich/Einplanung eingegangener Bestellungen mit dem Produktionsprogramm
Mengen-, Losgrößenrechnung / planning, calculation of batches	Mengen- und Losgrößenrechnung, optimale Beschaffungs- / Produktionslose
Kapazitäts-, Terminplanung / capacity balancing, time management	Ermittlung von Kapazitätsbedarf und -angebot Terminierung, kundenseitig: Bestätigung Liefertermine/-mengen
Produktionsvorbereitung / production planning	Planung und Sicherstellung der benötigten Anlagen, Kapazitäten, Fertigungsunterlagen und Hilfsmittel, z.B. Materialflussplanung für Anlauf
Qualitätssicherung / quality management	Sicherstellung der Fertigungsqualität (Querschnittsaufgabe)

Produktionsplanungs-prozess (dt. / engl.)	Zielsetzung / Ergebnis
Anlaufvorbereitung / production set-up	Vorbereitung des Neuanlaufs von Produkten mit der Produktion (Querschnittsaufgabe)
Änderungsmanagement / life cycle management	Zusammenarbeit mit internen/externen Dienstleistern, Änderungen von Mengen, Lieferterminen, Stornierung (Querschnittsaufgabe)

5.2.2 Gestaltungsziele

Gestaltungsziele

Die Gestaltungsziele im Produktionsplanungsprozess beziehen sich in der logistischen Kette vor allem auf eine verbesserte Auftrags- und Kundenorientierung, Wirtschaftlichkeit sowie bessere Integration in den Produktionsprozess.

Auftrags- und Kundenorientierung

Durch die *absatzgesteuerte Produktionsprogrammplanung* soll die bessere Durchgängigkeit zum Auftragsgewinnungsprozess erreicht werden. Ziel ist es u.a., sich stärker am aktuellen Auftragsbestand und an den eingegangenen Aufträgen zu orientieren.

Wirtschaftliche Losgrößen

Der Einsatz von Verfahren zur *Losgrößenoptimierung* stellt sicher, dass wirtschaftliche Lose produziert oder beschafft werden können. Produktions- und Beschaffungsmengen müssen oft nach den spezifischen Anforderungen im Produktionsprozess, wie beispielsweise kleine Losgrößen oder kurze Bestellzyklen, gebildet werden.

Vermeiden von Kapazitätsschwankungen

Durch einen *auftragsbezogenen Kapazitätsabgleich* wird versucht, drohende Kapazitätsüber- bzw. -unterlastung frühzeitig zu erkennen und durch disponierende Gegenmaßnahmen zu vermeiden.

Integration in den Produktionsprozess

Die Integration der Produktionsvorbereitung in den Produktionsprozess schafft direkte, bessere Kommunikationswege für die Mitarbeiter und verbessert die Reaktionsfähigkeit bei Störungen. In Produktionscentern werden beispielsweise die Anlaufbetreuung, die Fertigungsplanerstellung, der kontinuierliche Verbesserungsprozess (KVP, engl.: continuous improvement process = CIP) und teilweise auch die Investitions- und Kostenplanung „vor Ort" verantwortet.

5.2.3 Optimierungsansätze und -verfahren

Optimierungsansätze

Im Folgenden werden in den Kapiteln 5.2.3.1 bis 5.2.3.3 das Konzept der absatzgesteuerten Produktionsprogrammplanung, die Losgrößenoptimierung und der auftragsbezogene Kapazitätsabgleich betrachtet. Die

Integration der Produktionsvorbereitung in den Produktionsprozess wird als ein weiterer übergreifender Ansatz der Prozessoptimierung in Kapitel 5.2.3.4 dargestellt.

Zu speziellen Verfahren der Produktionsplanung wie Vorranggrapherstellung, Leistungsabstimmung, Reihenfolgeplanung und Produktionssystemplanung wird auf vertiefende Literatur verwiesen (HACKSTEIN 84, ROTH 93, THALER 93a, KURBEL 95, Literaturangaben am Ende von Kapitel 5).

Vertiefung: spezielle Verfahren

5.2.3.1 Absatzgesteuerte Produktionsprogrammplanung

Viele Unternehmen, insbesondere Programm- und Serienfertiger, legen langfristig Absatzzahlen für zu produzierende Produkte, Typen oder Varianten fest. Hierzu werden i.d.R. ein Vertriebsprogramm und für die Produktion ein Produktionsprogramm aufgestellt und periodisch aktualisiert.

Absatzgesteuerte Produktionsprogrammplanung

Während sich das Vertriebsprogramm an den für die Kunden relevanten Optionen wie wählbaren Varianten oder Typen orientiert, wird das *Produktionsprogramm* (engl.: production program) nach produktionstechnischen und logistischen Kriterien gebildet, beispielsweise nach wirtschaftlichen Losgrößen, Baureihenfolgen oder dem verfügbaren Kapazitätsangebot (vgl. THALER 93a).

Definition: Vertriebs- und Produktionsprogramm

Die Aktualisierung des Vertriebs- bzw. Produktionsprogramms erfolgt laufend, beispielsweise im Monats- oder Halbjahresraster, bis hin zum kurzfristigen Produktionsprogramm, das auf Wochen- oder Tagesbasis beruht. Im Auftragsgewinnungsprozess wird für das Vertriebsprogramm der Auftragsbestand kontinuierlich fortgeschrieben. Oftmals ist eine mittel- und langfristige Prognose erforderlich.

Laufende Aktualisierung im Zeitraster

Ein wesentliches Prozessergebnis der Produktionsprogrammplanung ist die Einplanung eingegangener Bestellungen, die als Produktionsaufträge laufend in das Produktionsprogramm eingeplant werden. Das Produktionsprogramm wird – möglichst auf Stückzahlbasis – festgeschrieben, um hieraus den Ressourcenbedarf sowie die mittel- und langfristige Produktionsauslastung ermitteln zu können. Dies ist üblicherweise der Rahmen für die Mengen-, Termin- und Kapazitätsplanung. Über die Erzeugnisstruktur fließen die Ergebnisse in die Bedarfsrechnung ein.

Laufende Einplanung der Bestellungen

Bei der Produktionsprogrammplanung treten in der Praxis oft folgende Schwierigkeiten auf:

Probleme: Produktionsprogrammplanung

- Die mittel- und langfristig festgelegten Zahlen im Vertriebsprogramm weichen vom aktuellen Istproduktionsprogramm ab.
- Der Spielraum bei der Auftragseinplanung ist eingeschränkt.
- Absatzprognosen sind mit hohen Unsicherheiten behaftet.
- Aus Unwägbarkeiten heraus wird teilweise teuer „auf Vorrat" beschafft und produziert.

- Planungsabweichungen führen bei der Festlegung des Personalbedarfs zu schwankender Kapazitätsauslastung.
- Auftretende Produkt- und Mengenänderungen führen zu Mehraufwand und Verlusten.

Schließen der logistischen Kette

Die absatzgesteuerte Produktionsprogrammplanung zielt in einem übergreifenden Ansatz auf das „Schließen" der logistischen Kette, insbesondere zwischen Produktionsprogrammplanung und Auftragsgewinnung. Das Produktionsprogramm und letztlich auch der Produktionsprozess richten sich am aktuellen Auftragsbestand und den eingegangenen Aufträgen aus. Die Produktion auf Lager wird reduziert und damit das Bestandsrisiko für Halbfabrikate und Endprodukte.

Es sind einige wichtige Voraussetzungen für die absatzgesteuerte Produktionsprogrammplanung zu beachten:

- Vertriebs- und Produktionsprogramm müssen systematisch abgeglichen werden, um Kapazitätssprünge zu vermeiden.
- Einer hohen Varianten- und Teilevielfalt im Vertriebsprogramm wird durch Standardisierung, System- oder Modulbildung entgegnet (vgl. Kapitel 4.3.1).
- Die Bedarfsrechnung sollte aktuell und möglichst vollständig sein.
- Die Produktionsprogrammplanung sollte eine hohe Produktionsflexibilität erlauben.
- Dienstleister in der logistischen Kette müssen eingebunden werden, es sind kurze Durchlauf- bzw. Lieferzeiten in der Produktion und bei den Lieferanten zu erreichen.

5.2.3.2 Losgrößenoptimierung

Losgrößenoptimierung

Losgrößen (engl.: batch size) müssen in der logistischen Kette insbesondere für die Produktion und Beschaffung optimiert werden, um durch Bündelung der Mengen bezogen auf Herstellung, Lagerung und Transport, einen wirtschaftlich sinnvollen Aufwand zu betreiben.

Die Losgrößenoptimierung bezieht sich auf Produktionslose, Beschaffungslose und Transportlose. Ziel ist es, eine unter den jeweiligen Bedingungen optimale Losgröße bzw. einen optimalen Losgrößenbereich zu ermitteln.

Abbildung 5.4 zeigt das Modell der Losgrößenrechnung, das sich auf dem Ansatz von ANDLER (vgl. HACKSTEIN 84, OELDORF 94, SCHULTE 95) begründet. In diesem Modell wird die Losgröße bzw. die Bestellmenge nach ihren Gesamtkosten ermittelt, die sich aus einem Anteil Lagerhaltungskosten sowie einem Anteil Bestell- bzw. Rüstkosten zusammensetzen. Der optimale Losgrößenbereich ergibt sich aus der Kurvenüberlagerung beider Anteile.

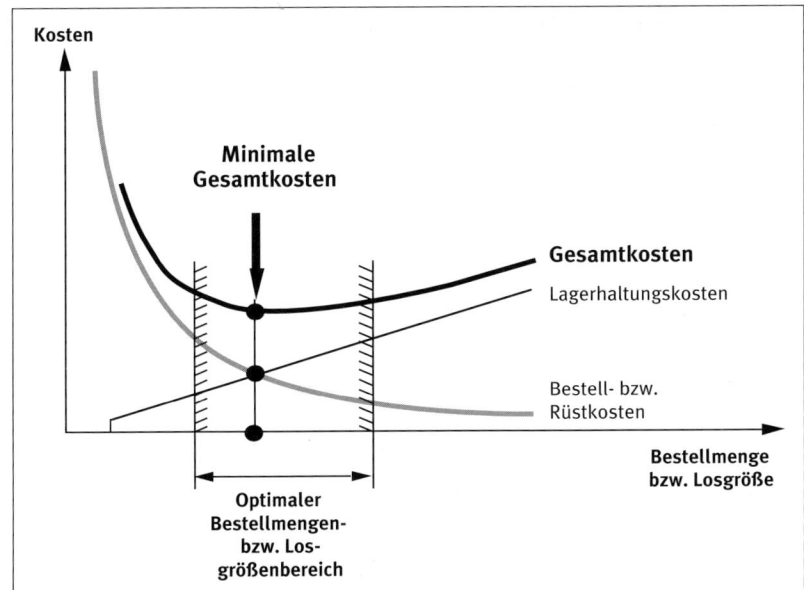

Ermittlung optimaler Losgrößen und Bestellmengen

Abb. 5.4 Losgrößenrechnung

Ein Los ist diejenige Menge einer Serie, die ohne Umrüsten produziert werden kann. Große Lose senken die Rüstkosten, da seltener umgerüstet werden muss, sie erhöhen jedoch die Lager- und Zinskosten für das in den Produkten gebundene Kapital. Die optimale Losgröße liegt da, wo die Summe aus Rüstkosten einerseits, Lager- und Zinskosten andererseits minimiert werden.

Bestell- bzw. Rüstkosten umfassen alle Kosten, die pro Los anfallen. Lagerkosten errechnen sich aus dem durchschnittlichen Lagerbestand und dem gebundenen Kapital.

Rechnerische Ermittlung

Zur Losgrößenrechnung wird folgende Formel verwendet:

Gesamtkosten $\quad=$ Bestell- / Rüstkosten + Lagerkosten

$$K_{Ges} \;=\; B \cdot \frac{M}{X} \;+\; \frac{X}{2} \cdot P \cdot \frac{Z + LK}{100}$$

Gesamtkosten:	K_{Ges}	Mittlerer Lagerbestand:	$\frac{X}{2}$
Bestell-/Rüstkosten:	B	Preis:	P
Losgröße:	X	Zinsen für geb. Kapital (%):	Z
Jahresstückzahl:	M	Lagerkostenanteil (%):	LK

Die Gesamtkosten sind minimal (vgl. *Abbildung 5.4*), wenn gilt:

Bestell-/Rüstkosten = Lagerkosten

$$B \cdot \frac{M}{X} = \frac{X}{2} \cdot P \cdot \frac{Z + LK}{100}$$

also
$$B \cdot M = \frac{X^2}{2} \cdot P \cdot \frac{Z + LK}{100}$$

oder
$$X^2 = \frac{2 \cdot B \cdot M}{P \cdot \dfrac{Z + LK}{100}}$$

Optimale Losgröße bzw. Bestellmenge

Nach der Andlerschen Losgrößenformel ergibt sich damit die optimale Losgröße bzw. Bestellmenge als:

$$X_0 = \sqrt{\frac{200 \cdot M \cdot B}{P \cdot (Z + LK)}}$$

Voraussetzungen

Für die Anwendung ist zu beachten, dass die Bezugsgröße M die Jahresstückzahl ist. Es wird von losgrößenabhängigen Bestell- und Rüstkosten ausgegangen, d.h., der Kostenanteil sinkt, wenn die Losgröße X (Stückzahl) zunimmt. Dies ist in der Formel der Gesamtkosten aus dem Quotienten der Jahresstückzahl zur Losgröße X ersichtlich, der in der Fertigung der Zahl der Umrüstvorgänge (pro Jahr) entspricht.

Die Lagerhaltungskosten steigen proportional mit zunehmender Losgröße. In der Andlerschen Formel wird der mittlere Lagerbestand mit X/2 angesetzt, was dem durchschnittlichen Umlaufbestand entspricht. Der Lagerkostenanteil LK wird als Prozentanteil aus den Lagerkosten pro Teil im Verhältnis zum Preis berechnet. Eine zweite Möglichkeit ist, den Lagerkostenanteil als Prozentanteil aus den gesamten Lagerkosten pro Jahr im Verhältnis zum durchschnittlichen Lagerbestand zu ermitteln.

Beispiel: Losgrößenrechnung

Ein Unternehmen produziert Kunststoffteile für einen Kunden auf einer Produktionsanlage im Zweischichtbetrieb. In Abhängigkeit der Rüstkosten für die Anlage sowie der Lagerkosten der produzierten Güter ist die optimale Losgröße X_0 zu ermitteln. Es wird angenommen, dass sich die Rüstkosten aus Zeitanteilen für Rüsten, bewertet mit Lohnkosten, sowie Zeitanteilen für Maschinenzeit, bewertet mit Maschinenkosten, errechnen lassen. Der Lagerkostenanteil lässt sich aus dem Anteil der stückbezogenen Flächen-/Handlingskosten im Verhältnis zum Stückpreis ermitteln. Welche Gesamtkosten ergeben sich für die optimale Losgröße? Wie viele Lose sind im Betrachtungszeitraum eines Jahres aufzulegen?

Gegeben sind:

Jahresstückzahl	M:	14.000 Stück
Preis	P:	40,– pro Stück
Rüstkosten	B = L + MK	
Lohnkosten	L:	1 Mitarbeiter · 2 h · 40,– = 80,–
Maschinenkosten	MK:	2 h · 50,– = 100,–
Lagerkostenanteil	LK:	(F/P) · 100 = 5 %
Zinsen	Z:	5 %
Flächen-/Handlingskosten	F:	2,–/Stück

Lösung:

$$X_0 \;=\; \sqrt{\frac{200 \cdot 14.000 \cdot 180}{40 \cdot (5 + 5)}} \;=\; \sqrt{1.260.000}$$

Optimale Losgröße (gerundet): 1120 Stück

$$K_{Ges} \;=\; 180,- \cdot \frac{14.000}{1120} + \frac{1120}{2} \cdot 40,- \cdot \frac{5 + 5}{100} = 4490,-$$

Anzahl aufgelegter Lose pro Jahr: 14000/1120, entspricht 12 Losen.

Bei der praktischen Anwendung der Losgrößenrechnung sollte auf die spezifische Zusammensetzung der Kostenanteile geachtet werden. In der Praxis werden oft folgende Kostenbestandteile berücksichtigt:

Anwendung

Bestell- und Rüstkosten	Lagerhaltungskosten
Mindermengenzuschlag beim Vormaterial (je Beschaffungslos)	interne Transportkosten (je Transporteinheit)
Kosten der Eingangsprüfung beim Vormaterial (je Beschaffungslos)	interne Lagerumschlagskosten (je Lagereinheit)
Kosten der Bestellabwicklung (je Beschaffungslos)	interne Flächenkosten (je Lagereinheit)
Werkzeugkosten (je Produktionslos)	
Rüstkosten (je Produktionslos)	
Kosten Anlaufprüfung, Qualitätsprüfung (je Produktionslos)	
Dispositions- und Steuerungskosten (je Produktionslos)	

5.2.3.3 Auftragsbezogener Kapazitätsabgleich

Kapazitäts- und Terminplanung

Um Kundenaufträge wirtschaftlich abzuwickeln und Liefertermine einzuhalten, erfolgt im Unternehmen für alle eingehenden Aufträge eine möglichst genaue Abschätzung hinsichtlich des benötigten Zeitbedarfs in allen Bearbeitungsstufen. Dem auftragsbezogenen Kapazitätsbedarf steht ein produktionsbezogenes Kapazitätsangebot gegenüber, welche im Zeitverlauf miteinander abgeglichen werden müssen (vgl. THALER 93a).

Kapazitätsabgleich

Der *Kapazitätsabgleich* (engl.: capacity balancing) ist Aufgabe der Kapazitäts- und Terminplanung (*Abbildung 5.5*, vgl. auch *Abbildung 5.3*). Im Zusammenhang mit dem Produktionsprogramm müssen Termine und Kapazitäten festgelegt, die Termin- und Kapazitätssituation laufend verfolgt und gegebenenfalls Anpassungsmaßnahmen eingeleitet werden. Dies wird auch als Termin- und Kapazitätssteuerung bezeichnet.

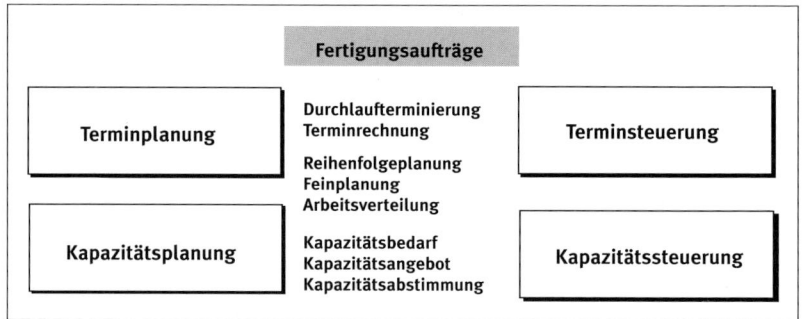

Abb. 5.5   Aufgaben der Kapazitäts- und Terminplanung

Kapazitätsrechnung

Die für den Kapazitätsabgleich notwendige *Kapazitätsrechnung* wird auf Basis bekannter oder geschätzter Bearbeitungszeiten der Produktionsschritte durchgeführt und geht zunächst vom Idealfall freier, d.h. nicht belegter Kapazitäten aus.

Prinzip der Kapazitätsrechnung

In *Abbildung 5.6* wird das Prinzip einer Kapazitätsrechnung dargestellt. Im linken Ast wird die Kapazitätsrechnung bezogen auf das Produktionssystem, d.h. das Kapazitätsangebot, durchgeführt. Einflussfaktoren auf das Kapazitätsangebot sind u.a. die Betriebszeit, der Leistungsgrad und der Nutzungsgrad.

Einflussfaktoren

Die Kapazitätsrechnung bezogen auf den Kapazitätsbedarf, d.h. auftragsbezogen, wird oft durch Auflösen der Arbeitspläne oder Stücklisten der Produkte ermittelt (*Abbildung 5.6*, rechter Ast). Einflussfaktoren sind neben der Stückzahl und der Teileanzahl des Produkts die summierten Fertigungszeiten für alle Fertigungs- und Montagevorgänge sowie Zuschlagssätze und -zeiten (z.B. für Transport oder Lagerung).

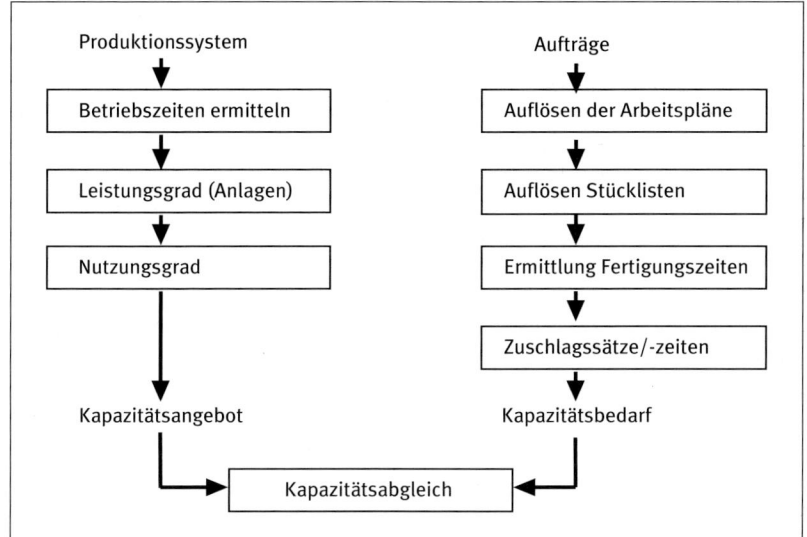

Abb. 5.6   Kapazitätsrechnung und Kapazitätsabgleich

In einem Unternehmen werden Anlagenschalter an einer Reihe von Montagearbeitsplätzen hergestellt. Es stehen zehn Montagetische mit Vorrichtungen zur Verfügung, die flexibel umrüstbar sind und somit eine 100-%-Nutzung erlauben. Für die Mitarbeiter ist eine Anwesenheit von 8 Std. pro Arbeitstag (AT) gegeben, abzüglich einer Stunde für Pausen und Verteilzeit. Der Leistungsgrad der Mitarbeiter wird mit 100 % angesetzt. Aufgrund eines Auftrages von 240 Schaltern, für die jeweils ein Montageumfang von 9 Minuten vorausgesetzt werden kann, ist durch die Kapazitätsrechnung der Mitarbeiterbedarf zu errechnen.

Beispiel:
Kapazitätsrechnung

Lösung:

Kapazitätsbedarf: $C_b = n \cdot t_e \cdot S_n = 240 \cdot 9 \cdot 100\,\% = 2160\ \text{min}/\text{AT}$

C_b:　　　　Kapazitätsbedarf / Arbeitstag

n:　　　　Stückzahl / AT

t_e:　　　　Vorgabezeit / Stück

S_n:　　　　Systemnutzungsgrad (%)

Kapazitätsangebot: $C_a = (t - t_v) \cdot L = (480 - 60) \cdot 100\,\% = 420\ \text{min}/\text{AT}$

C_a:　　　　Kapazitätsangebot / AT

t:　　　　Anwesenheitszeit / AT

t_v:　　　　tarifliche Pausen und sonstige Zeitabschläge / AT

L:　　　　Leistungsgrad (%)

Aus dem Verhältnis Kapazitätsbedarf zu Kapazitätsangebot errechnet sich:

$$\frac{C_b}{C_a} = \frac{2160}{420} = 5,1$$

Es werden also 5 Mitarbeiter benötigt.

Terminierung

Sind der Kapazitätsbedarf und das tatsächlich frei verfügbare Kapazitätsangebot bekannt, können Aufträge terminiert, d.h. hinsichtlich ihrer Auftragsdurchlaufzeit geplant werden (Durchlaufterminierung). Hierzu werden Lieferaufträge in Fertigungsaufträge umgesetzt und meist eine Belegungsplanung für Maschinen und Anlagen durchgeführt.

Vorwärts- und Rückwärtsterminierung

Die Terminierung lässt sich vorwärts oder rückwärts durchführen (*Abbildung 5.7*).

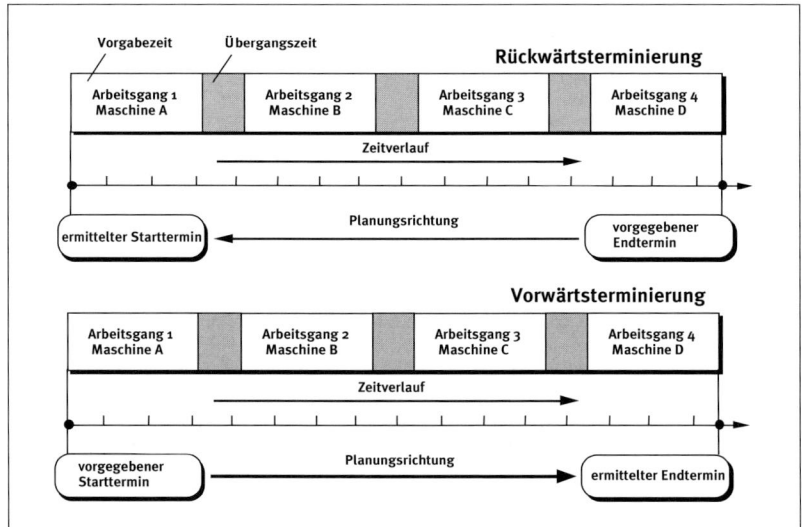

Abb. 5.7   Vorwärtsterminierung und Rückwärtsterminierung

Bezug Start- und Endtermin

Die *Rückwärtsterminierung* geht von einem vorgegebenen Endtermin in der Zukunft, beispielsweise dem gewünschen Liefertermin, aus und ermittelt den möglichen Starttermin in der Gegenwart unter Einbezug des Kapazitätsangebots. Die *Vorwärtsterminierung* geht von einem vorgegebenen Starttermin der Gegenwart aus und ermittelt den Endtermin in Richtung des Zeitstrahls.

Belastungsprofil

Die Terminierung wird im zeitlichen Ablauf periodisch durchgeführt. Mit Hilfe des Belastungsprofils kann ersichtlich gemacht werden, wo im Ergebnis die Planbelastung der Kapazitäten durch die anstehenden Aufträge stattfindet, wo Kapazitätsengpässe auftreten und wie sich die Durchlaufzeiten einzelner Aufträge in Abhängigkeit von der aktuellen Kapazitätssituation verhalten.

In der Praxis treten im Rahmen der Kapazitäts- und Terminplanung einige Probleme auf:

Probleme: Kapazitäts- und Terminplanung

- Die langfristige Kapazitätsplanung basiert oft auf unzuverlässigen Plan- und Vorschaudaten im Auftragsgewinnungsprozess, eine langfristige Personalplanung ist daher nicht möglich.

- Die Ermittlung der Liefertermine wird „per Daumen" vorgenommen, da keine aktualisierten Fortschrittsmeldungen über den laufenden Bearbeitungsstand vorhanden sind.

- Eine Diskrepanz zwischen geplantem und tatsächlichem Kapazitätsbedarf bewirkt, dass Aufträge nicht rechtzeitig erfüllt werden können.

- Es ist nicht immer bekannt, welche Kapazitätsgrenzen die kritischen Lieferanten haben, sodass bei Mengen- und Terminänderungen auch Lieferausfälle eintreten können.

- Die Planung von Kapazitäten und Terminen über mehrere Stufen der logistischen Kette gestaltet sich schwierig, da oft nur sukzessiv und nicht simultan geplant werden kann.

Die beschriebenen Effekte werden durch Lieferabrufsysteme noch verstärkt (siehe Kapitel 6.1). Kapazitätsunter- oder Kapazitätsüberlastung sind eine häufige Folge.

Zur durchgängigen Prozessoptimierung sind einige Voraussetzungen zu schaffen:

Voraussetzungen zur Prozessoptimierung

- Ein regelmäßiges „Durchsprechen" der langfristigen Vorschaudaten zwischen Lieferanten bzw. Abnehmern ist ein sinnvolles Instrument zur Verbesserung der Personal- und Kapazitätsplanung.

- Der Kapazitätsabgleich sollte sich am aktuellen Kapazitätsangebot orientieren. Eine probate Möglichkeit ist die Rückmeldung des Arbeitsfortschritts über die rechnergestützte Betriebsdatenerfassung. Durch eine Simultanplanung von Bedarf und Kapazitäten in der logistischen Kette können Kapazitätsschwankungen reduziert werden.

- Die Ermittlung des Kapazitätsbedarfs sollte aktuell und möglichst vollständig sein, um unnötig belegte Kapazitäten zu vermeiden.

- Die „kritischen" Kapazitätsgrenzen bei Mengenänderungen müssen zwischen Lieferanten und Abnehmern abgestimmt werden.

Der mehrstufige Abgleich von Bedarf und Kapazitäten in der logistischen Kette wird über Simultanplanungssysteme vorgenommen. Voraussetzung für die Simultanplanung ist die Verfügbarkeit von Daten der Produktions-, Lager- und Lieferkapazitäten, die z.B. über lokale Anwendungs-

Beispiel: Simultanplanung von Bedarf und Kapazitäten in der logistischen Kette

135

systeme von verschiedenen Werken, Distributionslagern oder bei einzelnen Lieferanten laufend übertragen werden. Das im Simultanplanungssystem abgebildete Logistiknetz kumuliert die ermittelten Kapazitätsangebote, die systemtechnisch gegen den laufend geplanten Kundenbedarf, ermittelt aus Aufträgen, gespielt werden. Bei Veränderung von Bedarf bzw. Aufträgen können im Rahmen einer Grobplanung Engpässe aufgezeigt werden. So kann aus einer Änderung des Kapazitätsangebotes beispielsweise eine Auftragsverschiebung resultieren, eine Auftragssplittung oder eine Personalaufstockung notwendig werden. Ebenso können sich aus Auftragsänderungen Transportrestriktionen und Programmverschiebungen ergeben. Die Simultanplanung ist dementsprechend ein Hilfsmittel, die mittelfristige Kapazitäts-, Auftrags- und Personalplanung in der logistischen Kette zu optimieren.

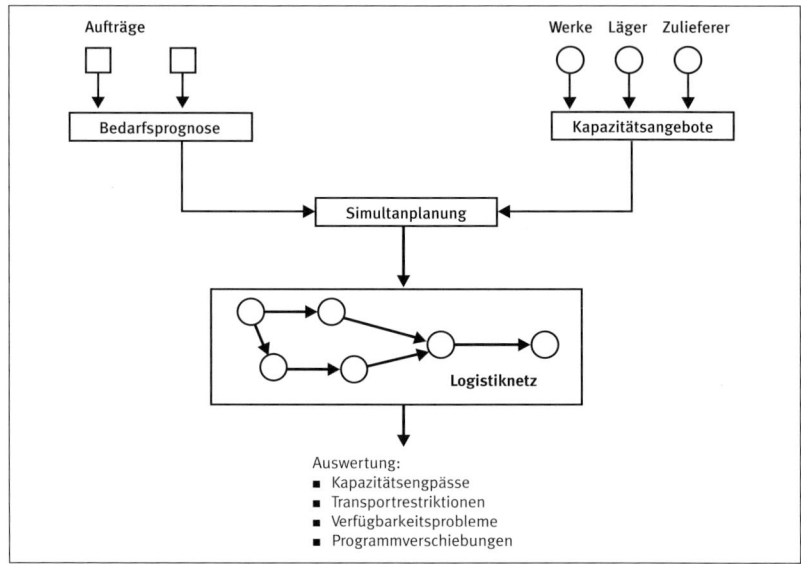

Abb. 5.8   Simultanplanung in der logistischen Kette

5.2.3.4 Prozessintegration der Produktionsvorbereitung

Produktionsvorbereitung Die *Produktionsvorbereitung* (engl.: production planning) umfasst die Planung der benötigten Anlagen, Betriebsmittel, Fertigungsunterlagen und Hilfsmittel bis zur Freigabe der Fertigung. Neben der laufenden Arbeitsplanung werden Neuprojekte durchgeführt, wie beispielsweise die Logistik- und Materialflussplanung für den Produktionsanlauf neuer Erzeugnisse.

Zusammenfassung: Aufgabenzusammenhang In der nachfolgenden Tabelle ist der typische Aufgabenzusammenhang der Produktionsvorbereitung dargestellt:

Produktionsvorbereitung (dt. / engl.)	Aufgabe / Ergebnis
Fertigungsplanung / manufacturing planning	Planung des Fertigungslayouts, Maschinenanordnung, Betriebsmittelplanung
Materialflussplanung / planning of material flow	Planung der innerbetrieblichen Logistik, Auswahl von Förder- und Transportmitteln
Fertigungsgerechte Erzeugnisgestaltung / design for manufacturing	Zusammenarbeit mit der Konstruktion: fertigungs- und montagegerechte Produktgliederung, Beratung der Konstruktion in montage- und fertigungstechnischen Fragen
Fertigungsplanerstellung / work plan generation	Erstellung von Arbeitsplänen und Arbeitsunterlagen, Fertigungsstücklisten, Ermittlung des Bedarfs an Fertigungsmitteln, Festlegung von Arbeitsgängen, Werkzeugen und Vorgabezeiten
Fertigungsfreigabe / permission to produce	Freigabe des Betriebsmittels/Fertigungssystems für die Produktion
Neuanlauf / production start-up	Querschnittsaufgabe: Vorbereitung des Neuanlaufs von Erzeugnissen

Ein Beispiel, wie im zeitlichen Ablauf der *Fertigungsplanung* phasenweise von der Konzeption zur Realisierung, Test und Inbetriebnahme des Produktionssystems in den laufenden Betrieb übergegangen wird, zeigt *Abbildung 5.9*.

Beispiel: Fertigungsplanung

Die Grobplanung umfasst hierbei die Schritte Montagesystementwicklung und Grobablaufplanung. Ergebnisse sind u.a. die Montagestruktur, das Groblayout und der Kapazitätsbedarf sowie die Grobablaufstruktur, die in der Montage mit Hilfe des Vorranggraphen abgebildet werden kann (vgl. THALER 93a).

Grobplanung

Die Feinablaufplanung umfasst die Schritte Montagesystemkonkretisierung und Feinablaufplanung, die zu einer weiteren Detaillierung des Layouts sowie Fertigstellung der Montageunterlagen führen.

Feinablaufplanung

Aufgabe	Eingangsinformation	Ergebnis
GROBPLANUNG — **Montagesystem-entwicklung** - Arbeitssystem konzipieren - Systemstruktur entwickeln - Kapazität planen	- Montageaufgabe - Produktionsprogramm - Flächenmaße - Verkettungsprinzip	- Montagestruktur - Groblayout - Kapazitätsbedarf
Grobablaufplanung - Erzeugnis strukturieren - Grobablauf planen	- Stückliste - Zeichnung	- Vorranggraph - Grobablaufstruktur
FEINPLANUNG — **Montagesystem-konkretisierung** - Prinziplösung - Arbeitsstation planen - Verkettungsmittel planen	- Montagestruktur - Groblayout	- Feinlayout - Arbeitsstationen - Verkettungsmittel
Feinablaufplanung - Montageinhalte festlegen - Montageplan und Montage-unterlagen erstellen	- Vorranggraph - Produktionsprogramm - Betriebsmittelkatalog - Vorgabezeitkatalog	- Montageplan - Arbeitsunterweisung - Kalkulationsblatt

Abb. 5.9   Phasen und Ergebnisse der Montageplanung (THALER 93a)

Probleme: Produktionsvorbereitung

In der Praxis der Produktionsvorbereitung treten oft eine Reihe von Problemen auf (vgl. THALER 93a):

■ Auf notwendige Erfordernisse im laufenden Produktionsprozess kann nicht eingegangen werden, da durch eine organisatorische und räumliche Trennung der Produktionsvorbereitung vom Produktionsprozess eine gute interne Kommunikation und Reaktionsfähigkeit nicht gegeben ist.

■ Die Planung und Gestaltung von Produktionssystemen wird teilweise wenig systematisch durchgeführt, da nicht auf methodische Hilfsmittel zurückgegriffen wird.

■ Fertigungs- und Montagepläne sowie Arbeitsunterlagen werden nicht laufend aktualisiert, da Produkt- und Verfahrensänderungen über die logistische Kette nicht durchgängig beherrscht werden.

Gestaltungsmaßnahmen

Für die Produktionsvorbereitung sind daher einige wichtige Gestaltungsmaßnahmen zur übergreifenden Prozessoptimierung notwendig.

Begriff	Beschreibung
Bildung von Produktionscentern	Durch die Bildung von Produktionscentern (engl.: production center) entstehen Kompetenzbereiche mit eigener, kompletter Verantwortung bei der Arbeitsdurchführung, insbesondere bei der Ablauf- und Zeitplanung. Dies bedingt eine eigenverantwortliche Erstellung von Arbeitsplänen, Mitarbeit bei der Arbeitsgestaltung, Übernahme der Betriebmittelverwaltung, -beschaffung und -wartung. Aufgaben der laufenden Produktionsvorbereitung werden damit „in den Produktionsprozess integriert" und dezentralisiert.
Verlagerung von Verantwortung an den Ort der Arbeitsdurchführung	Die Verlagerung von Verantwortung an den Ort der Arbeitsdurchführung sollte differenziert vorgenommen werden. Beispielsweise ist es durchaus sinnvoll, werks- und gruppenübergreifende Aufgaben wie die Arbeitsbewertung oder Zeitwirtschaft zentral auszuführen.
Minimierung flusshemmender Faktoren	Zur Planung, Gestaltung und Inbetriebnahme von Produktionssystemen ist das Zusammenwirken mehrerer Bereiche und der Einbezug wichtiger Lieferanten notwendig. Durch Simultaneous Engineering wird ein durchgängiger Material- und Informationsfluss vom Lieferanten bis zum Kunden geschaffen (vgl. Kapitel 4.3.2). Es werden Abläufe in der Fertigung und Montage entflochten und flusshemmende Faktoren, insbesondere Organisationsgrenzen quer zum Auftrags- oder Materialfluss, minimiert.
Änderungsmanagement	Ein durchgängiges Änderungsmanagement über den Produktplanungs- und Produktentwicklungsprozess bis in die Produktionsvorbereitung stellt eine weniger fehleranfällige Planung und qualitativ bessere Fertigungsunterlagen sicher.

5.3 Beschaffungsprozess

5.3.1 Aufgabenzusammenhang

Definition:
Beschaffungsprozess

Der *Beschaffungsprozess* (engl. purchasing process, auch: procurement) begleitet und erfüllt alle beschaffungslogistischen Aufgaben bis zur Warenannahme und Rechnungsprüfung und umfasst die Bedarfsermittlung, Lieferantenauswahl, Bestandsplanung und -führung sowie die Bestellabwicklung.

Wesentliches Ziel ist die Sicherstellung der mengen- und zeitgerechten Versorgung des Unternehmens mit Beschaffungsgütern. Hierzu wird als eine wesentliche Eingangsgröße der Materialbedarf ermittelt (*Abbildung 5.10*).

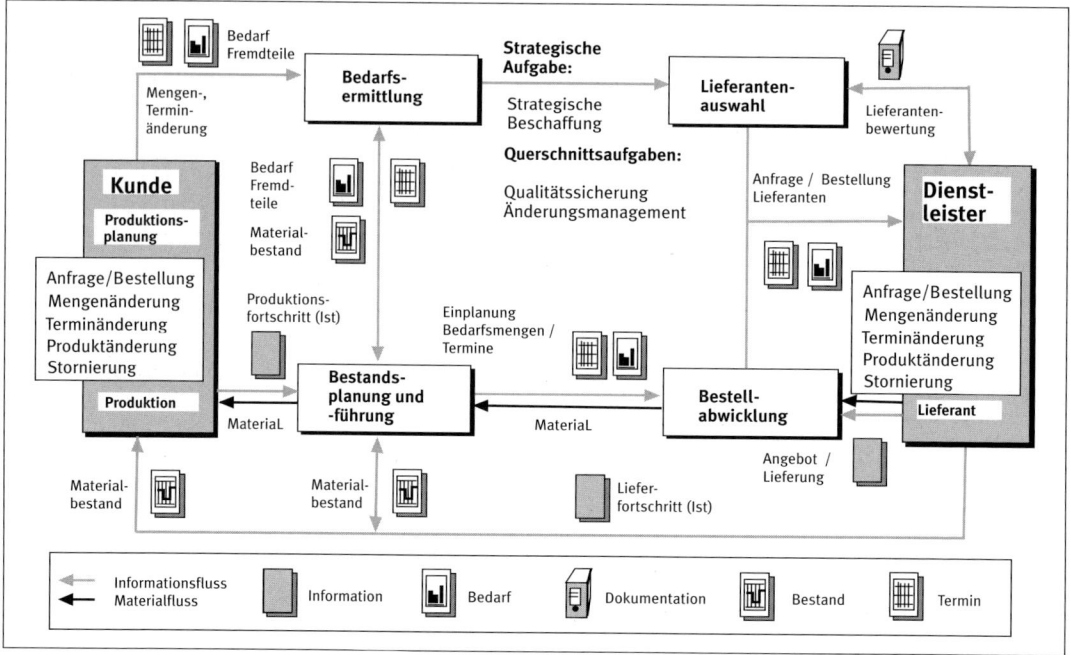

Abb. 5.10   Übersichtsmodell Beschaffungsprozess

Bedarfsermittlung

Über die *Bedarfsermittlung* (engl.: material requirement planning) werden die benötigten Teile, Komponenten, Roh-, Hilfs- und Betriebsstoffe festgelegt, die fremdbeschafft werden müssen. Dazu erfolgt ein Abgleich mit dem Materialbestand. Im Ergebnis wird der benötigte Bedarf über die Bestellabwicklung beim Lieferanten geordert.

Bestandsplanung und -führung

Die *Bestandsplanung und -führung* (engl.: stock management) stellt den laufenden Abgleich des eingehenden Bedarfs mit dem aktuell verfügbaren Materialbestand sicher. Hiermit ist die Disposition und Planung der Versorgung an Beschaffungsgütern verbunden. Weitere Aufgaben sind die

Bestandsverfolgung, beispielsweise für kritische Teile, die Wiederbeschaffung für den laufenden Bedarf sowie die Bestandsoptimierung.

Die *Bestellabwicklung* (engl.: purchase order handling) deckt die operativen Aufgaben des Beschaffungsprozesses ab, wie Einholen von Angeboten, Angebotsvergleich, Angebotsauswertung, Auslösung des Eingangstransportes, Wareneingangserfassung sowie Rechnungsprüfung.

Bestellabwicklung

Die *Lieferantenauswahl* (engl.: supplier selection) ist im Zusammenhang mit der *strategischen Beschaffung* (engl.: strategic purchasing) zu sehen. Da in den meisten Unternehmen laufend nach günstigen und innovativen Lieferanten gesucht wird, hat die Suche nach neuen Beschaffungsquellen oft einen hohen Stellenwert. Hierzu ist es vor allem wichtig, Lieferanten systematisch auszuwählen und zu bewerten sowie spezifische Bewertungskriterien aufzustellen. Neben der Lieferantenauswahl und -bewertung sind weitere strategische Aufgaben das Festlegen von Zielpreisen und Konditionen, Rahmenvereinbarungen sowie Vergabestrategien u.v.m. (vgl. ARNOLD 95).

Lieferantenauswahl

Die *Qualitätssicherung* stellt im Beschaffungsprozess eine Querschnittsaufgabe dar. Neben den Qualitätsprüfungen im Wareneingang gewinnt die Zertifizierung bzw. Auditierung des Materiallieferanten an Bedeutung. Das *Änderungsmanagement* stellt im Beschaffungsprozess die durchgängige Änderung von Bedarfsmengen, Terminen oder von Änderungen des Produktes sicher, wie beispielsweise bei Materialsubstitution.

Querschnittsaufgabe

Die nachfolgende Tabelle zeigt zusammenfassend den typischen Aufgabenzusammenhang im Beschaffungsprozess in der logistischen Kette.

Zusammenfassung: Aufgabenzusammenhang

Beschaffungsprozess (dt. / engl.)	Zielsetzung / Ergebnis in der logistischen Kette
Lieferantenauswahl / supplier selection	lieferantenseitig: Festlegung der möglichen Beschaffungsquellen, Lieferantenauswahl und -bewertung, Festlegen von Preisen und Konditionen, Abschluss von Rahmenvereinbarungen, Erschließen neuer Lieferanten, Festlegen Vergabestrategie
Bedarfsermittlung / material requirements planning	kundenseitig zur Produkionsplanung und Produktion: Ermittlung der benötigten Teile, Komponenten, Roh-, Hilfs- und Betriebsstoffe, Abgleich mit aktuellem Materialbestand

Beschaffungsprozess (dt. / engl.)	Zielsetzung / Ergebnis in der logistischen Kette
Bestandsplanung und -führung / stock management	Disposition und Planung der Versorgung, Bestandsverfolgung, Wiederbeschaffung, Bestandsoptimierung
Bestellabwicklung / order processing	lieferantenseitig: Einholen von Angeboten, Angebotsvergleich, Angebotsauswertung, Eingangstransport, Wareneingangserfassung, Rechnungsprüfung
Strategische Beschaffung / strategic purchasing	Festlegen von Zielpreisen, Festlegen von Konditionen, Abschluss von Rahmenvereinbarungen, Definition einer Vergabestrategie (Zusammenhang zur Lieferantenauswahl)
Qualitätssicherung / quality management	Qualitätsprüfung im Wareneingang, Zertifizierung/Auditierung des Materiallieferanten
Änderungsmanagement / life cycle management	Beherrschen der Änderungen von Mengen, Änderung von Lieferterminen, Stornierung, Produktänderungen (Materialsubstitution)

5.3.2 Gestaltungsziele

Gestaltungsziele

Für viele Unternehmen ist es wichtig, fähige Lieferanten in die Schlüsselprozesse zu integrieren. In vielen Fällen beträgt der Materialwert für Fremdbeschaffung bis zu 50 % der Herstellkosten, im Maschinen- und Anlagenbau teilweise sogar bis zu 70 %. Damit ist nachvollziehbar, dass sich viele Gestaltungsmaßnahmen und -ziele im Beschaffungsprozess auf die direkte Potenzialerschließung beim Zulieferer beziehen (vgl. KOPPELMANN 94).

Potenzialerschließung im Beschaffungsprozess

Zur Potenzialerschließung sollte der Zusammenhang im Zielsystem des Beschaffungsprozesses betrachtet werden (*Abbildung 5.11*). Eine eindimensionale Optimierung, beispielsweise in Richtung der alleinigen Senkung der Einkaufspreise birgt in der Regel die Gefahr einer Verschlechterung der Zielerreichung bei anderen Leistungsfaktoren.

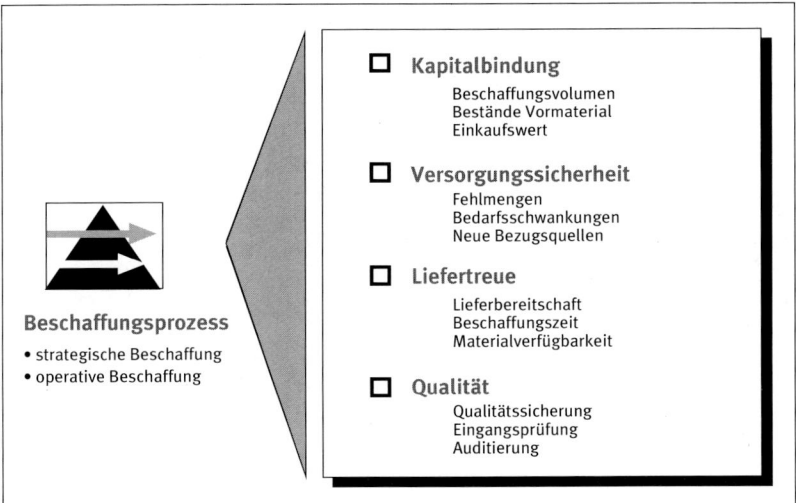

Abb. 5.11   Zielsystem im Beschaffungsprozess

Bei der *Lieferantenauswahl* ist es daher essenziell, sich fähige Lieferpartner auszusuchen, mit denen Potenziale gemeinsam erschlossen werden können. Beschaffung und Einkauf wandeln sich damit vom operativen, kostenbezogenen „Beschaffer" zum „Wertschöpfungspartner" der Lieferanten.

Lieferantenauswahl

Verfahren der *verbrauchs-* und *programmgesteuerten Bedarfsermittlung* nehmen eine hohe Bedeutung bei der Prozessoptimierung ein, da sie die Grundlage zur Bestellabwicklung liefern (vgl. ROTH 93, OELDORF 94, KOPSIDIS 97).

Bedarfsermittlung

Zur *Bestandsoptimierung* in der logistischen Kette werden vielfältige Ansätze verfolgt. Der Materialabruf beim Lieferanten ist ein Optimierungsansatz, um den Aufwand im Beschaffungsprozess sowie die Bestände zu verringern. Eine zentrale Lagerhaltung und Teiledisposition ist nicht immer für alle Lieferpositionen erforderlich und sinnvoll.

Bestandsoptimierung

Der durchgängige Zugriff auf Bestell- und Lieferdaten führt in vielen Fällen zu einer Vereinfachung und Verbesserung der *Bestellabwicklung*. Durch Ausschreibungen über Plattformen im Internet können überregional oder weltweit potenzielle Lieferanten angesprochen werden. In der logistischen Kette sind laufende Änderungen im Beschaffungsprozess wie Vorziehen von Lieferterminen aufgrund von Umplanung des Produktionsprogramms sowie Mengenänderungen nur dann durchgängig beherrschbar, wenn aktuelle und konsistente Bestelldaten verfügbar sind. Dies ist bei größerem Datenvolumen nur durch eine rechnergestützte Bestellabwicklung erreichbar.

Durchgängigkeit der Bestell- und Lieferdaten

An Bedeutung gewinnt die *strategische Beschaffung*, die sich an der Angebotssituation am Lieferantenmarkt und der Bedarfssituation der Abnehmer orientiert (vgl. KOPPELMANN 94, LENSING 95). Die Situation am Lieferan-

Berücksichtigung strategischer Einflussfaktoren

tenmarkt wird durch Einflussfaktoren wie dem Marktpotenzial der Lieferanten, der Angebotsstruktur, dem Anbieterwettbewerb und der Entwicklung am Lieferantenmarkt beeinflusst. Die Bedarfsituation am Abnehmermarkt ist bestimmt durch Einflussfaktoren wie dem Marktpotenzial der Abnehmer, dem Marktumfang und der Marktstruktur, der Nachfrage- und Risikostruktur, der Marktentwicklung und der Entwicklung zukünftiger Märkte.

5.3.3 Optimierungsansätze und -verfahren

Optimierungsansätze

In den Kapiteln 5.3.3.1 bis 5.3.3.3 werden Verfahren zur Lieferantenauswahl, verbrauchs- und programmgesteuerten Bedarfsermittlung sowie Bestandsoptimierung dargestellt. Die durchgängige Bestellabwicklung wird als ein weiterer übergreifender Ansatz der Prozessoptimierung im Kapitel 5.3.3.4 erläutert.

Vertiefung: spezielle Verfahren

Zu speziellen Verfahren der Beschaffung wie Zielpreisvereinbarung (engl.: target costing), Preispolitik oder Organisation des Einkaufs wird auf vertiefende Literatur hingewiesen (ARNOLD 95, LENSING 95, WOLFSTETTER 98, Literaturangaben am Ende von Kapitel 5).

5.3.3.1 Lieferantenbewertung

Frühe Einbeziehung der Lieferanten

In vielen Unternehmen hat sich die Erkenntnis durchgesetzt, dass mit Hilfe der Einbeziehung von fähigen Lieferanten in frühen Phasen des Produktlebenszyklus die zügige Entwicklung innovativer und prozessfähiger, robuster Produkte deutlich verbessert werden kann (vgl. Kapitel 4.3.1 und 4.3.2).

Lieferantenbewertung

Die Einbeziehung von Partnern führt auch im Rahmen der Beschaffung zu erhöhten Anforderungen an die bevorzugten Lieferanten. Eine kontinuierliche Analyse, Bewertung und *Lieferantenauswahl* (engl.: supplier selection), die nach vielfältigen Kriterien erfolgen kann, ist daher von Bedeutung. Neben den strategischen Aspekten wie Marktanteil, Umsatzentwicklung, Finanzkraft, Innovationskraft oder Image sind bei der Lieferantenauswahl oft eine Reihe bereichsspezifischer Anforderungen zu berücksichtigen (*Abbildung 5.12*).

Beispiel: Anforderungskriterien

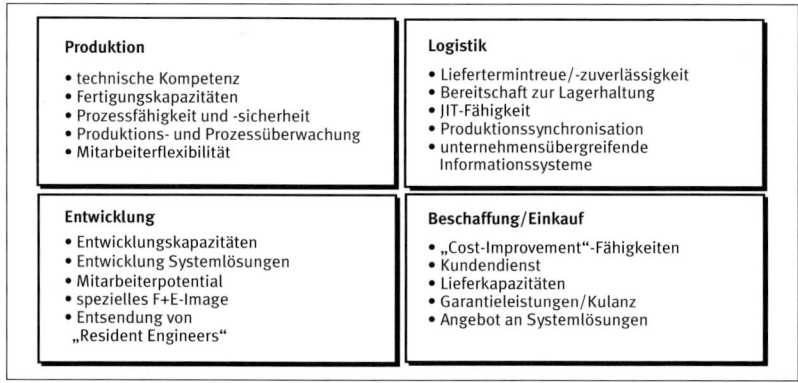

Abb. 5.12   Anforderungskriterien bei der Lieferantenauswahl

Abbildung 5.12 zeigt, dass aus der Sicht der Produktion die Prozessfähigkeit und Prozesssicherheit des Lieferanten zu berücksichtigen sind, die mit der Termintreue und Terminzuverlässigkeit aus Sicht der Logistik zusammenhängen. Das *Versorgungsrisiko* und die *Beschaffungszeit* sind hierbei kritische Faktoren bei der Lieferantenauswahl. Weitere Anforderungskriterien umfassen beispielsweise die Bereitschaft zur Übernahme der Lagerhaltung und das Einbringen von Potenzialen zur Kostenreduzierung (vgl. BAUMGARTEN 96).

Umfassende Anforderungen an den Lieferanten

Zur Förderung der Beziehungen zu bevorzugten Lieferanten werden bei vielen größeren Abnehmern hauseigene Projekte und Kampagnen zur Lieferantenentwicklung durchgeführt.

Lieferantenentwicklung

Mit Hilfe der *Lieferantenbewertung* (engl.: supplier evaluation) werden Lieferanten beurteilt. Hierfür werden Bewertungssysteme aufgebaut, die einen Leistungsvergleich der Lieferanten erlauben. Mit Hilfe der Lieferantenbewertung werden sie nach messbaren und einschätzbaren Kriterien wie Preis, Lieferzuverlässigkeit, Lieferqualität oder Service usw. beurteilt (vgl. ARNOLD 95, SPOHLER 95). Oftmals werden Punktesysteme eingesetzt, die den unmittelbaren Vergleich der Lieferanten erlauben. Die Datenermittlung kann automatisch oder manuell stattfinden und erfolgt in der Regel über den Einkauf und die Wareneingangsprüfung. Oft werden auch in regelmäßigen Abständen *Lieferantenaudits* bei ausgewählten Zulieferern durchgeführt.

Bewertungssysteme

Kennzahlen zur Lieferantenbewertung in Hinsicht auf Lieferzuverlässigkeit und Lieferqualität zeigt die nachfolgende Tabelle. Diese Kennzahlen werden üblicherweise im Wareneingang erstellt.

Kennzahlen zur Lieferantenbewertung

Kennzahl	Berechnung
Anteil termingerechter Lieferungen:	$\dfrac{\text{Anzahl termingerechter Lieferungen}}{\Sigma \text{ aller Lieferungen}}$
Anteil Nachlieferungen:	$\dfrac{\text{Anzahl der Nachlieferungen}}{\Sigma \text{ aller Lieferungen}}$
Anteil beanstandeter Lieferungen:	$\dfrac{\text{Anzahl beanstandeter Lieferungen}}{\Sigma \text{ aller Lieferungen}}$
Anteil vorgezogener Lieferungen:	$\dfrac{\text{Anzahl vorgezogener Lieferungen}}{\Sigma \text{ aller Lieferungen}}$
Anteil Lieferungen mit Mengendifferenzen:	$\dfrac{\text{Anzahl Lieferungen mit Differenzen}}{\Sigma \text{ aller Lieferungen}}$

**Beispiel:
Lieferantenbewertung**

Praxisbeispiel – Lieferzuverlässigkeit, Wareneingangsprüfung und Lieferantenbewertung

Im Wareneingang wird die eingetroffene Sendung angenommen und mit den Lieferpapieren auf Vollständigkeit geprüft. Der Liefertermin wird mit dem Lieferdatum verglichen und die Lieferung in der Wareneingangserfassung entsprechend als termingerecht, vorgezogen oder verspätet vermerkt. Vor der Mengenerfassung werden aus der eingetroffenen Lieferung Stichproben nach einem festgelegten Stichprobenplan (engl.: sampling plan) entnommenen. Falls die Fehlertoleranz der Stichprobe den vorgeschriebenen Wert übersteigt, gilt die Lieferung als beanstandet. Es wird ein Mängelbericht mit Beschreibung der Fehler erstellt, der dem Lieferanten geschickt wird. Zusätzlich wird angefragt, mit welchen Maßnahmen der oder die aufgetretenen Fehler in Zukunft verhindert werden können. In Abhängigkeit von der Fehlerart entscheidet die Qualitätskontrolle, ob die Ware auf Kosten des Lieferanten zurückgesendet wird. Es kommt vor, dass die Lieferung aus terminlichen Gründen angenommen wird und die Lieferung einzeln auf Gutteile selektiert wird. Bei Nachbearbeitung werden dem Lieferanten anfallende Kosten in Rechnung gestellt. Die Wareneingangsdaten werden dann zur Lieferantenbewertung verwendet.

Es werden zwei Verfahren zur Lieferantenbewertung eingesetzt. Das Standardverfahren dient zur laufenden Überprüfung der Zulieferer und wird monatlich über ein Anwendungssystem erstellt. Die Auswertung erfolgt über den Vergleich der letzten zwölf Monate und des aktuellen Monats. Die laufende Lieferantenbewertung basiert auf den Auswertungen der Stichproben aus der Wareneingangserfassung. Das Verfahren zur Neubewertung basiert auf einem umfangreichen Audit beim Lieferanten.

5.3.3.2 Verbrauchs- und programmgesteuerte Bedarfsermittlung

**Definition: Material-
bedarfsermittlung**

Die *Materialbedarfsermittlung* (engl.: material requirements planning) sorgt für eine mengen- und zeitgerechte Deckung des Material- und Güterbedarfs.

Wichtigstes Ergebnis dieses Vorgangs ist die Bedarfsberechnung. Sie liefert die Voraussetzung zur Erstellung von Bestellanforderungen im Beschaffungsprozess oder um Bestellanforderungen für die Eigenfertigung festzulegen.

Materialbedarf

Der zur Fertigung direkt benötigte *Materialbedarf* wird i.d.R. laufend ermittelt. Der Materialbedarf wird anhand der Erzeugnisstruktur in Primär-, Sekundär- und Tertiärbedarf gegliedert (*Abbildung 5.13*).

**Definition:
Erzeugnisstruktur**

Die Erzeugnisstruktur beschreibt die Bestandteile und den Aufbau eines Produktes. Die Stückliste ist die wichtigste Darstellungsform.

Üblich sind (vgl. WIENDAHL 97):

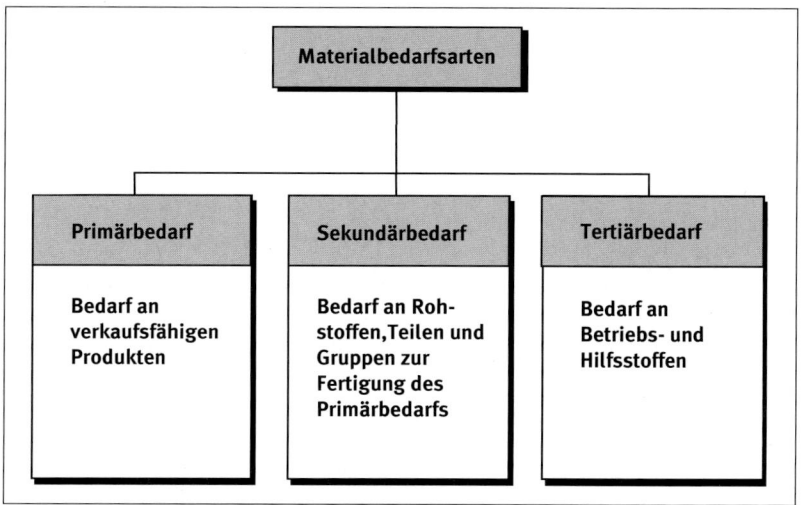

Abb. 5.13 Gliederung des Materialbedarfs

Als Primärbedarf wird der Bedarf an verkaufsfähigen Produkten inklusive Ersatzteilen bezeichnet. Der Bedarf an Rohstoffen, Bauteilen und Komponenten, die zur Erzeugung des Primärbedarfes notwendig sind, stellen den Sekundärbedarf dar. Der Tertiärbedarf beinhaltet den Bedarf an Hilfs- und Betriebsstoffen.

Definition: Primär-, Sekundär-, Tertiärbedarf

Stücklistenart	Merkmale
Mengenstückliste	Komponenten in Mengenangaben (unstrukturiert), einfache Form, keine Zusammensetzung deutlich
Strukturstückliste	Komponenten in Mengen- und Strukturangabe (Stücklistenbaum), Zusammensetzung der Komponenten wird deutlich, mehrfach verwendete Komponenten werden nicht deutlich
Baukastenstückliste	einstufige Baukästen, Zusammenfügen der Baukästen zur Struktur, mehrfache Komponenten bei Auflösung deutlich
Variantenstückliste	Abbildung variantenspezifischer Komponenten, Generierung einer Variante

Ermittlungsverfahren Der Materialbedarf kann programmgesteuert oder verbrauchsgesteuert ermittelt werden:

Bedarfsermittlungsart	Beschreibung
Verbrauchsgesteuerte Bedarfsermittlung	orientiert an Verbrauchswerten der Vergangenheit, häufig kein Auftragsbezug, sinnvoll für Hilfs- und Betriebsstoffe sowie geringwertige Teile, Einsatz von Prognoseverfahren, Anwendung des Bestellpunktverfahrens
Programmgesteuerte Bedarfsermittlung	auftragsgebundene Ermittlung, sinnvoll für höherwertige Teile, Anwendung der Stücklistenauflösung, ggf. Auflösung mit Teileverwendungsnachweis

Prognoseverfahren Bei verbrauchsgesteuerter Bedarfsermittlung wird stochastisch, d.h. orientiert an Bedarf und Verbrauchsstrukturen der Vergangenheit, gerechnet; ggf. werden Prognoseverfahren eingesetzt:

Prognoseverfahren zur Bedarfsermittlung	Anwendungsfall
Mittelwertbildung	konstanter Bedarf
Regressionsanalyse	trendförmiger Bedarfsverlauf
Exponenzielle Glättung erster Ordnung	konstanter Bedarf
Exponenzielle Glättung zweiter Ordnung	trendförmiger Bedarfsverlauf

Die *programmgesteuerte Bedarfsermittlung* wirkt deterministisch, d.h., durch Stücklistenauflösung und Abgleich mit verfügbaren Materialien wird der Bedarf ermittelt (vgl. HACKSTEIN 84, GLASER 91, SCHULTE 95).

Anwendung der Materialbedarfsermittlung *Abbildung 5.14* zeigt die drei üblichen Fälle der Materialbedarfsermittlung. Die stochastische Ermittlung basiert auf Nachfrage- und Verbrauchsstatistiken. Die deterministische Ermittlung wendet die Stücklistenauflösung an. Hierzu werden Teilearten und Mengen über die Planbedarfe aus dem Produktionsprogramm hochgerechnet. Wenn keine Erfahrungswerte vorhanden sind, werden Schätzverfahren eingesetzt.

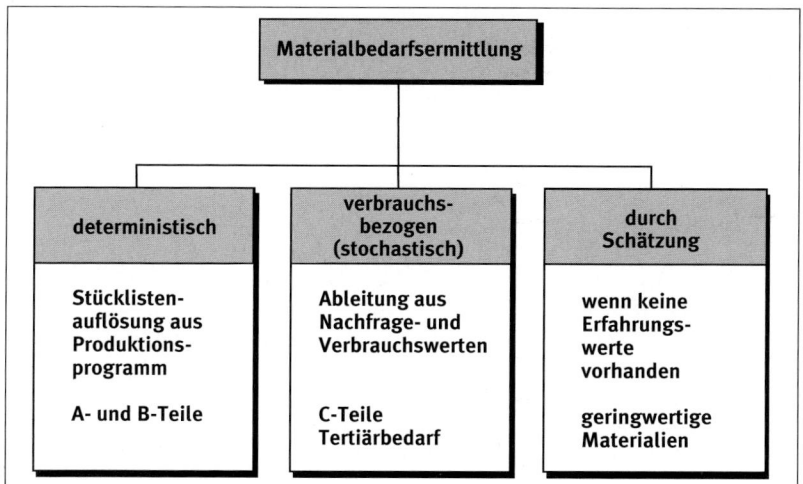

Abb. 5.14 *Verfahren der Materialbedarfsermittlung*

Praxisbeispiel – Verbrauchsgesteuerte Disposition

In einem Unternehmen werden für die Disposition von geringerwertigen C-Teilen das Bestellpunktverfahren sowie die stochastische Disposition angewendet. Beim Bestellpunktverfahren wird ein Bestellvorschlag vom Anwendungssystem dann generiert, wenn der Lagerbestand für ein Teil kleiner als der Meldebestand ist, d.h. bei Unterschreiten des Meldebestandes. Dieser setzt sich aus einem festgelegten Sicherheitsbestand und dem zu erwartenden Materialbedarf während der angenommenen Wiederbeschaffungszeit zusammen.

Für ausgewählte Teile führt der Disponent eine stochastische Disposition im Wochenraster durch und ermittelt mit einer Prognoserechnung den zukünftigen Mengenbedarf. Im Anwendungssystem sind unterschiedliche Trendverläufe hinterlegt, die ausgewählt und vom Disponenten mit eigenen Erfahrungswerten ergänzt werden. Es werden nur die Materialien geplant, deren Bedarfs- oder Bestandssituation sich verändert hat. Über einen Batchlauf des Anwendungssystems erhält der Disponent einen Hinweis auf kritische Teile und Ausnahmesituationen.

Dispositionsergebnis sind eine Dispositionsliste pro Material und für laufende Änderungen die aktuelle Bedarfs- und Bestandsliste. In der Dispositionsliste sind Materialname und -nummer, eine tabellarische Liste der verfügbaren Mengen sowie die Aufzählung der Zugänge und des Bedarfs enthalten. Diese sind nach Bestellzeitpunkten aufgelistet.

Das Verfahren zur *Nettobedarfsermittlung* mit *Stücklistenauflösung* geht von vorliegenden Kundenaufträgen aus (*Abbildung 5.15*). Im ersten Schritt wird auf Basis der bekannten oder ggf. erwarteten Kundenaufträge der periodenbezogene Bedarf für alle Enderzeugnisse ermittelt. Ergebnis ist der Primärbedarf (vgl. HACKSTEIN 84, SPECHT 94, KURBEL 95).

**Beispiel: Verbrauchs-
gesteuerte Disposition**

Nettobedarfsermittlung

149

Stücklistenauflösung

Im zweiten Schritt werden mit Hilfe der Stücklistenauflösung der benötigte Bedarf für Teile und Rohstoffe ermittelt (Sekundärbedarf). Zusätzlich kann weiterer Bedarf ermittelt werden, der nicht mit der Stücklistenauflösung erfasst wird. Dies ist beispielsweise der Bedarf der dort nicht erfassten Hilfs- und Betriebsstoffe.

Nettobedarf

Im dritten Schritt werden der Zusatzbedarf für Ausschuss, Ersatz- oder Versuchsteile und ggf. ein Sicherheitszuschlag bestimmt. Aus dem Ergebnis der Schritte 1 – 3 summiert sich der benötigte Bruttobedarf. Der *Nettobedarf* ergibt sich aus dem Bruttobedarf nach Abzug des am Lager verfügbaren Materials, dem bereits beim Lieferanten bestellten Material und dem Zugang aus laufender Fertigung.

Verfahren MRPI

Die Nettobedarfsplanung wird meist rechnergestützt mit dem *MRPI*-Verfahren (engl.: material requirement planning = *MRPI*) durchgeführt (siehe Kapitel 6.1).

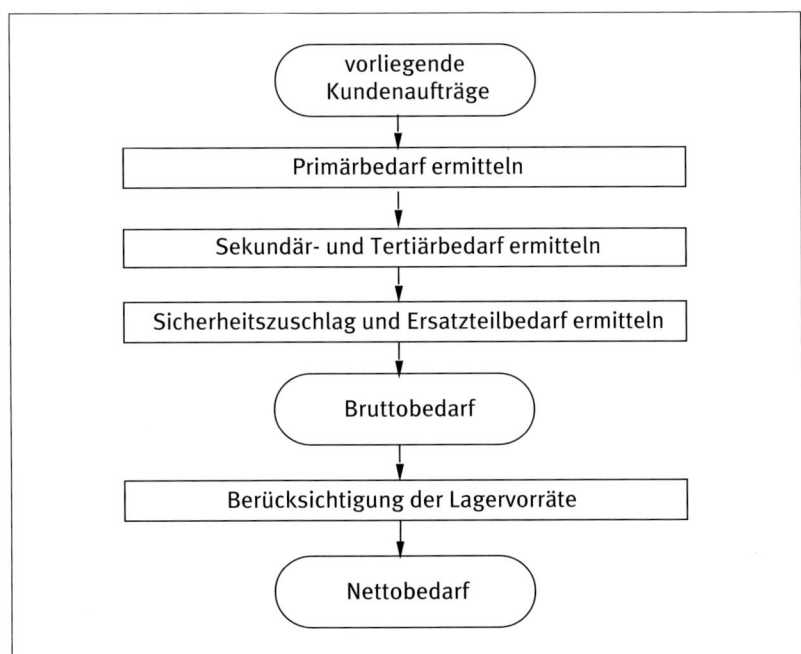

Abb. 5.15   Nettobedarfsermittlung

**Probleme:
Bedarfsermittlung**

In der Praxis sind mit der Bedarfsermittlung oft eine Reihe von Problemen verknüpft:

- In Zusammenhang mit der Bedarfsermittlung können *Fehlbestellungen* in Menge, Art und Qualität verbunden sein. Häufig werden lieferproblematische Teile „auf Verdacht" bestellt; dies ist mit erhöhtem Risiko verbunden.

- Sind Stücklistendaten nicht gepflegt, liefern die Rechenverfahren der Stücklistenauflösung falsche Bestelldaten.

- Als Folge fehlerhafter Bedarfsermittlung können Aufträge u.U. nicht gestartet oder Produkte nur bis zu einem gewissen Stadium fertig gestellt werden. In der logistischen Kette verstärkt sich diese Problematik durch den übergreifenden Wirkungszusammenhang.

Als Folge ergibt sich auch die Problematik, dass in Fertigung und Montage zu unterschiedlichen Zeitpunkten Materialien in erforderlicher Menge und Qualität fehlen, um Aufträge plangemäß auszuführen. *Fehlmengen* können sich darüber hinaus auch auf Folgearbeitsgänge bzw. nachgelagerte Fertigungsabschnitte auswirken. Folgewirkungen sind:

Probleme: Fehlmengen

- Aufträge können nicht oder nur teilweise gestartet bzw. freigegeben werden, dadurch entsteht Mehraufwand durch Nacharbeit oder Wartezeit.
- Geplante Auftragsreihenfolgen und Arbeitsgangfolgen müssen kurzfristig geändert werden, Umrüstaufwand oder Wartezeit entsteht.
- Der Anteil kleiner und mit hoher Priorität zu fertigender Lose nimmt zu, die Durchlaufzeiten verlängern sich.

Zur Problemlösung werden spezifische Ansätze verfolgt, wie:

Spezifische Lösungsansätze

- Verbrauchsmaterial wird in produktionsnahen Materialpuffern geführt und direkt von den Produktionsmitarbeitern disponiert.
- Aufgaben wie die Bedarfsplanung und Materialabruf werden gruppenbezogen, z.B. in Montageteams, ausgeführt.
- Hochwertige Komponenten werden programmgesteuert abgerufen (Just-in-time, siehe Kapitel 6.1.4.2).

5.3.3.3 Bestandsoptimierung

Die *Bestandsoptimierung* (engl.: stock optimization) löst den Zielkonflikt zwischen Aufwandsminimierung für die Lagerhaltung und den damit zusammenhängenden Kosten sowie den Vorgaben nach hoher Lieferfähigkeit und Lieferflexibilität, die mit der Bestandsbildung verbunden sind.
Die Bestandsoptimierung gehört in vielen Unternehmen zu den Themen mit hoher Priorität und Bedeutung. Maßnahmen zur Bestandsverringerung sind allerdings nur ein Ansatzpunkt, um Kosten einzusparen.

Definition: Bestandsoptimierung

Ausgangspunkt zur Bestandsoptimierung ist die Bestandspolitik, die die Beschaffungsart der Beschaffungsgüter festlegt. Die nachfolgende Tabelle zeigt die drei grundsätzlichen Beschaffungsstrategien (vgl. Schulte 95).

Bestandspolitik

Beschaffungsstrategien	Wirkung
Einzelbeschaffung im Bedarfsfall	auftragsgebundene Auslösung, Risiko langer Beschaffungszeiten
Vorratsbeschaffung	auftragsungebundene Auslösung, relative Unabhängigkeit vom Lieferantenmarkt, Risiko: Kapitalbindung durch Lagerbestände
Produktionssynchrone Beschaffung	auftragsgebundene Auslösung entsprechend dem Produktionsfortschritt, langfristige Liefervereinbarung (Rahmenvertrag), Lagerhaltung nur in Form von Übergangslagerung

Bestandsführung

Bei der Bestandsoptimierung wird zunächst die *Bestandsführung* (engl.: stock management) betrachtet. Die Bestandsführung umfasst die mengen- und wertmäßige Führung der Materialbestände, die Erfassung und Dokumentation der Warenzu- und -abgänge, d.h. Warenbewegungen, sowie die Inventur. *Warenbewegungen* werden üblicherweise in Form von Belegen wie Lieferschein zur Wareneingangserfassung und Entnahmeschein zur Warenentnahme dokumentiert. Durch die *Inventur* werden die tatsächlichen, d.h körperlich vorhandenen Bestände festgestellt und diese mit den dokumentierten Beständen verglichen. Die laufende Fortschreibung erfolgt nach dem Prinzip: „Buchbestand = Anfangsbestand + Zugänge – Entnahmen" und wird als Skontraktion bezeichnet.

Materialbeschaffung

Die Höhe und der Wert der Bestände an Materialien im Unternehmen beeinflusst Menge und Zeitpunkt der Materialbeschaffung. Die Bestandsführung geht dabei vor allem vom Lager-, Sicherheits-, Melde- und Höchstbestand aus (vgl. OELDORF 94).

Definition: Lagerbestand

Der *Lagerbestand* umfasst die im Lager befindliche Gütermenge (engl.: stock) bzw. Vorratsvermögen (engl.: inventory) und wird als mengenbezogene Größe bzw. als Materialwert gemessen.

Definition: Lagerreichweite

Die *Lagerreichweite* (auch: Materialreichweite) ist eine zeitbezogene Größe und wird aus dem Bestand und dem Verbrauch, d.h. Materialabfluss je Periode ermittelt:

$$(1) \quad \text{Lagerreichweite} = \frac{\text{Ø Lagerbestand}}{\text{Periodenverbrauch}}$$

Aktueller und durchschnittlicher Lagerbestand

Als *aktueller Lagerbestand* wird der zum betrachteten Zeitpunkt im Lager befindliche Bestand bezeichnet. Der *durchschnittliche Lagerbestand* basiert auf dem Mittelwert nach Kennzahl (2) für beliebige Zeiträume bzw. dem Mittel der Monatswerte in Bezug auf ein Jahr nach Kennzahl (3):

(2) Ø Lagerbestand $= \dfrac{\text{Anfangsbestand} + \text{Endbestand}}{2}$

(3) Ø Lagerbestand $= \dfrac{\text{Anfangsbestand} + \Sigma\, \text{Monatsbestände}}{13}$

Als *verfügbarer Bestand* wird der Lagerbestand bezeichnet, bei dem die Reservierungen von Material und bereits erfolgte Bestellungen berücksichtigt wurden.

Definition: verfügbarer Bestand

Eine weitere Lagerkenngröße ist die *Umschlagshäufigkeit* (engl.: stock turnover). Wird wenig Material umgeschlagen, verbleibt es im Lager und verursacht Lagerkosten. Bei hoher Umschlagshäufigkeit ergibt sich ein günstiges Verhältnis zwischen Lagerbestand und Verbrauch, d.h. Abfluss an Material, wie Kennzahl (4) zeigt.

Definition: Umschlagshäufigkeit

(4) Umschlagshäufigkeit $= \dfrac{\text{Periodenverbrauch}}{\text{Ø Lagerbestand}}$

Der *Sicherheitsbestand* (engl.: minumum stock), auch als Mindestbestand bezeichnet, dient zur Absicherung gegen Fehlmengen und Unterdeckung aufgrund unvorhersehbarer Lieferausfälle.

Definition: Sicherheitsbestand

Bei Fremdbeschaffung wird der Sicherheitsbestand häufig unter Berücksichtigung der Wiederbeschaffungzeit zuzüglich eines Sicherheitsfaktors festgelegt. Bei Eigenfertigung wird i.d.R. mindestens der Zeitraum der Herstellung berücksichtigt.

Die spezifische Festlegung des Sicherheitsbestandes erfolgt oft in Abhängigkeit von Materialverbrauch, Lieferzeit, Lieferbereitschaftsgrad, Auftragzeit, Losgröße, Bestandswert und bekannten Störeinflüssen. Gemessen wird die Reichweite des Sicherheitsbestands in Arbeitstagen.

Festlegung des Sicherheitsbestandes

Der *Lieferbereitschaftsgrad* (auch: Servicegrad, engl.: service level) beschreibt die Lieferfähigkeit. Der Kennwert gibt als Prozentzahl an, wie viel erwartete Bedarfsanforderungen bezogen auf bevorratete Positionen das Lager ausführen können sollte. Der Richtwert, der damit die Wahrscheinlichkeit ausdrückt, dass keine Fehlmengen auftreten, wird in der Regel bei 95 % – 99 % angesetzt (vgl. OELDORF 94).

Definition: Lieferbereitschaftsgrad

Der *Meldebestand* ist eine Bestandsgröße, deren Unterschreiten die Wiederbeschaffung oder die Nachproduktion auslöst. Der Höchstbestand definiert die maximal zulässige Materialmenge am Lager (*Abbildung 5.16*).

Definition: Melde- und Höchstbestand

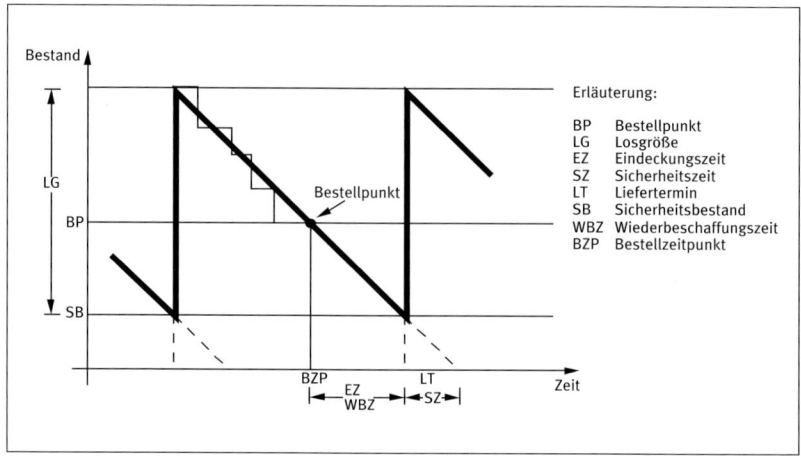

Abb. 5.16 *Bestand, Sicherheitsbestand und Bestellpunkt (nach* OELDORF *94)*

Beispiel: Bestellpunkt

Der Bestellpunkt dient als „Auslöser" zur rechtzeitigen Nachbestellung bei der Materialbeschaffung. In der Abbildung 5.16 wird deutlich, dass der Bestellpunkt einerseits einen zeitlichen Bezug (Bestellzeitpunkt), andererseits einen mengenmäßigen Bezug zur Bestandshöhe besitzt. Dieser Bezug ist entsprechend den speziellen Anforderungen so zu wählen, dass der Vorlauf genügt, der durch die Bestellung aufgrund des Bestellpunktes ausgelöst wird, um die Wiederbeschaffungszeit und eine spezifische Sicherheitzeit im Beschaffungsprozess abdecken zu können.

Bestandsstrategien

Folgende Bestandsstrategien sind üblich (vgl. ROTH 93, SPECHT 94):

Verfahren	Prinzip
Bestellpunktverfahren	Nachbestellung mit konstanter Bestellmenge oder mit variabler Menge zum Auffüllen auf Sollbestand (Auslöser: Erreichen Bestellpunkt)
Bestellrhythmusverfahren	Nachbestellen zu regelmäßigen, festgelegten Zeitpunkten (Auslöser: Zeitintervall)

Definition: Kapitalbindung

Für die *Kapitalbindung* (engl.: bound capital) von Lagerbeständen gilt:

(5)   **Kapitalbindung   =   Bestandswert · Lagerzeit · Verzinsung.**

In der Praxis treten bei der Bestandsoptimierung und Bestandsführung eine Reihe von Problemen auf:

- Bei der Bestandsführung mit Lagerverwaltungssystemen sind vermeintlich vorhandene Materialpositionen tatsächlich nicht verfügbar, da bei der Erfassung falsch eingebucht wurde.

- Aufgrund von Fehlmengen können Liefertermine nicht eingehalten werden, es werden Umplanungen, wie Vorziehen anderer Aufträge, erforderlich oder es müssen Fehlbestände in Sonderaktionen ergänzt werden.

- Es wird ein zu hoher Sicherheitsbestand festgelegt, um die Produktion größerer Lose zu ermöglichen. Damit steigen Lagerhaltungs- und Kapitalbindungskosten.

- Es wird ein zu geringer Sicherheitsbestand festgelegt, damit wird die Lieferzuverlässigkeit verschlechtert. Durch häufigere Bestellzyklen und kleinere Lose steigt der Aufwand für Transport, Warenbewegung und internes Handling.

Zur Bestandsoptimierung werden spezifische Ansätze verfolgt:

Ansatz	Beschreibung
Dezentrale Bestandsführung	Verlagerung von Dispositionsaufgaben wie Abruf von Teilen an den Ort der Arbeitsdurchführung
Materialabruf beim Lieferanten	um die Bestände und den Aufwand im Beschaffungsprozess zu verringern, eine zentrale Lagerhaltung und Teiledisposition ist nicht für alle Lieferpositionen erforderlich
Verlagerung der Bestandsverantwortung	die gesamte Bestandsplanung und -führung wird zum Lieferanten oder zu einem logistischen Dienstleister verlagert
Simulation	durch Simulationsrechnung wird die kostenbezogene Auswirkung von Beständen in der logistischen Kette ermittelt

5.3.2.4 Durchgängige Bestellabwicklung

Aufgabe der *Bestellabwicklung* (engl.: order processing) ist es, Bestellvorschläge zu bearbeiten, laufende Bestellungen durchzuführen und diese mit den eingegangenen Lieferungen abzugleichen.

Überwachende Aufgaben sind die Überprüfung von Mengen und Terminen, Erstellung von Lieferübersichten und das Schreiben von Mahnungen.

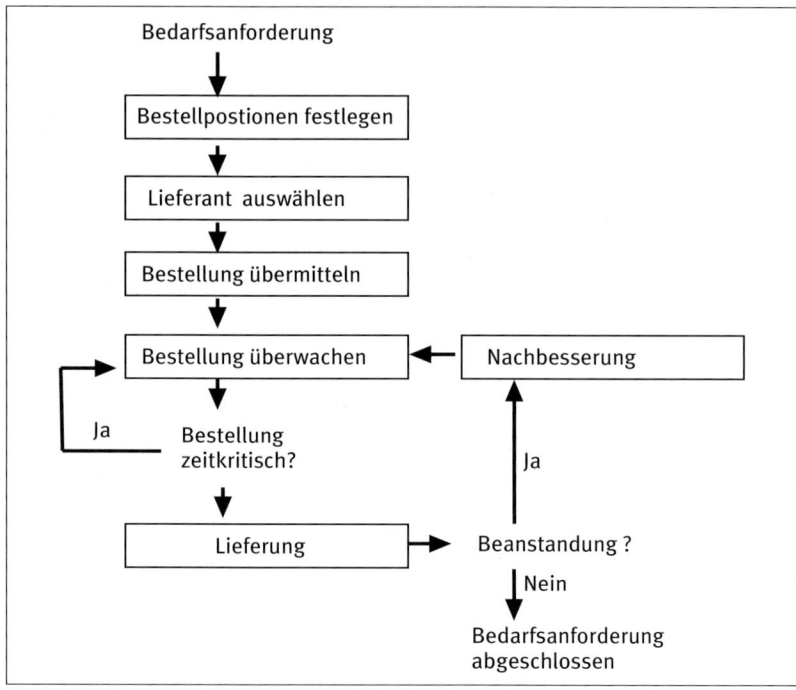

Abb. 5.17 *Routineablauf einer Bestellabwicklung*

Routineablauf

Der Routineablauf einer Bestellabwicklung wird in *Abbildung 5.17* dargestellt. Die gewünschte Einplanung von Bedarfsmengen und -terminen wird als Bedarfsanforderung bezeichnet. Nach Festlegung der Lieferpositionen wird der Lieferant ausgewählt und die Bestellung übermittelt. Internetfähige Anwendungssysteme zum Electronic Sourcing erlauben beispielsweise hierzu eine Bedarfsausschreibung für die weltweite Suche nach potenziellen Lieferanten. Die möglichen Bezugsquellen für ein Material werden bei der rechnergestützten Bestellabwicklung in der Lieferantendatei geführt und verwaltet. Die Bedarfsanforderung dient dabei als Grundlage zum Einholen von Angeboten, zum Angebotsvergleich und zur Angebotsauswertung.

Auswahl Bezugsquellen

Die Lieferantenverwaltung erlaubt üblicherweise die Auswahl einer Bezugsquelle und ggf. das Sperren eines Lieferanten. Wird Material abwechselnd von unterschiedlichen Lieferanten bezogen, werden Bezugsquellen mit einer Lieferquote versehen, die dem Lieferanteil entspricht.

Terminkritische Bestellungen

Bei terminkritischen Bestellungen ist gegebenenfalls die Lieferung zu überwachen. Treten bei Lieferung in der Wareneingangserfassung Mängel auf, wird beanstandet, ansonsten wird das gelieferte Material nach der Rechnungsprüfung eingebucht.

Innerhalb der Bestellabwicklung hat die Rechnungsprüfung die Aufgabe, die Bezahlung der Lieferantenrechnungen für gelieferte Ware zu veranlassen. Die Rechnungsprüfung stellt die Verbindung zwischen der Bestellabwicklung und dem Rechnungswesen her und bildet den Abschluss der Wareneingangserfassung.

Rechnungsprüfung

Praxisbeispiel – Bestellabwicklung bei einem Maschinenhersteller

Beispiel: Bestellabwicklung

Bei einem Maschinenhersteller wird für alle wertintensiven Bestellvorgänge eine Bestellanforderung erstellt. Die Bestellanforderung legt Preis, Menge und Termin der zu beschaffenden Materialien oder Teile und somit die Bestellpositionen fest. Nach dem Anlegen der Bestellanforderung im Anwendungssystem und nach erfolgter Freigabe wird aus der Bestellanforderung eine Bestellanfrage erzeugt. Diese wird an mögliche Lieferanten übermittelt, die im System verwaltet werden. Durch die erzeugte Anfrage wird der Lieferant aufgefordert, Angebote abzugeben. Die Angebotsdaten werden im so genannten Einkaufsinfosatz gespeichert und können so verglichen werden. Nach der Entscheidung für den besten Lieferanten erfolgt die Bestellung. Im Routinefall erfolgt die Lieferung ohne besondere Maßnahmen in den Wareneingang. Dort findet eine Überprüfung der Lieferung und der Lieferpapiere statt, die im Falle der Beanstandung zur Nachbesserung führt. Die Daten der Lieferung werden mit Hilfe von Barcodelesegeräten erfasst und mit dem Bestand abgeglichen. Über die Rechnungsprüfung wird die Bezahlung der Lieferantenrechnung veranlasst, wenn keine Beanstandungen vorliegen.

In der Praxis sind oft einige Probleme mit der übergreifenden Bestellabwicklung verbunden. Abnehmer bekommen von ihren Lieferanten oftmals zu spät Informationen, wenn Vormaterialien aufgrund eines Lieferverzugs der Vorlieferanten fehlen. Dies tritt auch bei regelmäßigen und kontinuierlichen Bedarfsmengen auf.

Probleme: „Störungen" in der logistischen Kette

Die Ursachenanalyse ergibt oft Hinweise auf:

Ursachenanalyse

- mangelnde Terminverantwortung des Lieferanten,
- unzureichende eigene Terminüberwachung der Vormateriallieferungen,
- Disposition falscher Teile,
- Unkenntnis der Wiederbeschaffungszeit für Vormaterial,
- technische Störungen, wie z.B. Werkzeugausfall.

Zur durchgängigen Bestellabwicklung sind einige Voraussetzungen zu schaffen:

Voraussetzungen

- intensivere Zusammenarbeit mit Lieferanten,
- Integration durch EDI-Verfahren oder über Internetplattformen (siehe Kapitel 3.2.2),
- Beherrschen von Änderungen durch Einführen eines „Teilelebenslaufes".

5.4 Zusammenfassung

Optimierung im Auftrags-gewinnungs-, Produk-tionsplanungs- und Beschaffungsprozess

Die beschriebenen Ansätze zur übergreifenden Optimierung im Auftragsge-winnungs-, Produktionsplanungs- und Beschaffungsprozess sind zusammen-fassend als Tabellen dargestellt. Eine Einwirkung auf weitere Schlüsselpro-zesse ist mit dem Zeichen ✔ angegeben (Abkürzungen siehe Legende).

Zusammenfassung:

Auftragsgewinnungs-prozess	Optimierung / Wirkung	K	E	A	P	B	F	D	L
■ Kundenmanagement:	organisatorische Prozess-integration, Ziel: kundenoriente Prozesskette Kunde ···⟩ Auftragsgewinnung	✔	✔	✔					
■ Auftragsdaten-management:	informationstechnische Integration, durchgängiger Informationsfluss, Beherrschen von Änderungen	✔		✔		✔			✔
■ Analyse/Strukturie-rung des Vertriebs-programms:	Kennzahlensysteme, Portfolios, Produktanalyse	✔		✔	✔				
■ Kundenzufriedenheit, Prognose:	Ziel: Kennzahlensysteme, Be-wertung Kundenzufriedenheit, Prognose (Data Warehouse)	✔		✔					

Produktionsplanungs-prozess	Optimierung / Wirkung	K	E	A	P	B	F	D	L
■ Absatzgesteuerte Produktions-programmplanung:	organisatorische Maßnahme, Ziel: bessere Durchgängigkeit zum Auftragsgewinnungsprozess	✔		✔	✔				
■ Losgrößen-optimierung:	Ziel: wirtschaftliche Fertigungs-und Beschaffungslosgröße					✔	✔		✔
■ Auftragsbezogener Kapazitätsabgleich:	Methodik / organisatorische Maßnahme; Ziel: Abstimmung Kapazitätsbedarf / -angebot				✔		✔		
■ Integration der Pro-duktionsvorbereitung:	organisatorische Maßnahme, Ziel: Dezentralisierung				✔	✔	✔		

Einbezug von:
K: Kunde
E: Produktplanung und Entwicklung
A: Auftragsgewinnung
P: Produktionsplanung

B: Beschaffung
F: Fertigung
D: Distribution Wiederverwertung
L: Lieferant

Beschaffungsprozess	Optimierung / Wirkung	K	E	A	P	B	F	D	L
■ Lieferantenauswahl / -bewertung:	Methodik, Ziel: Potenzialermittlung					✔			✔
■ Verbrauchs- und programmgesteuerte Bedarfsermittlung:	Methodik: anforderungsge- rechte Ermittlung des Teile- und Materialbedarfs				✔	✔			
■ Bestandsoptimierung:	Methodik, Ziel: Bestandssenkung					✔	✔		
■ Durchgängige Bestellabwicklung:	informationstechnische Maßnahme, Vereinfachung / Beschleunigung der Bestell- abwicklung DFÜ / EDI / Internet	✔		✔	✔	✔	✔		✔

Einbezug von:
K: Kunde
E: Produktplanung und
   Entwicklung
A: Auftragsgewinnung
P: Produktionsplanung

B: Beschaffung
F: Fertigung
D: Distribution
   Wiederverwertung
L: Lieferant

Vertiefung: Fragen

Fragen zur Diskussion und Vertiefung

1. Welcher Aufgabenzusammenhang gilt für den Auftragsgewinnungs-, Produktionsplanungs- und Beschaffungsprozess? Nennen Sie Aufgaben und wichtige Prozessergebnisse.

2. Ein Hersteller von Werkzeugmaschinen beabsichtigt die Verbesserung des Auftragsgewinnungsprozesses unter Berücksichtigung der Kundenzufriedenheit. Welche Zielsetzung und Maßnahmen würden Sie verfolgen?

3. Zeigen Sie Ziele und Maßnahmen der Lieferantenauswahl und -bewertung auf. Verwenden sie dazu möglichst quantitative Kennzahlen.

4. Wodurch ist die verbrauchs- und programmgesteuerte Bedarfsermittlung gekennzeichnet? Welchen Einfluss haben Fehlmengen bei der Nettobedarfsermittlung?

5. Nennen Sie typische Kostenbestandteile für Rüstkosten und Lagerhaltungskosten. Zeigen Sie hierbei den Ansatz, wie sich die optimale Losgröße errechnen lässt.

6. Im Warenausgangslager eines Medizingeräteherstellers wurden für ein Gerät folgende Bestände (B) bzw. Reservierungen (R) ermittelt:

	Jan	Feb	Mär	Apr	Mai	Jun	Jul	Aug	Sep	Okt	Nov	Dez
B	90	70	110	40	50	80	70	70	30	60	40	70
R	10	20	0	0	10	10	20	10	0	10	0	10

Ermitteln Sie den durchschnittlichen Lagerbestand und den durchschnittlichen verfügbaren Bestand. Welche Auswirkung haben die beiden möglichen Rechenansätze?

7. Begründen Sie am Beispiel des Materialabrufs beim Lieferanten, welche Vorteile die Bestandsverlagerung zum Lieferanten bietet. Welche Risikofaktoren stehen dem entgegen und wodurch können diese reduziert werden?

8. In der logistischen Kette zwischen einem Prüfmittelhersteller und dem Materiallieferanten soll eine durchgängige Bestellabwicklung realisiert werden. Zeigen Sie dies schematisch und nennen Sie wichtige Voraussetzungen.

9. Diskutieren Sie die Potenziale des Electronic Sourcing in der logistischen Kette. Welche Vorteile bzw. Nachteile sehen Sie in einer Ausschreibung über Internet?

Literaturhinweise

ARNOLD 95   Arnold, U.: Beschaffungsmanagement. Stuttgart, 1995.

BAUMGARTEN 96 Baumgarten, H.: Logistikorientierte Beschaffungsstrategien. In: Beschaffung Aktuell, Heft 2/96, 1996.

BROCKHOFF 93   Brockhoff, K.: Produktpolitik. Stuttgart, 1993.

EVANS 93   Evans, J./Lindsay, W.: The Management and Control of Quality. Minneapolis/St. Paul: West Publishing, 1993.

GLASER 91   Glaser, H: PPS-Produktionsplanung und -steuerung. Grundlagen – Konzepte – Anwendungen. Wiesbaden: Gabler, 1991.

HACKSTEIN 84   Hackstein, R.: Produktionsplanung und -steuerung. Düsseldorf, 1984

HOMBURG 95   Homburg., C.: Kundenzufriedenheit. Wiesbaden, 1995.

KOPPELMANN 94   Koppelmann, U./Lumbe, H.-J.: Prozessorientierte Beschaffung. Stuttgart: Schäffer-Poeschel, 1994.

KOPSIDIS 97   Kopsidis, R.: Materialwirtschaft – Methoden u. Techniken. München: Hanser, 1997.

KURBEL 95   Kurbel, K.: Produktionsplanung und -steuerung. München: Oldenbourg, 1995.

LENSING 95   Lensing, M./Sonnemann, K.: Materialwirtschaft und Einkauf. Wiesbaden: Gabler, 1995.

MASING 94   Masing, W. (Hrsg.): Handbuch der Qualitätssicherung. München: Hanser, 1994.

MERTENS 94   Mertens, P.: Prognoserechnung. Heidelberg, 1994.

OELDORF 94   Oeldorf, G./Olfert K.: Materialwirtschaft. Ludwigshafen: Kiehl, 1994.

PFOHL 94   Pfohl, H.-Chr.: Logistikmanagement. Berlin, 1994.

ROTH 93   Roth, M.: Materialbedarf und Bestellmenge. Wiesbaden: Gabler, 1993.

SCHULTE 95   Schulte, C.: Logistik – Wege zur Optimierung des Material- und Informationsflusses. München: Vahlen 1995.

SCHWEITZER 91   Schweitzer, M./Küpper, H.-U.: Systeme der Kostenrechnung. Landsberg: Verlag Moderne Industrie, 1991.

SPECHT 94   Specht, O.: Material- und Fertigungswirtschaft: Produktionslogistik mit PPS-Systemen. Ludwigshafen: Kiehl, 1994.

SPOHRER 95   Spohrer, H.: Controlling in Einkauf und Logistik. Die Materialwirtschaft auf dem Prüfstand (Hrsg.: Hartmann, Horst). Praxisreihe Materialwirtschaft Einkauf. Deutscher Betriebswirte-Verlag, 1995.

THALER 93a   Thaler, K.: Regelbasiertes Verfahren zur Montageablaufplanung in der Serienfertigung. Berlin: Springer, 1993.

WIENDAHL 97   Wiendahl, H.-P.: Betriebsorganisation für Ingenieure. München: Hanser, 1997.

WOLFSTETTER 98   Verfahren der Kostenrechnung. Köln: Fortis Verl. FH, 1998.

6 Der Produktions-, Distributions- und Entsorgungsprozess

6.1 Produktionsprozess

6.1.1 Aufgabenzusammenhang

Der *Produktionsprozess* (engl.: production process) bildet im direkten Bereich, d.h. in Fertigung und Montage, den Schwerpunkt der betrieblichen Leistung zur Güterherstellung.

Definition: Produktionsprozess

Aufgabe der Produktionsmitarbeiter, beispielsweise von Montage- und Fertigungsteams, ist die Herstellung und Überwachung der zu produzierenden Produkte (vgl. Kapitel 2.2.7). Dazu verantworten die Produktionsmitarbeiter bzw. -teams i.d.R. alle laufenden Aufgaben zur kurzfristigen Fertigungssteuerung, Durchführung und Fertigstellung der Aufträge.

Die typischen Aufgaben zeigt die folgende Übersicht (*Abbildung 6.1*):

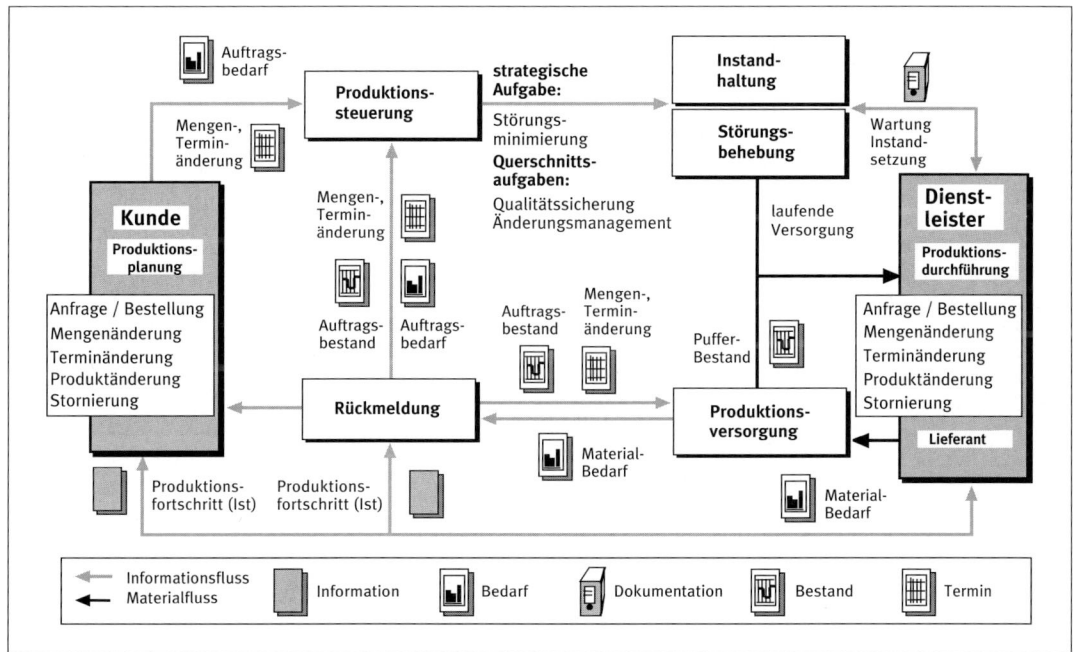

Abb. 6.1   Übersichtsmodell Produktionsprozess

Die *Produktionssteuerung* (engl.: production scheduling) überwacht mit Hilfe der Auftragsfortschrittskontrolle, d.h. Rückmeldung beendeter Aufträge (engl.: production control), den laufenden Stand der Produktion. Zur Auftragsterminüberwachung erfolgen üblicherweise Rückmeldungen des

Fortschrittskontrolle und Terminüberwachung

Bearbeitungsstandes über die Betriebsdatenerfassung. Werden Aufträge durch unvorhergesehene Ereignisse früher bzw. später fertig gestellt, wird die Maschinenbelegung im Rahmen der kurzfristigen Termin- und Kapazitätssteuerung optimiert (vgl. ADAM 92).

Kurzfristige Maschinenbelegung

Aus Gründen der Auslastung wird die kurzfristige Belegung meist direkt auf Maschinen- und Anlagenebene durchgeführt. Sie sorgt beispielsweise bei Eil- und Sonderaufträgen für die notwendige Fertigungsflexibilität.

Materialversorgung

Werden neue Aufträge eingeplant, so wird bei Auftragsfreigabe in der Regel geprüft, ob das benötigte Material vorhanden und die Betriebsmittel verfügbar sind. Aufgabe der *Materialbereitstellung* (engl.: material supply) ist es, die Versorgung der laufenden Produktion mit Hilfe produktionsnaher Lager- und Pufferbestände (engl.: raw in process = RIP) zu sichern (vgl. BULLINGER 94b, SPUR 94, BICHLER 97).

Vorbeugende Instandhaltung

Zur Produktionsdurchführung gehört die Instandhaltung, das Einrichten, Rüsten und die Störungsbehebung. Durch vorbeugende *Instandhaltung* (engl.: total productive maintenance = TPM) wird versucht, Störungen sowie Stillstands- und Liegezeiten zu minimieren. Zur Erhöhung der Fertigungsflexibilität und Prozesssicherheit werden Aufgaben wie die maschinennahe Materialversorgung und -bereitstellung, Ersatzteildisposition oder Störungsmanagement in Productionscenter übertragen.

Zusammenfassung: Aufgabenzusammenhang

Den typischen Aufgabenzusammenhang zeigt die Tabelle:

Produktionsprozess (dt. / engl.)	Zielsetzung / Ergebnis
Produktionsdurchführung / operation of production	Betreiben der Maschinen, Anlagen, Ablauf der Montage, Ausführung durch die Produktionsmitarbeiter
Produktionssteuerung / production scheduling	Auftragsveranlassung und -freigabe, kurzfristige Termin- und Kapazitätssteuerung, laufende Auftragsterminüberwachung
Rückmeldung, Auftragsfortschrittskontrolle / production control	laufende Rückmeldung fertig gestellter Aufträge (z.T. über Betriebsdatenerfassung)
Instandhaltung, Störungsbehebung / maintenance, repair	Einrichten, Rüsten und Warten von Maschinen, Anlagen, vorbeugende Instandhaltung (total productive maintenance = TPM), Überwachung, Reparatur (Wartungs-, Inspektionsteams)
Produktionsversorgung / material supply	Materialbereitstellung, Zwischenlagerung, Materialtransport an Linien und Puffer

Nach der Auftragsfertigstellung gelangen Waren üblicherweise über die Warenausgangskontrolle und Verpackung in den Versand. Dort schließt sich der Distributionsprozess mit der Lieferung zum Kunden an (siehe Kapitel 6.2). **Auftragsfertigstellung**

Im Produktionsprozess werden die *Querschnittaufgaben* Qualitätssicherung sowie Änderungsmanagement durchgeführt, hauptsächlich bezogen auf Mengen und Termine. **Querschnittsaufgaben**

6.1.2 Gestaltungsziele

Die spezifische Verbesserung und Optimierung im Produktionsprozess wird üblicherweise unter Betrachtung qualitativer und quantitativer Zielsetzungen vorgenommen. Zu den qualitativen, mitarbeiterbezogenen Zielsetzungen gehören beispielsweise die Motivation der Mitarbeiter durch bessere Produktionsabläufe, die Verlagerung von Kompetenz und Verantwortung an den Ort der Aufgabendurchführung, die Selbststeuerung und bessere Kommunikation, die Schaffung dezentraler Regelkreise, d.h. Ziele, die unter dem Begriff *Prozessinnovation* zusammengefasst werden können. Kosten, Zeit und Qualität sind die dazugehörenden quantitativen Faktoren zur Sicherstellung der Wirtschaftlichkeit. **Prozessinnovation**

Qualitätsziele werden im Produktionsablauf auf die Prozessqualität (Prozesssicherheit, siehe Kapitel 3.5.2) und die Produktqualität bezogen. Angestrebtes Ziel ist in vielen Unternehmen die konsequente Vermeidung von Ausschuss und Qualitätsmängeln im Rahmen der so genannten *Null-Fehler-Produktion*. Von Bedeutung sind hierzu der Einbezug der Produktionsmitarbeiter in die Qualitätssicherung und der durchgängige Einsatz von Methoden des Quality Engineering (vgl. Kapitel 4.3). **Qualitätsziel Null-Fehler**

Kostenrelevant sind im Produktionsprozess hauptsächlich das *Anlagevermögen* (engl.: fixed assets), die Bestände, insbesondere die *Umlaufbestände* (engl.: circulating stock) sowie fixe und variable Kostenanteile insbesondere für Löhne, Material oder Transport. Die Kostenverteilung (engl.: cost allocation) wird hierbei im Betriebsabrechnungsbogen (BAB) auf Kostenstellen aufgeschlüsselt. **Kosten**

Die *Produktionsdurchlaufzeit* (engl.: production lead time) beeinflusst die Kapitalbindung des Umlaufvermögens und die Lieferzeit. **Produktionsdurchlaufzeit**

Zur übergreifenden Prozessoptimierung im Produktionsprozess bieten sich eine Reihe wichtiger Gestaltungsfelder an (vgl. BULLINGER 94b, SPUR 94, PFOHL 94, THALER 94b, WILDEMANN 95, FINGER 96, WIENDAHL 97, KOETHER 98): **Zusammenfassung: Gestaltungsfelder**

- Einsatz von PPS- und ERP-Systemen (Enterprise Resource Planning), um durchgängige Informationsflüsse und eine Datenintegration erreichen zu können,

- Anwendung von PPS-Verfahren zur Bedarfsauflösung aus Stücklisten,
- Belastungsorientierte und engpassorientierte Steuerungsverfahren,
- Nutzung produktionsnaher Steuerungsverfahren und Verfahren der Materialversorgung wie KANBAN zur Bestandsoptimierung und zur Vereinfachung der Steuerung und Versorgung,
- Anwendung von Abrufsystemen zur bedarfsgerechten Produktion, insbesondere bei Just-in-time-Lieferung und -Fertigung,
- Anwendung von Fortschrittszahlen zur Produktionssteuerung,
- Auslagerung von Leistungsprozessen und Fremdvergabe (Beispiel: Auslagerung Logistikleistungen, Logistik-Outsourcing, Verringerung der Logistiktiefe),
- Null-Fehler-Produktion, Verbesserung der Produkt- und Prozessqualität.

In Kapitel 6.1.3 werden wichtige Verfahren unter dem Oberbegriff „Einsatz von PPS- und ERP-Systemen" dargestellt. Verfahren zur produktionsnahen Steuerung und Materialversorgung werden in Kapitel 6.1.4 erläutert. Das Konzept der Null-Fehler-Produktion wird in Kapitel 6.1.5 dargestellt.

Vertiefung: spezielle Verfahren

Die Auslagerung von Prozessen (engl.: outsourcing) stellt ein strategisches Thema der Kosten- und Investitionsrechnung dar. Zum Logistik-Outsourcing und der Logistikstrategie wird auf vertiefende Literatur hingewiesen (SCHULTE 95, THALER 94b). Verfahren der Materialbereitstellung werden ausführlich in BULLINGER 94b dargestellt. Eine vertiefende Darstellung von Just-in-time zeigt WILDEMANN (WILDEMANN 95 sowie Literaturangaben am Ende von Kapitel 6).

6.1.3   Einsatz von PPS- und ERP-Systemen

6.1.3.1   Grundlagen

Abhängig vom Fertigungsprinzip bzw. vom Fertigungsablauf werden unterschiedliche Fertigungssteuerungsverfahren eingesetzt. Unterschieden wird die bedarfs- bzw. verbrauchsgesteuerte Produktion.

Definition: bedarfsgesteuerte Produktion

Bei der *bedarfsgesteuerten Produktion* (engl.: push production) wird von einer zentralen Fertigungssteuerung ausgegangen, die vom Produktionsprogramm für jede Fertigungsstufe festlegt, welche zu fertigenden Mengen zu welchem Termin für die Fertigungsbereiche zur Verfügung gestellt werden müssen (vgl. WILDEMANN 95).

Die Informations- und Materialbereitstellung erfolgt nach dem *Bring-Prinzip*, d.h., die zentrale Fertigungssteuerung koordiniert den Informationsfluss und löst programm- oder bedarfsgesteuert die Materialbereitstellung aus (*Abbildung 6.2*).

Definition: verbrauchsgesteuerte Produktion

Bei der *verbrauchsgesteuerten Produktion* (engl.: pull production) wird das Material nach dem *Hol-Prinzip* bereitgestellt.

166

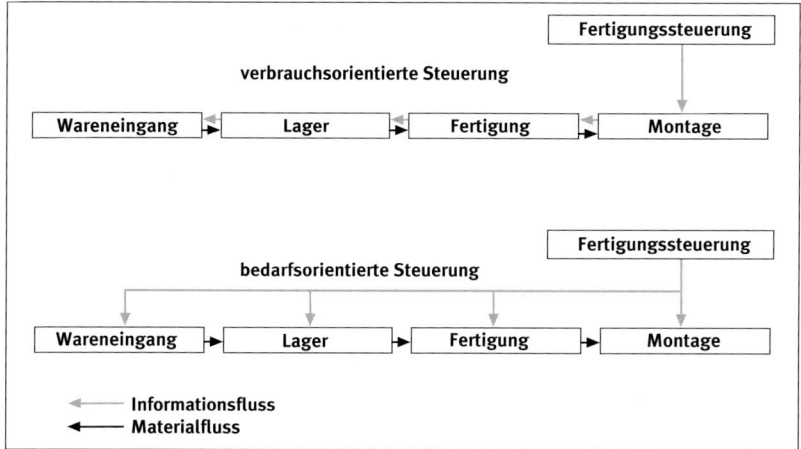

Abb. 6.2   Bedarfs- bzw. verbrauchsgesteuerte Produktion

Das bedeutet, dass die nachgelagerte Stelle die vorgelagerte Produktionseinheit steuert, indem sie das von ihr benötigte Material direkt anfordert, in Auftrag gibt oder aus einem Puffer, beispielsweise einem Zwischenlager, abholt. Hierbei beschränkt sich die Aufgabe der Fertigungssteuerung vor allem auf die Kontrolle der letzten Produktionsstufe, also beispielsweise der Endmontage (*Abbildung 6.2*). Dieses dezentrale Prinzip wird auch als „gezogene" Produktion bezeichnet (vgl. ADAM 92).

6.1.3.2   Übersicht zu PPS- und ERP-Verfahren

Systeme zur *Produktionsplanung und -steuerung* (PPS, engl.: production planning and control) werden zur Planung, Steuerung und Überwachung der Produktionsabläufe eingesetzt. Die meisten Systeme verwenden Algorithmen zur Berücksichtigung von Mengen, Terminen, Kosten und Kapazitäten. Als grundsätzliche Ziele werden das Erreichen kurzer Durchlaufzeiten, hoher Termintreue, niedriger Kapitalbindung und hoher Kapazitätsauslastung verfolgt (vgl. BUSCH 90, CDI 96a,b). **Ziele der PPS**

Systeme zum Enterprise Resource Planning, (ERP = Unternehmensplanung und -steuerung) werden zur Unternehmensplanung, Steuerung und Überwachung eingesetzt. Über die PPS-Funktionalität hinaus werden häufig Module zur Finanzwirtschaft, Einkauf und Materialwirtschaft, Entwicklung sowie Unternehmensführung genutzt. **Ziele der ERP**

Bei der Anwendung von PPS-Systemen ergeben sich neben methodischen Schwachstellen häufig folgende Probleme: **Probleme: Anwendung PPS**

Gesichtspunkt	Beschreibung
Reaktionszeiten	zu geringes dynamisches Reagieren auf Veränderungen
Datenpflege/Datenaktualität	zu hoher Aufwand zur laufenden Datenpflege u. -gewinnung, Stammdaten sind teilweise nicht gepflegt
Transparenz der Abläufe	mangelnde Nachvollziehbarkeit im System
Auftragsverfolgung	umständliche oder fehlende Auftragsverfolgung mit dem System
Datenschnittstellen	Datenweitergabe an Schnittstellen nur mit Zusatzprogrammen möglich
Störungsfolgen	bei Störungen des Systems „geht nichts mehr" („manueller" Notbetrieb)

Leistungsumfang

Die oft als integriert bezeichneten PPS-Systeme umfassen üblicherweise die Module Produktionsprogrammplanung, Bedarfsermittlung und Disposition, Auftragsabwicklung, Termin- und Kapazitätswirtschaft. Bei einigen Anbietern kann auch die Kundenauftrags- und Angebotsbearbeitung, Materialverwaltung, Einkauf, Werkstattsteuerung und die Betriebsdatenerfassung integriert werden (vgl. ROETZEL 94). Integration bedeutet, dass der Systemanbieter einzelne Module als Gesamtlösung aufeinander abstimmt.

Zusammenfassung: klassische PPS-Verfahren

Als klassische PPS-Verfahren gelten (vgl. BUSCH 90, BEIER 91, KOETHER 98, TEMPELMEIER 99):

Verfahren	Beschreibung
Material Requirement Planning (MRP I)	Verfahren zur Nettobedarfsplanung mit Stücklistenauflösung
Manufacturing Resource Planning (MRP II)	Verfahren zur Bedarfsplanung mit Abstimmung von Kapazitätsbedarf und -angebot, Weiterentwicklung von MRP I
Optimized Production Technology (OPT)	Engpassorientiertes, deterministisches Planungsverfahren, iterative Mengen- und Terminplanung bei Engpassstellen
Belastungsorientierte Auftragsfreigabe (BOA)	Zuweisungsverfahren, Aufträge werden mittels „Belastungsgrenzwert" zugewiesen. Zielsetzung: gleichmäßiger Durchlauf (Trichtermodell nach WIENDAHL)

Das MRP-I-Verfahren zur Nettobedarfsplanung ist das in PPS-Systemen am häufigsten eingesetzte Verfahren. Berücksichtigt werden sollte, dass eine Stücklistenauflösung unter Praxisbedingungen aufgrund des Datenanfalls in den meisten Unternehmen nur rechnergestützt durchgeführt werden kann.

Material Requirement Planning (MRP I)

MRP II stellt die Weiterentwicklung von MRP I dar, wobei zusätzlich das Kapazitätsangebot berücksichtigt wird. Das OPT-Verfahren sieht eine iterative Mengen- und Terminplanung nur für Engpassstellen vor und konzentriert sich damit auf „Staustellen". Die belastungsorientierte Auftragsfreigabe ist ein Zuweisungsverfahren, das Aufträge nur dann einlastet, wenn ein „Belastungsgrenzwert" am Arbeitsplatz eingehalten wird. Zugrunde liegt das so genannte Trichtermodell (WIENDAHL 97).

Weiterentwicklung MRP II

6.1.3.3 Probleme der PPS- und ERP-Anwendung

In der Betrachtung der grundlegenen Funktionen in der logistischen Kette werden durch PPS, d.h. durch MRP-I- sowie MRP-II-Verfahren nur die bereichsspezifischen Teilaufgaben „Beschaffen" bzw. „Herstellen" im Sinne der Versorgung bzw. Materialwirtschaft abgedeckt. Die Aufwärtsintegration erfolgt durch ERP-Konzepte, jedoch bleibt die Betrachtung auf innerbetriebliche Aufgaben fokussiert. Erst SCM liefert den konzeptionellen Ansatz, betriebsübergreifend planen und steuern zu können (*Abbildung 6.3*).

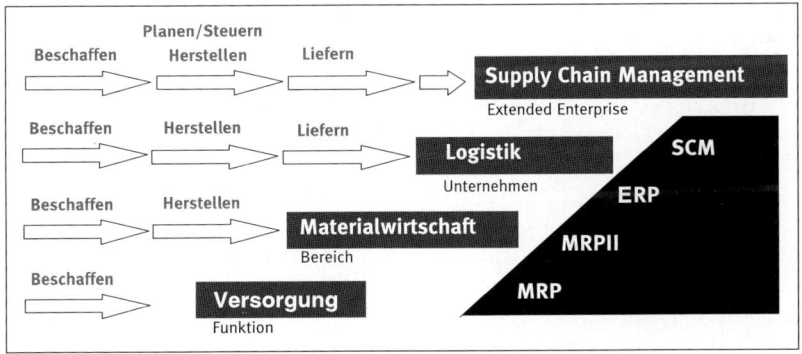

Abb. 6.3   Von MRP zu SCM

Die Grunddatenverwaltung von PPS-Systemen umfasst die Stammdatenpflege, Bearbeitung von Bewegungsdaten und Neuanlage von Datenstrukturen. Unterstützung bieten PPS-Systeme oft beim Auffinden von Arbeitsplänen, Stücklisten oder Auftragsdaten. Änderungen werden bezogen auf die jeweiligen Stammdaten geführt. Ein Stücklistenmodul unterstützt beispielsweise die Erstellung von Varianten-, Fertigungs-, Konstruktions- und Montagestücklisten sowie Teileverwendungsnachweisen. Über Änderungszustände wird eine Datenpflege geführt. Allerdings gestaltet sich die Aufwärtsintegration und Datenübernahme für SCM oftmals schwierig.

Problem: Notwendige Änderungen

**Problem:
Datenaktualisierung**

Konstruktionsänderungen bestehender Produkte bzw. Neuentwicklungen führen in der logistischen Kette beispielsweise zu verändertem Materialbedarf im Beschaffungsprozess, zu veränderten Arbeitsplänen im Produktionsplanungsprozess und zu veränderten Produktions- und Distributionsabläufen. Genauso führen unterschiedliche Bestellmengen und verschobene Termine zu Änderungen. In vielen PPS-Systemen wird statisch abgebildet, was tatsächlich ein dynamischer Prozess permanenter Änderungen ist. Oft hinkt die aufwendige Datenaktualisierung der Verarbeitung der Datenmengen hinterher. Infolgedessen entsprechen sich PPS-System und Realität des laufenden Betriebs nicht mehr. Das System eignet sich dann nur noch eingeschränkt für den „Routinebetrieb".

Problem: Neuanlauf

Die Problematik laufender Änderungen ist insbesondere bei Neuanläufen kritisch, denn dann nehmen Datenmengen durch häufigere Informationszyklen oft erheblich zu. Wenn der Änderungsdienst des hohen Aufwands wegen unterbleibt, kommen systembedingte Rechenfehler hinzu.

**Problem: Sukzessive
Kapazitätsplanung**

Unterstützung bieten PPS- und ERP-Systeme bei der Einplanung, der Kapazitätsverschiebung und der Simulation. Verschiedene Systeme bieten unterschiedliche Detaillierungsebenen der Auftragseinplanung an, wie Werkstattebene, Arbeitsplatzgruppen oder Arbeitsgang. Die oftmals sukzessive Kapazitätsplanung erschwert allerdings das dynamische Reagieren in der logistischen Kette.

**Problem:
konstante Kapazitäten**

PPS-Systeme erlauben oft nur die Einlastung mit konstant definierten Kapazitätsangeboten. Tatsächlich ist in der Realität die Kapazitätsverfügbarkeit durch flexible Arbeitszeiten oftmals nicht konstant. So tritt auch hier der Effekt ein, dass die tatsächlich in der Realität durchgeführte Auftragseinplanung abweicht von der im System geplanten. An *Engpassmaschinen* stauen sich beispielsweise Materialien und beeinträchtigen die weitere Abarbeitung. Auftragsreihenfolgen werden durch die Fertigungsmitarbeiter beim Erkennen von Terminüberschreitung neu gebildet. Diese Informationen sind angesichts eines hohen Aufwands oft nicht im PPS-System verfügbar.

**Problem:
Umlaufbestände**

Umlaufbestände und fertigungsnahe Puffer werden in vielen PPS-Systemen nicht berücksichtigt. Statt dessen werden Lagerverwaltungssysteme über Datenschnittstellen „angeschlossen". Zwar können dann Rechnungen zur Materialüber- und Materialunterdeckung im Lager oder die Inventur ausgeführt werden. Oft ist dies aber für die Bestandsführung in fertigungsnahen Bereichen nicht ausreichend.

**Problem:
Auftragsfreigabe**

Entschließt sich der Kunde zur Auftragserteilung, geht der geplante Auftragsstatus im PPS- und ERP-System in eine Auftragseinplanung über. Hierzu werden nach Auftragseingang die Kapazitätsbelegung eingeplant, der endgültige Liefertermin bestimmt und gleichzeitig die benötigten Materialien reserviert. Da die Erfolgsquote der Auftragseingänge oft unbekannt ist und zusätzlich keine Wiederbeschaffungszeiten im System berücksichtigt werden, wird für kritische Teile „auf Verdacht" disponiert. Dazu kommt, dass bestätigte und disponierte Aufträge geändert oder ergänzt werden.

Aus naheliegenden Gründen kann ein PPS- und ERP-System eine ungenaue Auftragsdatenbasis nicht kompensieren, es verschlechtern sich aber vielfach die Möglichkeiten einer aktuellen Kapazitäts- und Materialreservierung. Hinzu kommt, dass die Umdisposition von Aufträgen zu Mehraufwand, zur Überbelegung von Fertigungskapazitäten und zur Verlängerung von Lieferzeiten führt.

Problem: Disposition „auf Verdacht"

Zur Lösung der dargestellten Problematik bieten sich u.a. folgende Maßnahmen an:

Lösungsansätze

- Schaffung organisatorischer und prozessbezogener Maßnahmen und Regelungen zur Verbesserung der Datenaktualität in der logistischen Kette,
- Nutzung von Verfahren zur Simultan- statt Sukzessivplanung (siehe Kap. 5.2.3.3),
- Investition in technische Verfahren zur Datenerfassung, zentralisierten Speicherung und lokalen Nutzung über Netzwerke,
- Reduzierung der Komplexität durch Verfahren der produktionsnahen Steuerung und Materialversorgung.

Da der zuletzt genannte Ansatz vor allem zur übergreifenden Optimierung in der logistischen Kette an Bedeutung gewinnt, soll hierauf näher eingegangen werden.

6.1.4 Produktionsnahe Steuerung und Materialversorgung

In der Praxis werden vor allem folgende Verfahren eingesetzt (vgl. ADAM 92, TAKEDA 95, SPUR 94, LOHR 96, THALER 97b, KOETHER 98):

Produktionsnahe Steuerung

- KANBAN,
- Just-in-time,
- Leitstand- und Werkstattsteuerung,
- Fortschrittszahlen.

Als Bindeglied in der logistischen Kette dienen Lieferabrufsysteme, mit denen der Bedarf zum Lieferanten übermittelt wird.

6.1.4.1 KANBAN

KANBAN (japanisch sinngemäß für „Karte" oder „Zettel") bezeichnet ein verbrauchsorientiertes, produktionsnahes Steuerungsverfahren. Entwickelt und eingesetzt wurde das KANBAN-Verfahren zuerst bei einem japanischen Automobilhersteller.

Definition: Steuerungsverfahren KANBAN

Ziel von KANBAN ist es, den produktionswirtschaftlichen Zielsetzungen der Bestandsminimierung bei möglichst hoher Termintreue und Flexibilität gerecht zu werden (vgl. SPUR 94).

Supermarktprinzip

KANBAN basiert auf dem „Supermarktprinzip" für industrielle Fertigung (Hol-Prinzip). Es stellt ein System selbststeuernder Regelkreise mit umlaufenden Behältern für Standardprodukte dar. Eingesetzt wird KANBAN vor allem in Montage- und Fertigungslinien mit überwiegend linearem Materialfluss und hoher Wiederholhäufigkeit. Steuerungselemente sind Umlaufbehälter, an denen so genannte KANBAN-Karten angebracht sind.

Umlaufbehälter

Das Prinzip wird anhand eines Regelkreises mit Umlaufbehältern erläutert *(Abbildung 6.4)*. Als Grundgedanke wird angestrebt, die Versorgung zwischen dem Bereich Montage und der vorgelagerten Teilefertigung zu synchronisieren. Erst wenn die Montage die Bauteile auch tatsächlich einsetzt, soll die Teilefertigung diese nachproduzieren.

Beispiel: Regelkreis mit Umlaufbehältern und KANBAN-Karten

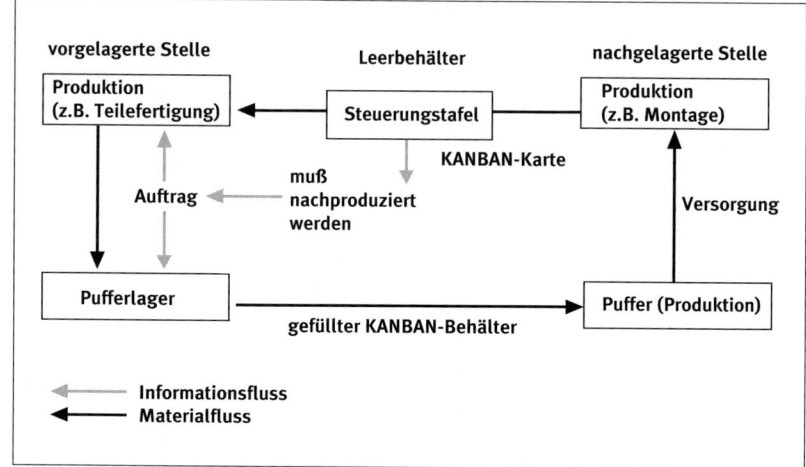

Abb. 6.4   KANBAN-Regelkreis zwischen Montage und Teilefertigung

Regelkreis

Die Beauftragung der vorgelagerten Teilefertigung zur Nachproduktion erfolgt nicht zentralisiert, sondern mit Hilfe der am Behälter angebrachten KANBAN-Karten, die zum Auslösen der Nachproduktion an einer so genannten KANBAN-Steuerungstafel angebracht werden. An dieser Steuerungstafel wird immer dann, wenn in der Montage ein voller KANBAN-Behälter verbraucht wurde, der Auftragsbestand zur Nachbestellung mit Hilfe hinzugefügter KANBAN-Karten angezeigt. Um eine wirtschaftliche Losgröße zu erreichen, wird allerdings nicht jeder Auftrag sofort nachproduziert. Die vorgelagerte Stelle „Teilefertigung" beginnt erst ab einer an der Steuerungstafel festgelegten Zahl von KANBAN-Karten mit dem Nachproduzieren. Um die laufende Versorgung sicherzustellen, wird Material über die Umlaufbehälter und über ein Pufferlager bereitgestellt *(Abbildung 6.4)*.

Abb. 6.5 *KANBAN-Anwendung bei der Produktion von ABS-Mag-*
netventilen (Werksfoto WABCO)

Die Materialversorgung erfolgt am KANBAN-Arbeitsplatz verbrauchsgesteuert und dezentral (*Abbildung 6.5*). Die Mitarbeiterin, die im Mon-
tageabschnitt die Produktion von ABS-Magnetventilen verantwortet, ver-
sorgt sich über den KANBAN-Regelkreis selbst mit dem benötigten Vormaterial. Arbeitsplatznahe Materialpuffer erlauben die schnelle und effiziente Kontrolle der Bestände. Gleichzeitig wird die Abstimmung zwischen
vor- und nachgelagerten Arbeitsstationen in der logistischen Kette har-
monisiert.

Beispiel: KANBAN

Ein KANBAN-Regelkreis wirkt zwischen einer verbrauchenden und einer
erzeugenden Produktionsstelle, wie das Beispiel zeigte. Die Synchronisation eines übergreifenden Prozesses – beispielsweise über mehrere Produktionsstufen – erfolgt über hintereinanderliegende KANBAN-Regel-
kreise. In der Praxis werden mehrere KANBAN-Arten eingesetzt:

Wirkungen

KANBAN-Art	Beschreibung
Ein-Karten-KANBAN	Verwendung einer einheitlichen KANBAN-Karte für Produktion und Transport, Pufferlager wird entweder der verbrauchenden oder erzeugenden Stelle zugeordnet
Zwei-Karten-KANBAN	KANBAN-Karten jeweils für Produktion und Transport, Pufferlager wird jeweils der verbrauchenden oder erzeugenden Stelle zugeordnet

Zusammenfassung:
KANBAN-Arten

KANBAN-Art	Beschreibung
Signal-KANBAN	Es wird „auf Sicht" nachproduziert, Verbraucher zeigt dem Produzenten den Sicherheitsbestand seines Puffers (auch Regal o.Ä.) mit Hilfe einer Signalmarke an, Produzent beginnt nachzuproduzieren, wenn diese Füllhöhe unterschritten wird.
„Elektronischer" KANBAN	Steuerung wird anstelle von KANBAN-Karten über Bildschirm vorgenommen.
Lieferanten-KANBAN	KANBAN-Anwendung zur Steuerung des Lieferanten, realisierbar als Karten- oder elektronischer KANBAN

Voraussetzungen
für KANBAN

Für das Funktionieren von KANBAN im Betrieb müssen neben der Voraussetzung, dass es sich um einen gleichmäßigen Bedarfsverlauf handelt, eine Reihe von organisatorischen Regeln beachtet werden (vgl. ADAM 92, SPUR 94, BULLINGER 94b). Die wichtigsten Regeln zeigt *Abbildung 6.6*.

Lieferanten-KANBAN

In der logistischen Kette werden oft nicht nur interne Stellen, sondern auch der Beschaffungsprozess zum Lieferanten mit KANBAN synchronisiert. *Abbildung 6.7* zeigt ein Beispiel der Anwendung eines Lieferanten-KANBAN zwischen der laufenden Produktion eines Herstellers und dem Lieferanten, der verbrauchsorientiert nachproduziert. Um dem Lieferanten die Auslastung seiner Kapazitäten zu erlauben, wird häufig zwischen Abnehmer und Lieferant ein Rahmenvertrag abgeschlossen.

Standardbehälter — Erzeugnisse werden in Standardbehältern transportiert.

Standardmenge — Jeder Behälter enthält eine Standardmenge an Erzeugnissen.

Zuordnung — Jedem Behälter ist entweder eine Fertigungs- oder eine Transport-KANBAN-Karte zugeordnet.

Aktionen — Ohne Transport-KANBAN kein Nachschub, ohne Fertigungs-KANBAN keine Fertigung

Kartenanzahl — Die Zahl der umlaufenden KANBAN-Karten ist festgelegt (Behälterkreislauf).

Verbraucher — Der Verbraucher darf nicht vorzeitig und auch nicht mehr als benötigt anfordern.

Produzent — Der Produzent darf nicht mehr Teile als benötigt herstellen, insbesondere nicht mehr als angefordert. Es dürfen keine fehlerhaften Teile geliefert werden.

Abb. 6.6 Organisatorische Regeln für KANBAN

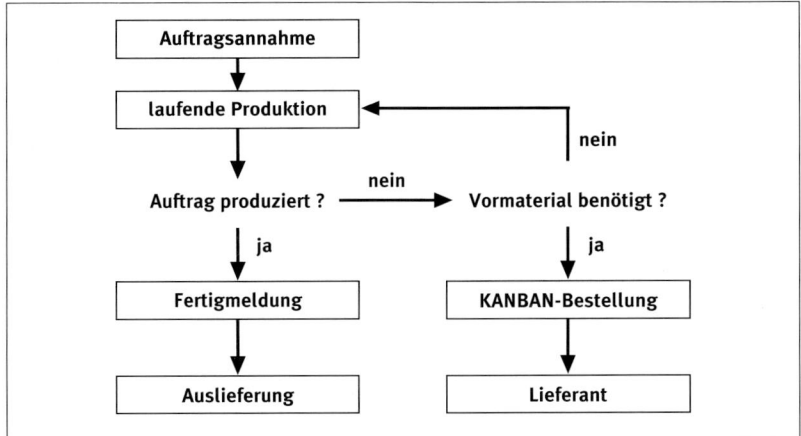

Verbrauchsgesteuerte Lieferabwicklung mit KANBAN

Abb. 6.7 Lieferanten-KANBAN

Mit einem Rahmenvertrag (engl.: life-time contract) vereinbaren Abnehmer und Lieferant einen i.d.R. mengenbezogenen Umfang (Rahmen) einer langfristig wirksamen Lieferung. Die Vereinbarung kann sowohl mengen- als auch wertbezogen getroffen werden, d.h. nach Mengenraster bzw. Höhe des Beschaffungswertes. Rahmenverträge werden meist durch weitere Vereinbarungen ergänzt, wie Kapazitätsvorhaltung oder Abreden zur Qualitätssicherung.

Rahmenvertrag bei KANBAN

Zur Bereitstellung von Material mit Hilfe eines Lieferanten-KANBAN werden in der Praxis drei übliche Grundmuster zur Beschaffung angewendet (*Abbildung 6.8*).

Grundmuster zur Beschaffung

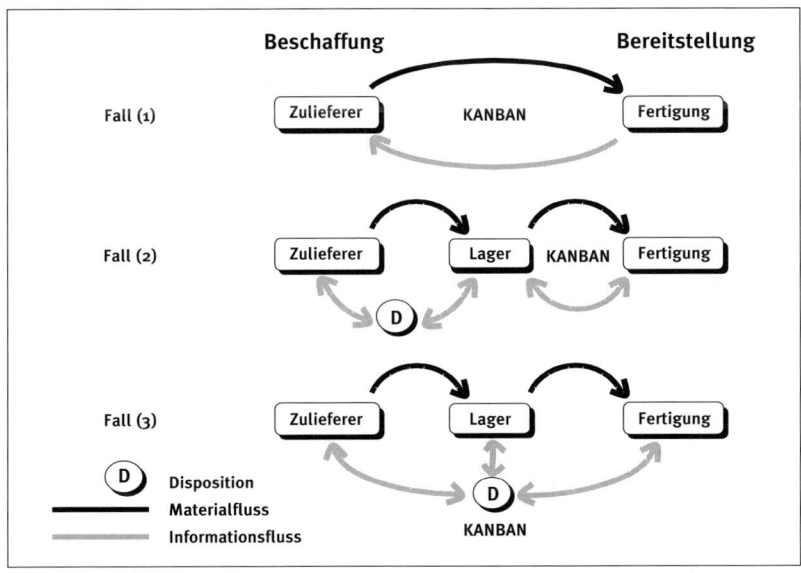

Abb. 6.8 Beschaffungsmuster mit Lieferanten-KANBAN

KANBAN-Anwendung

Fall (1) sieht die direkte Verknüpfung zwischen Lieferant und Abnehmer vor, es werden nur produktionsnahe Pufferbestände gehalten. Im Fall (2) wird Material über ein der Produktion des Abnehmer vorgeschaltetes Lager geführt und mit KANBAN aus diesem Lager abgerufen. Der Lieferant hat über eine entsprechende Disposition das Lager zu versorgen. Fall (3) ist typisch für eine Versorgung mit einem logistischen Dienstleister, da dieser die Disposition der Lagermengen übernimmt, beispielsweise mit einem elektronischen KANBAN.

Die Einsatzvoraussetzungen für KANBAN sind:

Zusammenfassung: Einsatzvoraussetzungen für KANBAN

Merkmal	Beschreibung
Produkt	Standard- und Verbrauchsteile, z.B. technisch ausgereifte Teile, keine oder nur wenige Produktänderungen
Produktionsprogramm	harmonisiertes Produktionsprogramm, kontinuierlicher Bedarf (kein Exotenbedarf)
Layout / Flächen	Layout sollte ausreichende Bereitstellflächen aufweisen (Puffer)
Prozess	kurze Rüstzeiten, hohe Verfügbarkeit der Betriebsmittel
Kapazität	flexible Kapazitätsreserven ggf. notwendig
Qualifikation	prozessbegleitende Qualitätssicherung, Mehrfachqualifikation der Mitarbeiter sinnvoll
Dispositionsverfahren	verbrauchsgesteuert, dezentral, keine Mischung von KANBAN- und anderen Steuerungsverfahren
Lieferant	nur Einbindung ausgewählter Zulieferer (Lieferausfall!)

6.1.4.2 Just-in-time

Definition: Steuerungverfahren JIT

Just-in-time (JIT) ist ein bedarfsorientiertes Steuerungsverfahren, das im Gegensatz zu KANBAN eine zentrale Steuerung voraussetzt.
Ziel von JIT ist die zentrale Synchronisation mehrerer Stufen des Produktionsprozesses von der letzten Produktionsstufe bis hin zu den Lieferanten (vgl. Wildemann 95, Takeda 95).

Kennzeichen: „gerade noch rechtzeitig"

Kennzeichen von JIT sind zeit- und mengengenaue Bereitstellung, Transport und Produktion von Material. Durch JIT wird die Ausrichtung der

Produktion auf Marktbedürfnisse und in der Folge die Reduzierung von Beständen und Flächen möglich.

JIT wird häufig für die Synchronisation von Endmontagen und Vorfertigungsbereichen für hochwertige oder großvolumige Teile oder Komponenten angewendet. Durch eine zielgesteuerte Bereitstellung dieser Teile können Bestände und Lagerflächen optimiert werden.

Im Anwendungsbereich wird JIT unterschieden in *Just-in-time-Produktion* (engl.: JIT production) und *Just-in-time-Anlieferung* (engl.: JIT supply). Die JIT-Produktion umfasst den mit JIT gesteuerten Produktionsablauf, mit der JIT-Anlieferung wird die logistische Kette zwischen Lieferant und Abnehmer synchronisiert.

JIT-Produktion und JIT-Anlieferung

Das JIT-Prinzip wird an einem Beispiel in *Abbildung 6.9* erläutert. Im Hauptprozess, hier die Montage, werden hochwertige Bauteile zu einem festgelegten Zeitpunkt an der Montagestation benötigt.

JIT-Prinzip

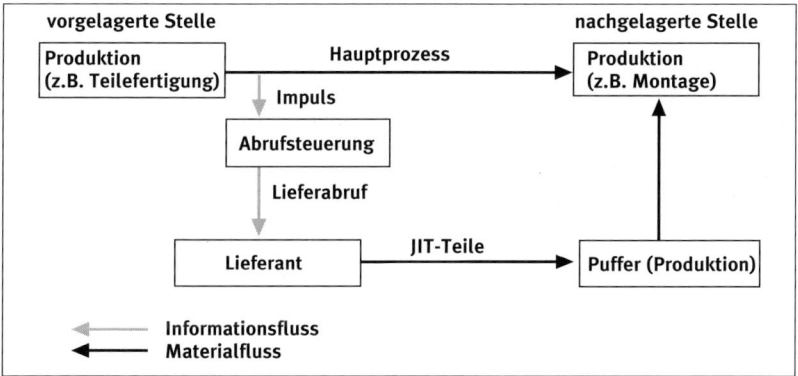

Zentrale Zielsteuerung zur zeit- und mengengenauen Versorgung

Abb. 6.9   Zielsteuerung mit Just-in-time

Über die zentrale Abrufsteuerung wird der Hauptprozess überwacht und bereits bei der vorgelagerten Produktionsstufe, d.h. mit einem zeitlichen Vorlauf für den Lieferanten, ein *Lieferabruf* (engl.: call) für das benötigte Bauteil erzeugt. Im Lieferabruf wird der in einem Zeitabschnitt benötigte Bedarf zusammengefasst und an den Lieferanten übermittelt. Die zielgesteuerte Bereitstellung ermöglicht damit eine genaue Synchronisation zwischen den Produktionsstufen und dem Lieferanten. Die Synchronisation erfolgt üblicherweise mengengenau zum Liefertermin. Für die Reihenfolgesteuerung in der Fahrzeugindustrie wird darüber hinaus für besondere Teile wie Sitze, Cockpit oder Schiebedächer auch die Lieferreihenfolge festgelegt. In den genannten beiden Fällen spricht man von mengengenauen bzw. reihenfolgegenauen JIT-Abrufen.

JIT-Anwendung

Während im ersten Fall keine Festlegung von Auftragsreihenfolgen notwendig ist, wird dies im zweiten Fall erforderlich, wie beispielsweise für den Einbau unterschiedlicher Sitze in der laufenden Fahrzeugendmonta-

Reihenfolgegenaues JIT

ge. Reihenfolgegenaues JIT wird hauptsächlich für großvolumige, hochwertige Teile vorgenommen, um damit die Bestandsführung auf den Lieferanten zu verlagern. Damit der JIT-Lieferant wirtschaftlich produzieren kann, wird die Bedarfsreihenfolge über eine Onlineverbindung (Datenfernübertragung) mit einem Vorlauf übermittelt. Beim Zulieferer werden kundenspezifische Bauvarianten erst am Ende der eigenen Fertigungslinie gebildet. Dies dient vor allem dazu, einen auftragsneutralen Vorlauf der eigenen Fertigung nutzen zu können. Damit kann der Zulieferer flexibel reagieren und ebenfalls eigene Bestände senken.

Beispiel: reihenfolgegenaue Bauteileeinsteuerung

Die zeit- und reihenfolgegenaue Einsteuerung von teuren und großvolumigen Bauteilen wird besonders in der Endmontage angewendet (*Abbildung 6.10*). Das Bild zeigt die „Hochzeit" der montierten Baugruppen des Fahrwerkrahmens eines Nutzfahrzeugs (inkl. Längsträgern, Bodenbaugruppen und Achsen) mit den Aufbauten (Kabine, Aufbauten und Aggregat), die sequenzgenau angeliefert werden müssen, um das kundenspezifisch geordnete Fahrzeug zu montieren. Die Synchronisation im Montagetakt erfordert eine präzise Abstimmung in der logistischen Kette.

Abb. 6.10 Teileeinsteuerung in der Nutzfahrzeugendmontage (Werksfoto Daimler-Benz)

Die Einsatzvoraussetzungen für JIT sind (vgl. TAKEDA 95):

Zusammenfassung: Einsatzvoraussetzungen für JIT

Merkmal	Beschreibung
Produkt	hochwertige Teile und Komponenten
Produktionsprogramm	kontinuierlicher Bedarf, ggf. Variantenteile
Layout / Flächen	linienorientiertes Layout
Prozess	transparente, stabile Prozessabläufe, insbesondere bei den Lieferanten, kurze Rüstzeiten, hohe Verfügbarkeit der Betriebsmittel
Kapazität	Abstimmung von Produktions-, Förder- und Transportsystemen bzw. -kapazitäten notwendig, flexible Kapazitätsreserven, vor allem bei Abrufschwankungen
Qualifikation	prozessbegleitende Qualitätssicherung, hohe Flexibilität des Personals
Dispositionsverfahren	bedarfsgesteuert (programmgesteuert), hoher organisatorischer Aufwand, sinnvoll nur für ausgewählte Teile, kontinuierlicher Bedarf, ggf. Variantenteile
Lieferant	Transportstrecke zwischen Lieferant und Kunde möglichst kurz (Verkehrsbelastung, Lieferausfall!), intensiver, präziser Datenaustausch per DFÜ, Notfallager ggf. sinnvoll (Risikofaktoren der Fertigung und des Transports)

Mehrbelastung des Verkehrs

Insbesondere die JIT-Anbindung mit Lieferanten sollte sehr genau auf wirtschaftliche und ökologisch sinnvolle Realisierungsmöglichkeiten untersucht werden. Problematisch ist unter anderem die Mehrbelastung des Straßenverkehrs bei kurzzyklischen Abrufen und räumlich weit auseinanderliegenden Produktionsstätten. Sinnvoll ist u.a. der Einbezug von Güterverkehrszentren zur Entlastung von Verkehrswegen und die werksnahe Ansiedlung von Lieferanten in Lieferantenparks (siehe Kapitel 6.2).

6.1.4.3 Leitstand- und Werkstattsteuerung

**Definition:
Leitstandsteuerung**

Die *Leitstandsteuerung* (engl.: job shop control) übernimmt die Aufgabe, auftragsbezogene Ziele der zentralen Fertigungssteuerung auf Werkstattebene umzusetzen.

Dies bedeutet, alle Maßnahmen der Arbeitsverteilung zu regeln, die zur kurzfristigen Einplanung und Belegung der Kapazitäten sowie Festlegung von Werkzeugen, Materialien, Vorrichtungen usw. erforderlich sind. Dies können auch dispositive Steuerungsaufgaben sein, wie die Vorlaufsteuerung für Materialien mit langer Wiederbeschaffungszeit, um Engpasssituationen zu vermeiden. Hilfsmittel der Leitstandsteuerung sind u.a. Plantafeln zur Kapazitätssteuerung und -belegung, die auch als so genannter „elektronischer" Leitstand verwendet werden (vgl. BEIER 91, KOETHER 98). Die Leitstandsteuerung wird vor allem bei Werkstättenfertigung, insbesondere zur Einzel- und Kleinserienfertigung, eingesetzt.

Auftrags- und Fortschrittsüberwachung

Die *Auftrags- und Fortschrittsüberwachung* (engl.: production control) stützt sich i.d.R. auf die Betriebsdatenerfassung (BDE). Bei der rechnergestützten Erfassung des Arbeitsfortschritts sind folgende Betriebsdaten relevant:

Datenart	Beispiel für Auftrags- und Fortschrittsdaten
Auftragsdaten	Beginn und Fertigstellung von Arbeitsgängen, Zeitpunkt Auftragsbeginn, Zeitpunkt Auftragsabschluss, erfasste Auftragsbelege
Bestandsdaten	fertiggestellte Menge, Auftragsfortschritt in Stück
Maschinendaten	Maschinenlaufzeit, Maschinenstillstandszeit
Personaldaten	Schichtbeginn, Schichtende

**Beispiel:
Leitstandsteuerung**

Die Anwendung einer Leitstandsteuerung zeigt folgendes Beispiel:

Über ein zentrales Steuerungssystem des Unternehmens wird ein Wochenarbeitsvorrat für jeden Produktionsbereich zugewiesen. Über die Leitstandsteuerung wird innerhalb dieses Zeitraumes die genaue Belegung, Auftragsreihenfolge und das Umrüsten auf Ebene der Meisterbereiche festgelegt und dezentral durchgeführt. Auf Arbeitsgangebene werden die Aufträge den Maschinen zugeordnet und terminiert. Die Leitstandsteuerung überwacht die Fertigstellung der Aufträge.

Abhängig von den aktuellen Produktionsbedingungen, der Personalverfügbarkeit, der verfügbaren Anlagen oder der kurzfristigen Annahme von Eilaufträgen, werden durch den Leitstand Umplanungen durchgeführt. Der Leitstand steuert Maschinenbelegung, Arbeitszeitbedarf und Überstundenbedarf. Beginn und Abschluss der Bearbeitung an den Maschinen werden über BDE-Terminals erfasst.

Die Leitstandsteuerung basiert auf folgenden Einsatzvoraussetzungen:

Einsatzvoraussetzungen zur Leitstandsteuerung

- genaue Abstimmung, d.h. Zusammenwirken zwischen zentraler Fertigungssteuerung und Leitstandsteuerung, damit Flexibilitätsspielräume genutzt werden können,
- schnelle, reibungslose Kommunikation zwischen Leitstandsteuerung, Meisterbereichen und Produktionsmitarbeitern,
- Anwendung für flexible Fertigungssysteme, wie in Einzel- und Kleinserienfertigung.

Damit die Freigabe, Zuordnung, Reihenfolge (Einsteuerung) und Terminierung für verschiedene, laufende Produktionsaufträge vorgenommen werden kann, müssen Steuerungsstrategien mit *Zuteilungsregeln* festgelegt werden. Diese legen fest, nach welchen Bedingungen Aufträge eingeplant werden. Gebräuchliche Zuordnungsregeln bei der Auftragseinsteuerung sind (vgl. BEIER 91) :

Zuteilungsregeln zur Auftragseinsteuerung

Zuteilungsregel / Abkürzung	Beschreibung
Auftragseingangsregel First in, first out / FIFO	Aufträge werden in gleicher Reihenfolge des Auftragseingangs abgearbeitet.
Kürzeste Operationszeitregel KOZ	Der am schnellsten durchführbare Auftrag wird vorgezogen.
Auftragsendterminregel AUE	Der früheste Liefertermin entscheidet über die Einsteuerung.
(Kürzeste) Restarbeitszeitregel RAZ	Der jeweils zeitintensivste Auftrag wird vorgezogen.

Neben der Anwendung von Zuordnungsregeln werden zur Auftragseinsteuerung auch Verfahren der Simulation eingesetzt (vgl. THALER 90).

6.1.4.4 Fortschrittszahlen

***Fortschrittszahlen* (engl.: cumulates) sind mengenbezogene Zahlen, die bezogen auf einen betrachteten Abschnitt in einem Produktionssystem eine Aussage über den jeweiligen Bearbeitungsfortschritt erlauben.**

Definition: Fortschrittszahlen

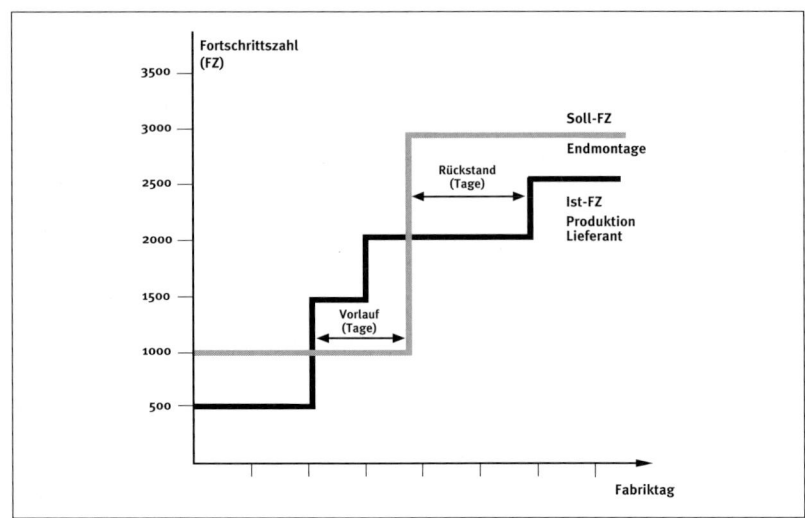

Abb. 6.11 *Anwendung von Fortschrittszahlen*

Hierzu wird der Produktionsablauf in zusammenhängende Abschnitte aufgeteilt und jeweils ein Zählpunkt festgelegt, an dem die produzierten Mengen erfasst werden. Die am Zählpunkt eines Abschnitts (1) erfassten Mengen entsprechen der Ist-Fortschrittszahl. Im nachgelagerten Abschnitt (2) entsteht ebenfalls eine Fortschrittszahl, diese wird zur Soll-Fortschrittszahl für Abschnitt (1). Durch den Vergleich im Fortschrittsdiagramm wird der Bearbeitungsfortschritt deutlich (vgl. LOHR 96).

**Beispiel:
Fortschrittszahlen**

Die Anwendung von Fortschrittszahlen zeigt ein Beispiel (Abbildung 6.11).

Bei einem Kfz-Zulieferer wird die Produktion von Einbauteilen für den Abnehmer über Fortschrittszahlen gesteuert. Dazu erhält der Lieferant über ein Lieferabrufsystem die Soll-Fortschrittszahl, die dem aktuellen Teilebedarf der Endmontage entspricht. Der Lieferant führt die eigene Produktion mit der Ist-Fortschrittszahl. Ein Rückstand wird im Fortschrittsdiagramm deutlich, wenn die Ist-Fortschrittszahl kleiner als die Soll-Fortschrittszahl wird. Umgekehrt ist auch der Vorlauf der Produktion ersichtlich.

**Zusammenfassung:
Einsatzvoraussetzungen
von Fortschrittszahlen**

Die Einsatzvoraussetzungen von Fortschrittszahlen sind:

- mengenbezogene Steuerung von Produktionsabschnitten durch Soll-/Ist-Vergleich,
- Erfassung von Ist-Produktionsmengen an Zählpunkten im System,
- Übertragung der Fortschrittszahlen mit einem Lieferabrufsystem,
- Anwendung vorzugsweise bei der Serienfertigung, insbesondere in der Automobil- und Zulieferindustrie.

6.1.4.5 Lieferabrufsysteme

Als *Lieferabrufsystem* (engl.: delivery data processing) werden rechnergestützte, vernetzte Systeme und Verfahren zur Abwicklung der Material- und
Güterdisposition zwischen Abnehmer und Lieferanten bezeichnet.

**Definition:
Lieferabrufsystem**

Lieferabrufsysteme stellen aus Abnehmersicht die rechtzeitige, in Menge
und Umfang kostenoptimale Güterversorgung durch Abruf in Raten
sicher. Aus Lieferantensicht sind mit der Einbindung in ein Lieferabrufsystem i.d.R. Mengenvorteile aufgrund längerfristiger Belieferung (beispielsweise durch Rahmenverträge) verbunden.

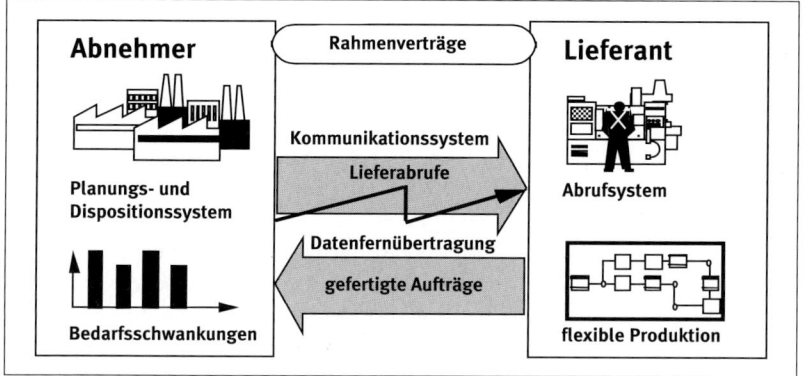

Abb. 6.12   Lieferabrufsystem als Bindeglied in der logistischen Kette

Typischer Einsatzbereich ist der im Zeitraster häufige, allerdings nicht not-
wendigerweise mengengleiche oder zeitlich regelmäßige Abruf von Güter-
mengen in Raten. Lieferabrufsysteme werden häufig eingesetzt, um mit
Hilfe von *Lieferabrufen* (engl.: call) Nachfrageschwankungen über Verringerung oder Erhöhung der Bestellumfänge bzw. Veränderung der
Bestellzeitpunkte auf die Lieferanten zu übertragen (*Abbildung 6.12*).
Eine Bestätigung des Lieferabrufs durch den Lieferanten braucht nicht zu
erfolgen. Die Folge des Einsatzes von Lieferabrufsystemen ist meist eine
Übernahme der Bevorratung durch den Zulieferer.

**Einsatzbereich von
Lieferabrufsystemen**

Lieferabrufsysteme können in drei wesentliche Komponenten gegliedert
werden (vgl. THALER 97b):

Komponenten

- Planungs- und Dispositionssystem auf Abnehmerseite,
- Abrufsystem auf Lieferantenseite,
- Kommunikationssystem, d.h. technische Verbindung zwischen
  Abnehmer und Lieferant.

Im *Planungs- und Dispositionssystem* werden auf Abnehmerseite Plan-
und Istzahlen ermittelt, bezogen auf Menge und Zeitpunkt der durch die
Lieferabrufe zu bestellenden Raten. Hierzu sind der Planungshorizont, das
Zeitraster und der Planungszyklus vorgegeben. Der Planungshorizont

**Planungs- und
Dispositionssystem**

definiert die Vorschauperiode, beispielsweise geplante Bestellungen in den zukünftigen Monaten und tatsächliche Bestellungen in den nächsten Tagen. Daten hierzu werden aus der Programmplanung mittels Prognoserechnung oder Schätzung sowie für Istabrufe aus der Materialbedarfsrechnung durch Stücklistenauflösung gewonnen.

Planungszyklus

Der Planungszyklus definiert das Fortschreiben der Lieferabrufe im Zeitverlauf, beispielsweise durch wöchentliche Fortschreibung der Lieferabrufe. Um die Planungssicherheit der Lieferanten in gewissen Grenzen zu erhalten, werden teilweise Schwankungsbreiten für Abweichungen von den Planzahlen festgelegt.

Abrufsystem

Im *Abrufsystem* werden auf der Lieferantenseite Plan- und Istdaten der Lieferabrufe erzeugt. Ein Lieferabruf umfasst u.a. Bestellmenge und Zeitpunkt für die vom Lieferanten zu produzierenden Teile sowie die bereits erwähnte Vorschau. Meist werden zusätzlich Daten zu den bereits erhaltenen Lieferungen sowie ggf. zu Aussenständen (Fehlmengen) übermittelt. Für den Lieferanten ist der Übergang von geplanten Bestellungen auf konkrete, d.h. rechtsverbindliche (Ist-)Abrufe (Bestellungen) wichtig.

Längerfristige Abnahmemenge

Die Sicherheit einer insgesamt vereinbarten Abnahmemenge über eine längere Zeitperiode (Rahmenvertrag) gleicht für den Lieferanten das Risiko ungewisser Abrufe, d.h. unsicherer Bestellmengen oder -zeitpunkte aus. Problematisch sind allerdings – neben der technischen und organisatorischen Installation des Lieferabrufsystems – meist die zusätzlichen, erhöhten Anforderungen an die betriebliche Flexibilität und der Effekt auf die Lagerhaltung des Lieferanten.

Kommunikationssystem

Mit Hilfe des *Kommunikationssystems* (Verbindung Abnehmer – Lieferant) werden Lieferabrufe mittels Datenfernübertragung (DFÜ) übermittelt.

Beispiel: Lieferabrufsystem

Praxisbeispiel – Lieferabrufsystem bei der Nutzfahrzeugendmontage

Im Endmontagewerk eines Nutzfahrzeugherstellers müssen für die laufende Produktion monatlich etwa 22.000 Positionen disponiert werden, größtenteils mit geringen Stückzahlen. Dies ergibt sich u.a. aus der hohen Teilevielfalt von ca. 2000 Grundbaumustern und 50.000 möglichen Ausführungen. Der Kunde hat bis 35 Tage vor Schlussabnahme die Möglichkeit, die Ausführung des Fahrzeugs zu verändern.

Die Disposition der Teile erfolgt zu 60 % auf Basis einer Nettobedarfsrechnung, wobei in der Regel bei den meisten Positionen ein Werksbestand von zwei Arbeitstagen zugrunde liegt. Bei etwa 40 % der Positionen werden die Bedarfsmengen mit Fortschrittszahlen ermittelt und per DFÜ an den Lieferanten weitergegeben.

Absatzzahlen für die Fahrzeugtypen werden vom Vertrieb langfristig geplant. Allerdings müssen aktuelle Kundenbestellungen im laufenden Fertigungsprogramm aufgenommen werden. Der Vertrieb des Fahrzeugherstellers legt daher zunächst ein über mehrere Jahre reichendes Produktionsprogramm auf, das auf Jahre und Monate heruntergebrochen und im Prinzip laufend aktualisiert wird. Mit dem Lieferabruf VDA 4905 (vgl. Kapitel 3.2.2) wird dem Lieferanten für seinen Lieferanteil eine Vorschau auf das zu erwartende Mengengerüst (= Plan-Stückzahlen) für die nächsten 6 Monate gegeben.

Für die ersten 8 Wochen dieser Vorschau erfolgt für den Lieferanten eine Stückzahlangabe pro Tag, für die weitere Periode je eine Stückzahlangabe pro Woche. Die Planung wird im wöchentlichen Zyklus fortgeschrieben, wobei eine Toleranz von +/-20 % für Mengenänderungen möglich ist. Mit dem Feinabruf VDA 4915 wird der kurzfristige Planungshorizont bis 14 Arbeitstage vor Istabruf festgelegt. Zeitraster und Planungszyklus sind dabei Tage. Da es sich ebenfalls um Planzahlen handelt, ist eine Mengentoleranz von +/- 5 % möglich. Der Sequenzabruf VDA 4916 beinhaltet schließlich den tatsächlichen Istabruf (keine Mengentoleranz), d.h., die abgerufene Komponenten gelangen unmittelbar nach Abruf und Transport zum Hersteller in die Fahrzeugendmontage (VDA89, VDA91).

Die folgende Tabelle fasst die Systematik der Lieferabrufe zusammen.

Art des Abrufs	Horizont	Raster	Zyklus	Mengentoleranz
Lieferabruf	6 Monate	Tage Wochen	wöchentlich	+/- 20%
Feinabruf	14 Arbeitstage	Tag	täglich	+/- 5%
Sequenzabruf	unmittelbar (Istabruf)	Fahrzeugimpuls	kontinuierlich	+/- 0%

6.1.5 Null-Fehler-Produktion

Ziel der *Null-Fehler-Produktion* (engl.: zero defects production) ist die vollständige Vermeidung von Produktfehlern und Ausschuss (engl.: scrap).

Definition: Null-Fehler-Produktion

Ein systematischer Ansatz hierzu wurde zuerst von japanischen Firmen entwickelt und praktikabel umgesetzt. Dies ist u.a. der Grund, warum viele Qualitätssicherungsmethoden durch japanische Begriffe gekennzeichnet sind. Heute sind TQM-Systeme (total quality management) weltweit in den meisten Unternehmen zu finden.

Das grundlegende Konzept der Null-Fehler-Produktion geht davon aus, dass eine *vorbeugende* Qualitätssicherung (QS) einer im Prozess nachgelagerten Qualitätskontrolle überlegen ist. Das Konzept der Null-Fehler-Produktion setzt daher auf (vgl.: EVANS 93, MASING 94, WESTKAMPER 96):

- Mitarbeitereinbindung: Qualitätsicherung ist Aufgabe aller Mitarbeiter, nicht die einer Abteilung,
- Ursachenanalyse: nicht: was sind die Fehler, sondern: was sind die Ursachen, die Fehler hervorrufen,
- 100-%-Prüfung: an jedem Arbeitsplatz sollte (mit Vorrichtungen) automatisch 100 % auf Fehler (auf Toleranzeinhaltung) geprüft werden (Poka-Yoke),
- Sofortige Fehlerbehebung: bei Auftreten eines Fehler wird der Prozess gestoppt, d.h., Fehler dürfen nicht weitergegeben werden,
- Visualisierung: Qualitätsdaten werden für alle Mitarbeiter visualisiert. Hilfsmittel sind Schautafeln für Streudiagramme, Qualitätsregelkarte, u.v.m. (siehe Tabelle).

Sieben QS-Werkzeuge

Die Tabelle zeigt die so genannten sieben QS-Werkzeuge zur Qualitätsverbesserung (vgl. Evans 93, Masing 94).

Methode (dt. / engl.)	Einsatzbereich
Flussdiagramm / flow diagram	Beschreibung des Prozessablaufs, Einflusspunkte
Prüfbogen / check sheet	Datensammelblatt (z.B. Fehlerarten, Fehleranzahl)
Histogramm / histogram	Merkmalsverteilung (z.B. Fehlerarten nach Häufigkeit, Dauer)
Pareto-Diagramm / pareto diagram	(kumulierte) Verteilung nach Wichtigkeit (z.B. Einteilung A, B, C-Klassen)
Ursache-Wirkungs-Diagramm / cause-and-effect diagram	Strukturbaum Fehlerursache – Fehlerwirkung (Beispiel siehe Abbildung 4.6)
Streudiagramm / scatter diagram	Korrelation von Einflussgrößen
Qualitätsregelkarte / quality control chart	Toleranzabweichung gemessener Werte vom Mittelwert (im Zeitablauf)

ppm-Rate

Als Maß für die Fehlerrate dient in vielen Unternehmen die so genannte ppm-Rate, die die Anzahl Fehlerteile pro eine Million produzierter Stück ausdrückt (engl.: parts per million).

Zusammenfassung: übergreifende Maßnahmen zur Null-Fehler-Produktion

Das Ziel „Null Fehler" kann nur durch übergreifende Maßnahmen, ausgehend vom Produktplanungs- und Entwicklungsprozess bis hin zur Produktion erreicht werden. Die relevanten Verfahren zeigt die Übersicht:

Verfahren	Bereich / Wirkung im Produktionsprozess
Quality Function Deployment (QFD)	Produktplanung, Produktbewertung / Vergleich Kundenanforderungen zu Produktfunktionen, abgeleitete Anforderungen für den Produktionsprozess
Failure-Mode and Effects Analysis (FMEA)	Entwicklung, Fertigung / Reduktion der Produkt- und Prozessfehler, Prozessvereinfachung (Produktion und Logistik), Qualitätsverbesserung
Wertanalyse	Entwicklung, Fertigung / Senkung Herstellkosten, Materialaufwand
Qualitätssicherungszirkel	Produktion / Qualitätsteams, Verbesserung der Arbeitsabläufe, KVP, CIP, Steigerung des Qualitätsbewusstseins
Poka-Yoke	Fertigung / Maßnahmen zur Fehlervermeidung im Prozess, Vorrichtungen, Signaleinrichtungen u.ä.
Schneller Werkzeugträgerwechsel (SMED)	Produktion / Fertigungsflexibilität
Statistische Prozesssteuerung (SPC)	Produktion / Qualitätssicherung, Prozesssicherheit
Maschinenfähigkeits- / Prozessfähigkeitsuntersuchung	Produktion / Prozesssicherheit, -fähigkeit

Die Verfahren QFD, FMEA und Wertanalyse sind im Zusammenhang mit dem Produktplanungs- und Entwicklungsprozess in Kapitel 4.3.3 bis 4.3.5 dargestellt, die Maschinenfähigkeits- bzw. Prozessfähigkeitsuntersuchung in Kapitel 3.5.2.

Aus der Sicht der *Produktion* bilden kleine, überschaubare Einheiten den organisatorischen Kern der Team- und Gruppenarbeit. Durch dezentrale Aufgaben- und Kompetenzbereiche können Planung, Durchführung und Kontrolle in den Arbeitsablauf integriert und sinnvoll zusammengeführt werden. Hierdurch ergeben sich Möglichkeiten zur Reduzierung der Arbeitsteilung unter Einbeziehung einer erweiterten Mitarbeiterverantwortung. Als Folge kann eine präventive, systemische Qualitätssicherung, die prozessbegleitend wirkt, erreicht werden.

Qualitätssicherung im Prozess

Qualitätssicherungs-
zirkel

Qualitätssicherungszirkel (engl: quality circles) dienen zur organisatorischen Sicherstellung und Verbesserung des Prozessqualität. Neben technischen Aspekten der Verbesserung der Arbeitsabläufe stehen oft die Erhöhung der Arbeitsqualität und die Steigerung des Qualitätsbewusstseins bei den Mitarbeitern im Vordergrund. Darüber hinaus wird zur laufenden Produktionsüberwachung die *statistische Prozesssteuerung* (engl.: statistical process control = SPC) eingesetzt.

Selbstkontrolle

Die Qualitätssicherung sollte vorbeugend betrieben und vom Handeln und Vorausdenken jedes Mitarbeiters geprägt sein. Anstatt Qualität nur nachträglich „zu prüfen" und dabei Nacharbeit und hohe Ausschussquoten in Kauf zu nehmen, werden qualitätssichernde Maßnahmen wo immer möglich in den Prozess „eingebaut". Dies zeigt sich an der Selbstkontrolle, der Betriebs- und Prüfmittelüberwachung und der Übernahme der Prüfplanung in die Gruppen.

Statistical Process
Control

SPC bezeichnet eine Methode zur Prozesssteuerung durch kontinuierliche Erfassung und Auswertung von Kenngrößen des Prozesses. Hierzu werden die beobachteten, d.h. regelmäßig gemessenen Kenngrößen in einer Qualitätsregelkarte erfasst. Die *Qualitätsregelkarte* zeigt, ob die Messwerte innerhalb der erlaubten Toleranzgrenzen liegen. Durch die statistische Ermittlung der Mittelwerte und Varianzen der Datenreihe können Trends wie das „Ausreißen" der Messwerte aus dem Toleranzbereich erkannt werden. Als Gegenmaßnahme sind beispielsweise einzelne Maschinenparameter anzupassen.

Zusammenfassung:
Kennzeichen SPC

Kennzeichen der SPC-Methode sind (vgl. Evans 93):

- Senkung von Ausschussraten durch Verfolgen der Prozessparameter im Zeitablauf,
- frühzeitiges Gegensteuern beim Auftreten von Ausreißern,
- laufende Erfassung und Überwachung des Prozesses,
- laufender Datenerfassungsaufwand, daher oft rechnergestützt,
- Einsatz bei Serienfertigung.

Fehlerbehandlung

Ein Standardverfahren zur Fehlerbehandlung zeigt *Abbildung 6.13.*

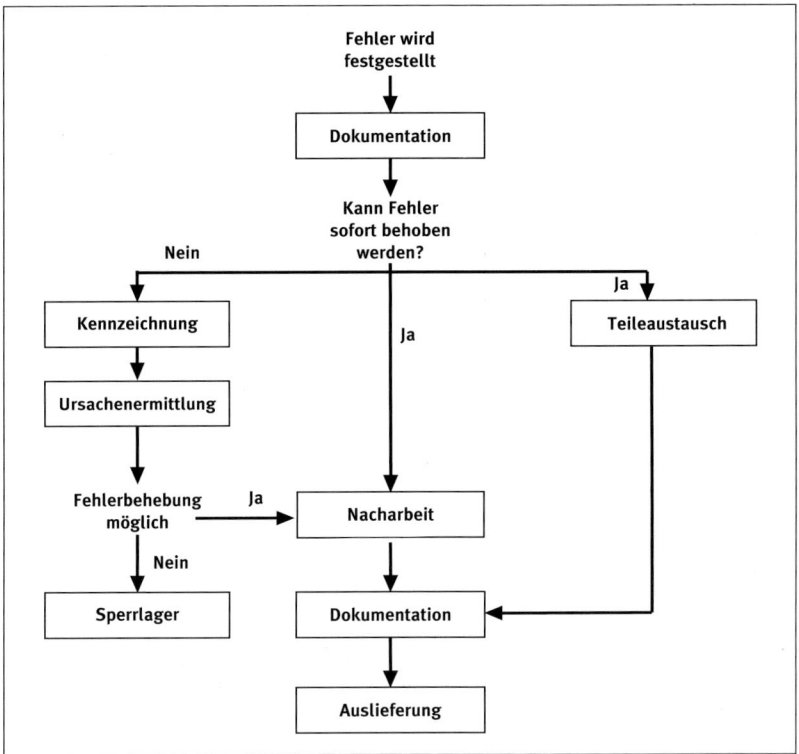

Abb. 6.13   Fehlerbehandlung im Produktionsprozess

Typische Probleme der Produktionsdurchführung, gegliedert nach dem Prozessablauf, zeigt die folgende Tabelle:

Bereitstellung Vormaterial	Rüsten und Einrichten	Bearbeitung Herstellung	Überwachung / Kontrolle	Zwischenlagerung (Puffer)	Abtransport
Vormaterial nicht da	Werkzeug nicht verfügbar Anlagenausfall	Anlagenausfall	Arbeitsplan fehlt / falsch	volle Pufferfläche	Abtransport zu spät (Warten)
Vormaterial fehlerhaft	falsches Werkzeug	Unterbrechung, Eilauftrag	zu viele Anlagen pro Mitarbeiter	kein Behälter verfügbar	Abtransport zu früh (Warten)
Vormaterial verstellt Arbeitsplatz	Verzögerung beim Rüsten	kein Personal verfügbar	automatische Kontrolle defekt	Teile falsch zusammengestellt	Beschädigung beim Abtransport

Ein Vielzahl von Störungen sind nur durch flexible und gut ausgebildete Mitarbeiter zu beherrschen. Ständiges Training und Weiterbildung in den Produktionsteams sind neben dem Einsatz der beschriebenen Qualitätssicherungsmethoden die Vorausetzung der Null-Fehler-Produktion.

Probleme: Training und Weiterbildung

6.2 Distributions- und Entsorgungsprozess

6.2.1 Aufgaben und Ziele

Definition: Distributions- und Entsorgungsprozess

Der *Distributions- und Entsorgungsprozess* (engl.: distribution and disposal process) stellt im Produktlebenszyklus die Marktabdeckung mit produzierten Waren und Gütern sowie deren Rücknahme und stoffliche Wiederverwertung sicher.

Zielsetzung Distribution

Hauptziel im *Distributionsprozess* (engl.: distribution) ist die anforderungsgerechte Marktabdeckung, die unter Zeit-, Raum- und Mengengesichtspunkten durchgeführt wird. Als wichtiges Ziel der Distribution ist üblicherweise eine hohe Lieferzuverlässigkeit zu erreichen (vgl. HESSENBERGER 97).

Materialdistribution

Neben der „kundenseitigen" Distribution wird auch teilweise die unternehmensinterne Materialbereitstellung mit dem Begriff Materialdistribution bezeichnet.

Zielsetzung Wiederverwertung

Im *Entsorgungsprozess* steht die Abfallvermeidung und -wiederverwertung im Vordergrund. Hierzu gehört u.a. das Sammeln, Selektieren, Erfassen und Verwerten von Rückständen. Die Rücknahme und stoffliche Wiederverwertung von Produkten gewinnt dabei an Bedeutung (vgl. STEGER 92, STAHLMANN 94).

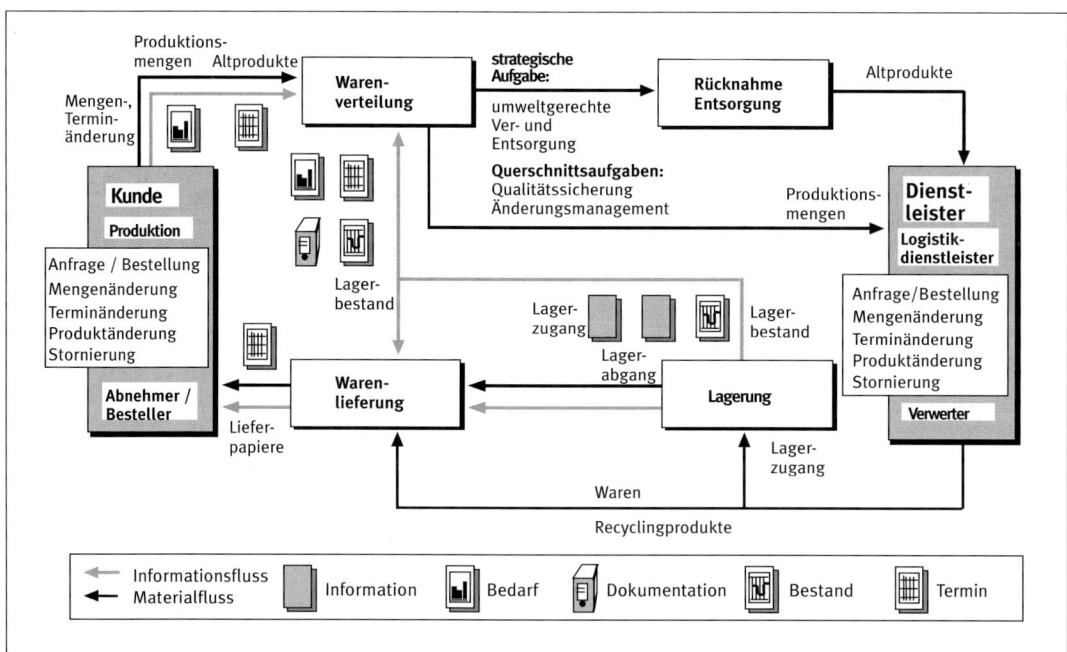

Abb. 6.14 Übersichtsmodell Distributions- und Entsorgungsprozess

Abbildung 6.14 zeigt den prinzipiellen Aufgabenzusammenhang im Distributions- und Entsorgungsprozess in einer Übersicht. Produzierte Waren gelangen über den Produktionsprozess von der *Warenverteilung* – mit Hilfe der Transportlogistik und ggf. mit Zwischenlagerung – über die *Warenlieferung* zum Besteller (Abnehmer). Wird die Transportlogistik durch ein spezialisiertes Unternehmen wahrgenommen, so wird oftmals der Begriff *Logistikdienstleister* verwendet. Der Abnehmer kann in der logistischen Kette als Kunde sowohl der Produktion als auch der Distribution angesehen werden.

Aufgaben-zusammenhang

Die *Warenverteilung* und *Lagerung* ist zur Entkopplung von Zeit, Raum und Warenmengen notwendig. Zur *Warenlieferung* wird eine spezifische Lagerhaltungs- und Transportstrategie erstellt. Bei Lager- und Programmfertigern ist beispielsweise oft eine sortimentsbezogene Lager- und Nachschubstrategie sinnvoll. Dazu werden Waren unterschiedlich behandelt, z.B. nach Artikelgruppen, Bestell- und Verbrauchsverläufen sowie regionalen Anforderungen. Die Transport- und Lagerlogistik dient als Instrument zur Realisierung der Nachschubstrategie und der Warenverteilung (vgl. Hessenberger 97, Fischer 97, Ehrmann 97).

Verteilung, Lagerung, Lieferung

Als strategische Aufgabe im Distributions- und Entsorgungsprozess wird die umweltgerechte Ver- und Entsorgung angesehen. Querschnittsaufgaben sind wie in anderen Prozessen das Beherrschen von Änderungen, hier insbesondere von Störungen sowie die durchgängige Qualitätssicherung.

Strategische Aufgabe

Zur übergreifenden Prozessoptimierung im Distributions- und Entsorgungsprozess bieten sich eine Reihe wichtiger Gestaltungsfelder an (vgl. Steger 92, Koether 93, Stahlmann 94, Roetzel 94, VDI 95, Hessenberger 97, Fischer 97, Ehrmann 97, Bloech 97):

Zusammenfassung: Gestaltungsfelder

- Einbezug von Logistikdienstleistern,
- Nutzung von Verteilzentren,
- Einsatz produktionsnaher Pufferlager sowie Konsignationslager,
- Schaffung integrierter Transportketten mit durchgängigem Informationsfluss,
- verkehrs- und umweltgerechte Bündelung von Warenströmen über Güterverkehrszentren (GVZ),
- schnelle Reaktion auf Bestellungen und Änderungen des Kunden, (ECR-Konzept; efficient consumer response),
- Einsatz von Methoden zur Ladungsträgeroptimierung und Tourenplanung,
- Wiederverwertung und Recycling von Altprodukten.

Unter dem Oberbegriff „Bedarfsgerechte Lagerlogistik" werden in Kapitel 6.3.2 ausgewählte Ansätze mit Bezug zur Lagerlogistik dargestellt. Die Thematik integrierter Transportketten wird in Kapitel 6.3.3 aufgegriffen. Der Zusammenhang zur Entsorgung und Wiederverwertung wird in Kapitel 6.3.4 aufgezeigt.

Vertiefung: spezielle Verfahren	Die Thematik Verkehr, Transportmittel und Logistik wird von Ihde beschrieben (Ihde 91). Zum Thema Wiederverwertung und Recycling siehe Stahlmann 94, Bilitewski 94 und VDI 95.

6.2.2 Bedarfsgerechte Lagerlogistik

6.2.2.1 Übersicht

Definition: Lagerlogistik	**Der Begriff *Lagerlogistik* bezeichnet im Distributionsprozess die räumliche, zeitliche, mengen- und sortimentsbezogene Nutzung von Lagern und Puffern zur Marktversorgung. Ausgangspunkt für die Lagerhaltung ist die spezifische Lagerhaltungsstrategie, die eine Pufferung zwischen Produktionsprozess und Kundenmarkt schafft.**
Anforderungen	Typische Anforderungen an eine bedarfsgerechte Lagerlogistik und Lagerhaltung zeigt die Tabelle (vgl. Kapitel 5.3.3.3, Bestandsoptimierung)

Zielsetzung	Beschreibung, Beispiel
Sach- und artikelgerechte Lagerung	Schutz vor Diebstahl, Beschädigung, Temperatureinwirkung
Ausreichende Marktabdeckung (räumlich, mengen-, sortimentsbezogen)	Lagerreichweiten der Artikel, Bestandsstrategie: Bestellpunkt, Bestellrhythmus
Lieferzeiten nach Kundenbedarf	Lieferfähigkeit: Lieferbereitschaftsgrad, Servicegrad
Kostenoptimierung	Optimierung der Bestände: Lagerbestand, verfügbarer Bestand, Flächenreduzierung, hohe Umschlagshäufigkeit, Auslagerung zu Logistikdienstleister
Minimierung der Umlagerung	Warenbewegungen vermeiden

Einbezug Logistikdienstleister	Durch den Einbezug logistischer Dienstleister stehen weitere Gestaltungsmöglichkeiten zur Prozessoptimierung offen. *Abbildung 6.15* zeigt einen einstufigen bzw. mehrstufigen Distributionsprozess in der logistischen Kette zwischen Produzent (Lieferant) und dem Abnehmer.
Aufgabenerweiterung	Insbesondere bei mehrstufiger Distribution gewinnt der Einsatz von Logistikdienstleistern an Bedeutung. Traditionelle Aufgaben der Speditionen wie Warentransport und Transportmanagement werden erweitert und umfassen neben der Lagerung auch die Lagerbestandsführung, mengen- und zeitgerechte Materialversorgung, Rücknahme von Altprodukten sowie die Kommissionierung.

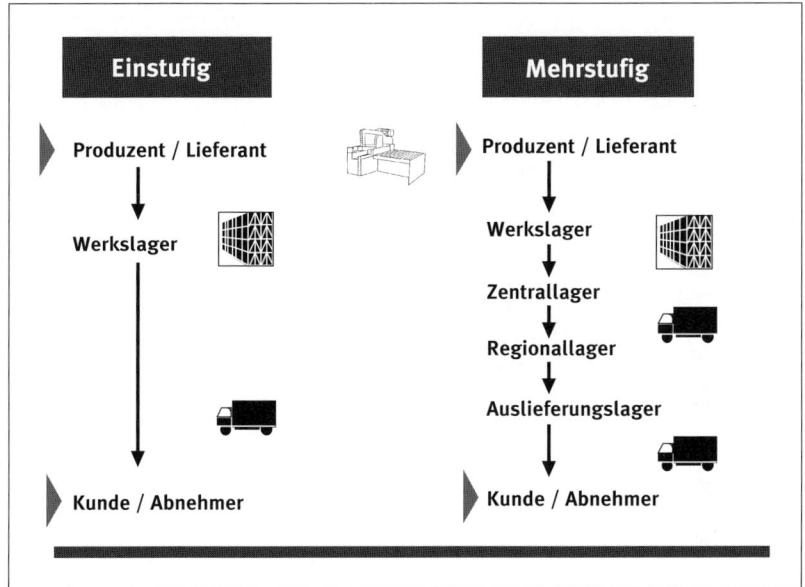

Abb. 6.15   Distribution über Lagerstufen

Die Komponente Supply Network Planning (SNP) integriert die Bereiche Distribution, Transport, Einkauf und Fertigung (*Abbildung 6.16*). Über eine grafische Visualisierung können in einem so genannten Supply Chain Cockpit Logistikketten und Netze modelliert werden. Das Modell ermöglicht die Abbildung des Bedarfs im Zeitstrahl sowie von Kapazitäten und Merkmalen der Ressourcen in der Logistikkette. Damit wird für den Anwender eine Simulation und Umsetzung von taktischen Planungsentscheidungen in der Supply Chain ermöglicht. Der Produktfluss entlang der Logistikkette kann auf Basis von Optimierungsverfahren geplant werden.

Beispiel: SCM-Software Modul „Logistikketten-planung" (Supply Network Planning)

Ausgehend von einem Absatzplan ermittelt SNP einen zulässigen kurz- bis mittelfristigen Plan zur Deckung der geplanten Absatzmengen. Dieser Plan deckt sowohl die Mengen, die mit einem Transportmittel zwischen zwei Lokationen transportiert werden müssen (z.B. Distributionszentrum an Kunde oder Produktionswerk an Distributionszentrum), als auch die zu produzierenden und zu beschaffenden Mengen ab. Wenn SNP einen Vorschlag generiert, vergleicht das System alle logistischen Aktivitäten mit dem Kapazitätsangebot.

Mit dem Modul SNP kann ermittelt werden, wann und über welche Stufen Produkte an die Kunden geliefert werden sollten. Es werden Distributionspläne auf der Basis von vorgegebenen Zielgrößen (wie z.B. eingeschränkte Transportkapazitäten) und speziellen Geschäftsregeln erzeugt (wie z.B. Nachschubstrategien). Über eine weitere Funktion können Transportkapazitäten durch Zusammenstellung von Ladungen optimiert werden.

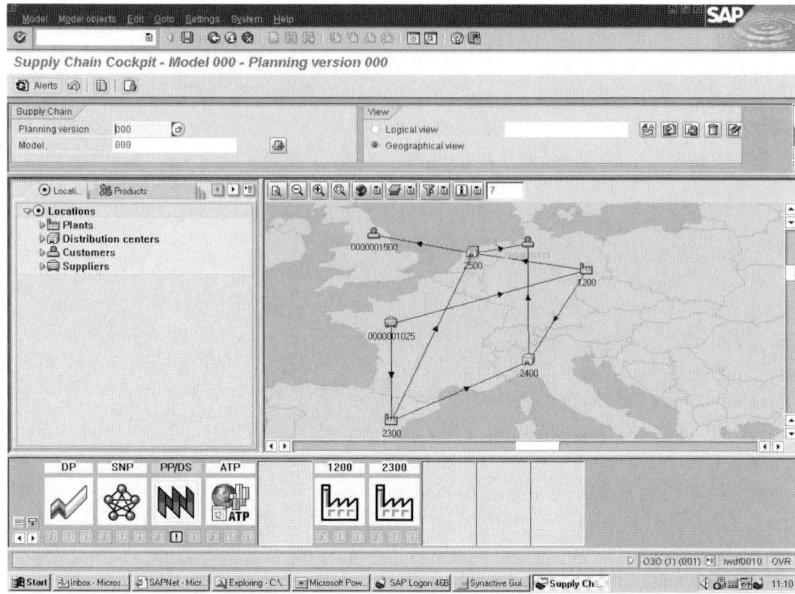

Abb. 6.16 *Planung von Logistiknetzen mit dem System APO*
(Quelle: SAP AG)

ECR-Konzept

Der Stellenwert eines gut organisierten Distributionsprozesses als Wettbewerbsfaktor am Markt ist hoch. Im Handelsbereich wird z.B. oftmals „online" verkauft, d.h., Datenströme verlaufen vom Kassensystem (Verkaufspunkt, engl.: point of sale = POS) über das Distributionsnetz bis hin zum Warenproduzenten (ECR-Konzept, efficient consumer response). Eine ähnliche Entwicklung zur Schaffung durchgängiger logistischer Ketten ist auch im verarbeitenden Gewerbe erkennbar.

Definition:
Kommissionierung

Die Auftragszusammenstellung aus einem Lager wird als *Kommissionierung* bezeichnet.

Mit Kommissioniersystemen werden Waren und Artikel für einen Auftrag vorwiegend automatisch aus dem Lager zusammengestellt. Bei der beleglosen Kommissionierung werden die Auftragsdaten direkt über ein Anwendungssystem eingespielt. Die Lagertechnik setzt sich u.a. aus Regalen, der Fördertechnik sowie den notwendigen Steuerungskomponenten zusammen. Die Geschwindigkeit der Warenentnahme und Fertigstellung der Kommissionierung wird mit der Pickleistung gemessen. Der Ablauf erfolgt dabei über Warenentnahme, Warenerfassung, Belegerstellung, Weitertransport, Verpackung und Versendung.

Lagerarten

Eine Einteilung von *Lagerarten* zeigt die folgende Tabelle (vgl. PFOHL 94)

Nach Lagerfunktion	Nach Stufe in logistischer Kette	Nach interner Nutzung
Vorratslager: hohe Kapazität (Lagern statt Bewegen)	Werkslager: Fertigwarenlager, räumlich bei Produktion (Mengenausgleich)	Hochregal- und Regallager
Umschlagslager: hohe Umschlagsleistung	Zentrallager: breites Sortiment	Freilager, Blocklager, Festplatzlager
Verteilungslager: Zulieferung, Auslieferung	Regionallager: Puffer Produktion-Absatzmarkt	Pufferlager (Produktionsversorgung)
	Auslieferungslager: Distribution: Mengenvereinzelung; absatzstarke Produkte	Wareneingangs- und Warenausgangszone

Der Lagerplatz bezeichnet die genaue Stelle im Lager, an der eine Ware liegt bzw. gelagert werden kann. Im Lagerverwaltungssystem entspricht dies der kleinsten Raumeinheit, die im Lager angesprochen werden kann.

Lagerplatz

Lagerverwaltungssysteme erlauben die rechnergestützte Durchführung von Aufgaben, wie:

Lagerverwaltungssysteme

- Anlegen und Verwalten von Lagerplätzen,
- Abwicklung von Warenein- und Warenausgängen,
- Verfolgen von Lagerbewegungen,
- Inventur (z.B. auf Lagerplatzebene),
- Bestandsführung,
- Integration mit weiteren Funktionsmodulen, z.B. Materialwirtschaft, Produktionsplanung, Vertrieb.

Im Beschaffungsprozess in Kapitel 5.2.3.3 sowie 5.3.3.3 wurde der Zusammenhang zwischen Losgrößen, Bestandshöhe und Kosten im Lager dargestellt. Für die Lagerhaltung und Distribution gilt dieser Zusammenhang ebenfalls. Durch die Lagerhaltungsstrategie ist einerseits eine anforderungsgerechte Marktabdeckung, aber andererseits eine kostenoptimale Lagerhaltung zu erzielen.

Lagerkosten

Typische *Lagerhaltungskosten* zeigt die folgende Tabelle:

Kosten	Beispiele
Lagerkosten	Kosten (Miete, Abschreibung) für Lagergebäude, Anlagen, Einrichtungen
Transportkosten	Kosten für Transportfahrzeuge, Lagerhilfsmittel
Personalkosten	Personalkosten für Lagerpersonal, Verwaltung
DV-Kosten	Kosten für Datenverarbeitung (im Lager)
Sonstige Kosten	Energiekosten, Beleuchtung, Instandhaltung, Versicherung

Probleme: Lager

Typische Probleme im Lager, gegliedert nach Aufgaben im Prozess, zeigt die folgende Tabelle (nach Pfohl 94):

Waren-eingang	Bereit-stellung (1)	Lagerung	Kommis-sionierung	Verpackung Etikettierung	Bereit-stellung (2)	Versand
Entladezeit (wartende) LKW	Gabelstapler kennt Ein-lagerungsort nicht	mit Ware verstellte Lagergänge	Ware nicht verfügbar	Material für Verpackung, Etikettierung fehlt	Volle Bereit-stellungs-fläche	Verzögerung Versand
keine verfügbaren Mitarbeiter	Ware/Palette verstellt Ein-gangsbereich	nicht voll belegte Lagerfächer	paralleles Wieder-auffüllen	Eilaufträge	Versand-papiere verzögert	Beladezeit (wartende) LKW
keine verfüg-bare Entlade-einrichtung	zugeordnete Lagerorte sind belegt	nicht zueinan-der passende Produkte	Lagergänge werden mehr-fach durch-quert	Ware falsch verpackt, etikettiert	Ware falsch zusammen-gestellt	Reklamation Kunde
keine Waren-information		Zugang zum Auffüllen schwierig	Bereitstell-fläche nicht versorgt			

6.2.2.2 Pufferlager

Definition: Pufferlager

Aufgabe eines *Pufferlagers* ist die produktionsnahe Materialversorgung (engl.: raw in process = RIP).

Für die Selbststeuerung von Montage- und Fertigungsbereichen ist es vor allem in der Serienfertigung wichtig, dass Verbrauchsmaterial über produktionsnahe Puffer gesteuert wird. Für die Realisierung von KANBAN stellt das Pufferlager ein zentrales Element dar (siehe Kapitel 6.1.4.1).

Pufferlager: Vorteile und Nachteile

Vorteile und Nachteile eines Pufferlagers zeigt die Tabelle:

Vorteile	Nachteile
Senkung von Bestandskosten für Verbrauchsmaterial	Platzbedarf in der Produktion
hohe Verfügbarkeit / Versorgungssi-cherheit durch lokale Nähe	Kosten für Transportfahrzeuge, Lagerhilfsmittel
Disposition durch Produktions-mitarbeiter	für große, sperrige und wertintensive Teile nicht geeignet
transparente Bestandsführung „vor Ort"	Verbrauchsschwankungen mit Folgeeffekten
einfache Beschaffung durch Abruf, KANBAN u.ä.	Handlingaufwand
	Fehlteile bei zu geringer Reichweiten

6.2.2.3 Verteillager und Verteilzentren

Verteillager und **Verteilzentren** (engl.: distribution centre) sind Zentrallager, die zur Warendistribution genutzt werden.

Definition: Verteillager und Verteilzentren

In der Regel werden durch Verteillager und Verteilzentren weitere, meist regionale Lager bedient. Dazu wird das Verteillager im Hinblick auf die Marktabdeckung beispielsweise nach Kriterien wie Sortimentsbildung, Branchen oder Kundengruppen organisiert. Eine Bündelung kann ebenfalls durch die Wareneingangsströme erfolgen, wenn mehrere Produktionsstätten an das Verteilzentrum liefern.

Das Prinzip eines Verteilzentrums zeigt die *Abbildung 6.17.*

Prinzip

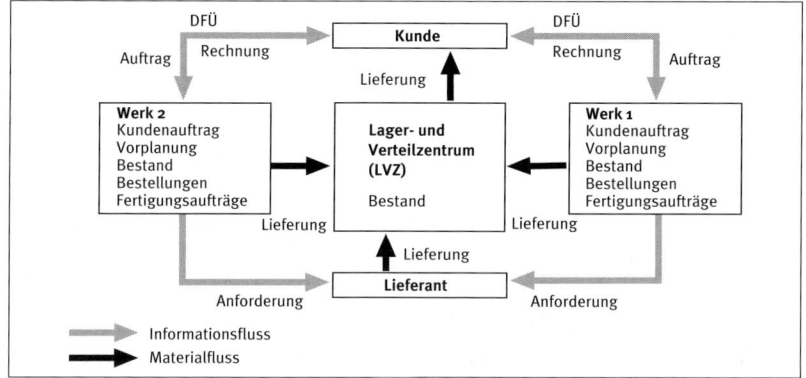

Abb. 6.17   Lager- und Verteilzentrum

In der Darstellung liefern zwei Werke und ein Lieferant in das Verteilzentrum. Die Anwendung wird an einem Beispiel bei einem Hersteller von Kugellagern erläutert.

Abb. 6.18   Stationärer Kommissionierplatz im Lager- und Verteilzentrum (Werksfoto FAG, Quelle: Digitron-OWL)

197

Beispiel: Verteilzentrum   *Praxisbeispiel – Distributionslogistik Verteilzentrum*

Das europäische Verteilzentrum des Herstellers dient sowohl zur Direktbelieferung von Kunden als auch zur Versorgung von europaweit verteilten Regionallagern. Zwei Produktionsstätten beliefern das Lager. Kern des Verteilzentrums ist ein automatisch gesteuertes Kastenlager mit ca. 46.000 Stellplätzen sowie ein automatisches Hochregallager für ca. 18.000 Paletten. Kundenspezifisch kommissionierte Ware kann über ein so genanntes Auftragsverdichtungslager für Kästen mit ca. 980 Plätzen geliefert werden. Eine FTS-Anlage (Fahrerloses Transportsystem) deckt mit 8 Carriern die Palettenvorzone ab. Vor dem Paletten- und Kastenlager befinden sich Kommissionierstrecken, um Waren auftragsbezogen zusammenzustellen.

Im Mengengerüst werden pro Monat zwischen 12.000 und 15.500 maschinelle Versandaufträge erledigt. Dies entspricht ca. 50.000-70.000 Auftragspositionen, die bis zu einer Lagerentnahme für einzelne Teile führen. Hinzu kommen zwischen 6.000 und 8.000 Ganzauslagerungen aus dem Palettenhochregallager. Um Abrufschwankungen einzelner Kunden besser beherrschen zu können, wurde die Direktbelieferung über das Lager auf die Produktionsstufen ausgeweitet.

Abb. 6.19   *Automatische Umsetzung von Transportbehältern auf Paletten (Werksfoto FAG, Quelle: Digitron-OWL)*

6.2.2.4 Konsignationslager

Definition:
Konsignationslager
    Als Konsignationslager wird ein produktionsnahes Lager beim Abnehmer bezeichnet, das durch einen Lieferanten oder einen beauftragten Dienstleister geführt und verwaltet wird. Der Lieferant stellt in diesem Lager Waren zur Verfügung, die nach der Entnahme durch den Abnehmer berechnet werden.

Dadurch können einerseits Bestände reduziert und gleichzeitig optimale Fertigungs- und Transportlosgrößen erreicht werden (vgl. SCHULTE 95).

Vorteile für Abnehmer und Lieferant zeigt die Übersicht:

Zusammenfassung: Vorteile Konsignationslager

Vorteile für den Abnehmer	Vorteile für den Zulieferer
Möglichkeit zur Kostenreduzierung, insbesondere Transportkosten, Bestandskosten, Verwaltungskosten	Erhöhung der Kundenbindung, insbesondere Sicherung eines längerfristigen Auftragsbestandes
hohe Verfügbarkeit und Versorgungssicherheit durch lokale Nähe	längerfristige Kooperation
Senkung des Dispositionsrisikos	Fertigung bzw. Transport in optimaler Losgröße möglich
transparente Bestandsführung	standardisierte Zahlungsabwicklung
vereinfachte Beschaffung	Verringerung der eigenen Lagerfläche
Abrechnung und Fakturierung erst nach Entnahme	Transport- und Verpackungskostenreduzierung

Abbildung 6.20 zeigt den Anwendungsfall eines Konsignationslagers in einem Montagebetrieb. Dort wird die Teileversorgung der Endmontage verbrauchsgesteuert über das Konsignationslager abgewickelt. Die Disposition der Teile wird durch den Lieferanten durchgeführt.

Beispiel: Konsignationslager

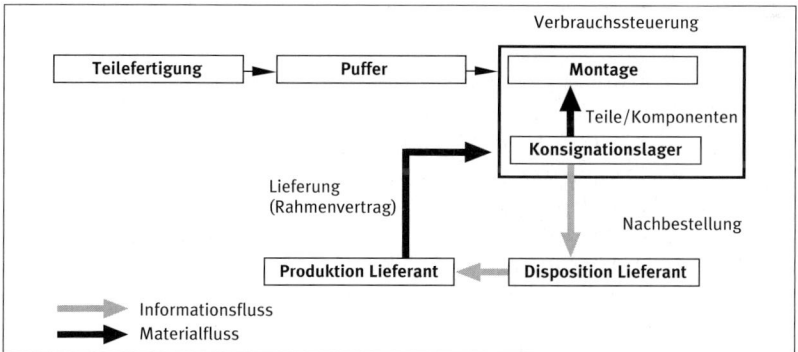

Abb. 6.20   Produktionsversorgung über ein Konsignationslager

Probleme oder Schwierigkeiten ergeben sich i.d.R. aus den im Einzelnen zu treffenden vertraglichen Regelungen, insbesondere:

Probleme: Konsignationslager

- Festlegung des Dispositionsstrategie,
- Minimal-/Maximalmengen,
- Versicherung und Schutz der Ware,
- Abnahmeverpflichtungen bei Auflösung,
- Entnahmemeldungen.

6.2.3 Integrierte Transportketten

6.2.3.1 Übersicht

Definition:
Transportkette

Transportketten ergeben sich bei der Güterbeförderung mit Transportmitteln, wenn Ware an verschiedenen Stellen in der logistischen Kette umgeschlagen wird, beispielsweise an Lager- oder Fertigungsstufen.

Den prinzipiellen Ablauf der Versandabwicklung in der Transportkette zeigt die *Abbildung 6.21*.

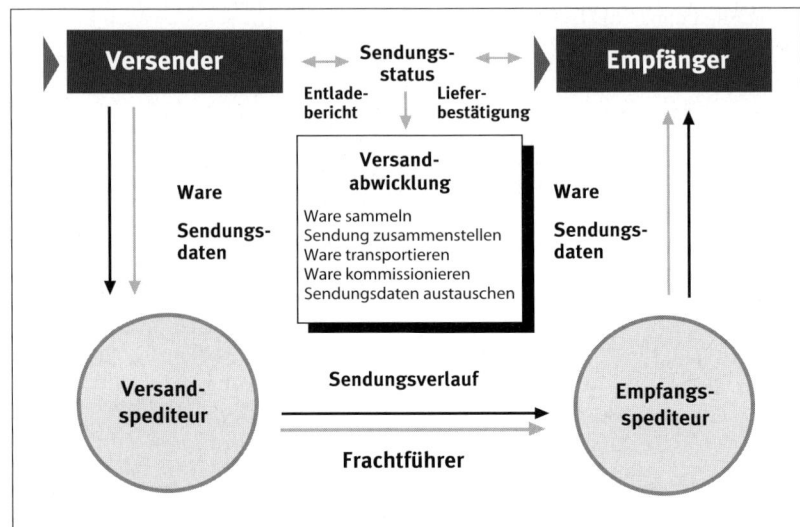

Abb. 6.21   Versandabwicklung in der Transportkette

Zur Realisierung integrierter Transportketten müssen neben der Auswahl der geeigneten Transportmittel und der Optimierung der Ladungsträger vor allem die Sendungsdaten durchgängig vorliegen, d.h. per Datenfernübertragung (DFÜ) übermittelt werden. Dies erfordert eine enge Koordination in der Transportkette (vgl. WOLF 97):

Beteiligte	Aufgabe / Beispiel
Versender	Bereitstellung der Ware, Information an Versandspediteur, Kosten für Transportfahrzeuge, Lagerhilfsmittel
Versandspediteur	Sammeln der Ware, Information des beauftragten Frachtführers und Empfangsspediteurs, Weitergabe Sendedaten, Warenumschlag Frachtführer
Frachtführer	Transportdurchführung, Information über Sendestatus, Umschlag Empfangsspediteur
Empfangsspediteur	Verteilen / Kommissionieren der Ware, Information an Empfänger, Warenumschlag, ggf. Rücknahme Leergut u. Verpackung, Abliefernachweis
Empfänger	Warenempfang (Entladezone), Wareneingangsprüfung, Einlagerung

Zu den wichtigsten warenbegleitenden Informationen gehören der Lieferschein, der Warenbegleitschein und der Warenanhänger. Die Informationen im Lieferschein sind nach DIN 4994 festgelegt:

Lieferschein

(1) Empfängeranschrift ***KUNDE***		(2) Eingangsvermerk	(3) Lieferscheinnr. (4) Versanddatum **0815-319** **22.9.00**
(5) Absender ***LIEFERANT***		(6), (7) Fracht, Anlieferung	(8) Rechnungsnr. (9) Rechnungsdatum
(10) Ihre Zeichen (11) Bestellnr./Datum (15) Zusatz		(12) Unsere Abteilung (13) Hausruf (14) Auftragsnr.	
(19) Versandart (20) frei/unfrei (11) Verpackungsart		(22) Versandzeichen (23) Gewicht brutto/netto	
(25) Versandanschrift			(26) Abladestelle
(27) Pos	(28) Sachnr. (29) Bezeichnung der Lieferung (21) Verpackungsart **122 743 199 MUSTERLIEFERUNG**	(30) Menge (31) Einheit **300 STÜCK**	(40) Empfängervermerke
Nr.	(42) Eingangsvermerke (43) Mengenprüfung	(44) Güteprüfung	(45) Empfänger (46) Rechnungsprüfung

Zusammenfassung: warenbegleitende Daten

Eine Zusammenstellung warenbegleitender Daten, die i.d.R. per DFÜ übertragen werden, zeigt das Beispiel aus der Automobilindustrie:

Information	VDA-Norm
Warenanhänger	VDA 4902
Warenbegleitschein	VDA 4912
Lieferschein	VDA 4913
Speditionsauftragsdaten	VDA 4920
Anlieferungsdaten	VDA 4921
Speditionsaufträge	VDA 4922
Rechnungsdaten	VDA 4906
Gutschriftdaten	VDA 4908
Ladungsträger-DFÜ	VDA 4927
Zahlungsavis	VDA 4909
Lieferabruf	VDA 4905
Feinabruf	VDA 4915
Produktionssynchroner Abruf	VDA 4916

Anforderungen Logistikdienstleister

Die Veränderung des Bestell- und Abrufverhaltens in der logistischen Kette hin zu kleinen Losen, kurzzyklischen Abrufen und einer bestandsminimalen Produktion zeigt sich nicht nur in der Automobilindustrie. Viele Logistikdienstleister, die mit erweiterten Aufgaben in die Transportkette einbezogen werden, stehen dabei vor neuen Herausforderungen:

- Beherrschung integrierter Transportketten,
- Schaffung durchgängiger Informationsflüsse für Sendungsdaten,
- Optimierung von Verkehrsverbünden, Transportmitteln und Ladungsträgern,
- Einsatz von Systemen zur Tourenplanung und zum Flottenmanagement,
- stärkere Betonung der Wiederverwertung und Abfallvermeidung im Güterkreislauf.

6.2.3.2 Ladungsträgeroptimierung

Definition: Ladungsträger

Ladungsträger (DIN 30781) dienen zum Transport, zum Umschlag und zum Schutz des Ladeguts (*Abbildung 6.22*). Aus der Vielzahl an Lösungen sind die wichtigsten mehrwegfähigen Ladungsträger: Groß-, Kleinladungsträger, Einsatzrahmen, Paletten, Gitterbox, Container sowie Behälter. Ladungsträger zur einmaligen Nutzung sind vor allem Kartonagen und z.T. Paletten.

*Abb. 6.22   Umschlag von Ladegut in der Kommissionierzone
(Werksfoto FAG, Quelle: Digitron-OWL)*

Als *Ladeeinheit* wird das Ladegut in Kombination mit dem Ladungsträger und der Ladungssicherung bezeichnet. Zur Ladungssicherung gehört beispielsweise die Schutzverpackung.

Definition: Ladeeinheit

Zur Optimierung der Ladungsträger werden Füllgrade für die geeigneten Ladungsträger festgelegt, um die Ladeeinheiten möglichst vollständig bepackt zu versenden. Optimierte Ladungsträger sind daher eine Grundvoraussetzung für ökonomisch und ökologisch sinnvolle Transporte (vgl. FISCHER 97).

Praxisbeispiel – Problematik nichtoptimierter Ladungsträger

Beispiel: Ladungsträgeroptimierung

Lieferungen erfolgen nicht immer in Übereinstimmung mit den Bestellungen. So kommt es vor, dass Liefermengen und Bestellmengen nicht übereinstimmen, da beispielsweise Teillieferungen vom Versender eigenständig auf das Fassungsvermögen der Ladungsträger aufgefüllt werden, um die Ladeeinheiten möglichst gut gepackt zu versenden. Bei Lieferabrufen kann es vorkommen, dass die Lieferungen gegenüber den Bedarfsterminen zu früh erfolgen oder dass Lieferanten bei Rahmenverträgen ohne Bestellung liefern.

Wenn im Wareneingang kein sofortiger Abgleich der Lieferscheine mit den Bestellungen erfolgt, werden Abweichungen der Füllgrade evtl. zu spät oder nur teilweise bemerkt. Der Nachweis mengenmäßig veränderter Lieferungen erfordert oft aufwendige und einzelfallbezogene Recherchen. Durch Reklamation, Nichtabnahme bzw. Rücksendung der Lieferungen wird ggf. Mehraufwand erzeugt, der durch ein rechtzeitiges Anpassen und Optimieren der Ladungsträger vermieden werden kann.

6.2.3.3 Tourenplanung

Definition:
Tourenplanung

Die *Tourenplanung* stellt für den Spediteur bzw. den Frachtführer die Grundlage zur Erbringung der Logistikleistung dar. Durch Anwendungssysteme wird die Planung und ggf. Steuerung von Fahrzeugrouten sowie die Sendungs- und Frachtverfolgung unterstützt.

Weitere typische Funktionen der Tourenplanungssysteme sind die Laderaumoptimierung, die Belegerstellung und die Fahrzeugverwaltung.

Definition:
Flottenmanagement

Systeme zum *Flottenmanagement* helfen, Leerfahrten zu vermeiden und die Auslastung der Transporte zu verbessern. Durch eine laufende Lokalisierung des Transportmittels bzw. des Transportgutes wird die Sicherheit und Verfolgbarkeit erhöht.

Potenziale liegen hierbei vor allem in der Verkürzung der Datenübertragungszeiten, der Vermeidung von Fehllieferungen und der Reduzierung der manuellen Erfassung von Frachtdaten (vgl. *Abbildung 6.23*).

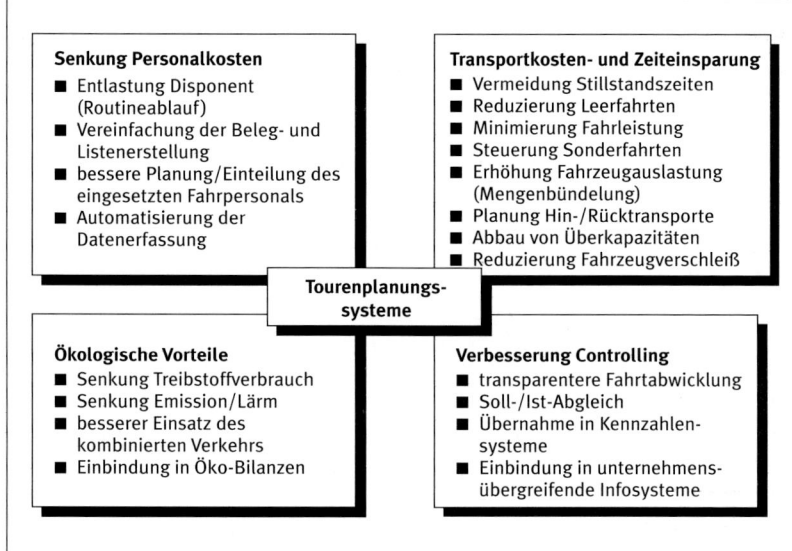

Abb. 6.23   Vorteile von Tourenplanungssystemen

Als ein weiterer, innovativer Ansatz zur Schaffung integrierter Transportketten unter Berücksichtigung der Verkehrsbelastung in Stadtgebieten gilt das Konzept der *Citylogistik* (vgl. BLOECH 97). Die Merkmale des Citylogistikkonzepts sind:

- Koordinierte Ver- und Entsorgung des Stadtgebiets,
- Bündelung von Warenströmen durch logistische Dienstleister
- Einsatz stadtverträglicher Nutzfahrzeuge,
- Umschlag über stadtnahe Güterverkehrszentren.

6.2.4 Entsorgung und Wiederverwertung

Aufgabe der *Entsorgung* ist die Sammlung, Verwertung, Wiederverwendung und umweltgerechte Beseitigung von Rückständen und Altprodukten (engl.: waste treatment).

Definition: Entsorgung

Rückstände sind Reststoffe, die im Produktions- und Distributionsprozess anfallen, beispielsweise aus Verschnitt, Ausschuss oder bei Transportverpackungen. Altprodukte können als höherwertige Rückstände angesehen werden. Typische Aufgaben bei der Verwertung sind das Aufbereiten, Umformen, Regenerieren, Bearbeiten und Sichern von Rückständen. Die Suche nach Abnehmern sowie der Verkauf und die Abgabe der zu entsorgenden Materialien an Dritte stellen weitere Aufgaben dar (vgl. STEGER 92, STOLZE 93, STAHLMANN 94, BILITEWSKI 94, HOPFENBECK 96).

Neben der Rückstandsbeseitigung steht die stoffliche Verwertung und Wiederverwendung (Recycling) im Vordergrund.

Der Begriff *Recycling* wird in der VDI-Richtlinie 2243 (VDI93) definiert als die erneute Verwendung oder Verwertung von Produkten oder Teilen von Produkten in Form von systematisch gestalteten Kreisläufen von Materie und Energie, die:

Definition: Recycling

- **die Primärrohstoffressourcen schonen,**
- **den Energiebedarf durch die Verwendung von Sekundärrohstoffen senken,**
- **die zu behandelnden bzw. zu beseitigende Abfallmengen reduzieren,**
- **die Belastungen der Umwelt einschränken.**

Die recycling- und demontagegerechte Konstruktion hat große Bedeutung bei der Aufbereitung von Altprodukten. Bezogen auf den Produktaufbau können mehrere Recyclingformen unterschieden werden (vgl. VDI 93, BILITEWSKI 94):

Recyclingformen

Recyclingform	Beschreibung
Produktrecycling	Wieder- oder Weiterverwendung eines Produktes nach Reinigung, Wartung und Instandsetzung
Bauteilrecycling	Wieder- oder Weiterverwendung von Komponenten oder Bauteilen
Materialrecycling	Wiederverwertung als Werkstoff nach physikalischer Umformung in Grundstoffe durch Zerkleinern, Schmelzen, Granulieren
Rohstoffrecycling	Weiterverwertung nach Aufbereitung unter Verlust der Materialidentität

Aufgrund der meist technisch anspruchsvollen Verfahren zur stofflichen Wiederaufarbeitung von Rückständen wird diese Aufgabe meist an spezialisierte Unternehmen übertragen (vgl. VDI 95).

Beispiel:
Textilaufbereitung

Die Möglichkeiten zur stofflichen Wiederverwertung zeigt ein Beispiel zur Textilaufbereitung.

Bei einem Fahrzeughersteller fallen bei Fertigung von Sitzbezügen textile Rückstände an. Der Stoffzulieferer übernimmt die Rückführung und Aufarbeitung der Abfälle, aus denen wiederum eine Unterfütterung für die Bezüge hergestellt wird. Das Recyclingkonzept hilft dem Hersteller, den Verbrauch von Rohstoffen zu reduzieren sowie Recyclingstoffe wieder in den Produktionskreislauf zurückzuführen.

Vorteile
Verpackungsvermeidung

Durch die Vermeidung von Verpackung oder die Reduzierung auf notwendige Verpackung können i.d.R. mehrere Vorteile erzielt werden:

- Gewichts- und Volumenreduzierung,
- Materialeinsparung und Ressourcenschonung,
- Reduzierung von Transporten,
- Verwendung wiederverwertbarer Verpackung,
- Vermeidung von Rücktransporten für Verpackungsmaterial.

EDI und Internet im
Entsorgungskreislauf

Ein weiterer Ansatz zur Prozessoptimierung besteht in der Anwendung von EDI- und Internet-Konzepten zwischen Hersteller, Zulieferer und Entsorger. Da für überwachungsbedürftige Abfälle besondere behördliche Entsorgungsnachweise gelten, ist ein elektronischer Datenaustausch zwischen Abfallerzeuger, Beförderer, Entsorger und den Behörden besonders sinnvoll.

6.3 Zusammenfassung

Die beschriebenen Ansätze zur übergreifenden Optimierung im Produktions-, Distributions- und Entsorgungsprozess sind zusammenfassend als Tabellen dargestellt. Eine Einwirkung auf weitere Schlüsselprozesse ist mit dem Zeichen ✔ angegeben (Abkürzungen siehe Legende).

Produktionsplanungs-prozess	Optimierung / Elemente / Wirkung	K	E	A	P	B	F	D	L
■ PPS-Einsatz:	informationstechnische Integration / PPS-Systemmodule, -verfahren / Ziel: Zentrale Datenhaltung			✔	✔	✔	✔		
■ Produktionsnahe Steuerung und Materialversorung:	Vereinfachung Materialfluss und Steuerung, Bestands-senkung / KANBAN, JIT, Leitstand, Fortschrittszahlen, Lieferabruf / Ziel: Reduzierung der Komplexität					✔	✔		✔
■ Null-Fehler-Produktion:	Produkt- und Prozessqualität, Fehlervermeidung / Methoden des Quality Engineering / Ziel: Vermeidung von Verschwendung						✔		✔

Einbezug von:
K: Kunde
E: Produktplanung und
   Entwicklung
A: Auftragsgewinnung
P: Produktionsplanung

B: Beschaffung
F: Fertigung
D: Distribution
   Wiederverwertung
L: Lieferant

Distributions- und Entsorgungsprozess	Optimierung / Elemente / Wirkung	K	E	A	P	B	F	D	L
■ Bedarfsgerechte Lagerlogistik:	Bestände, Lieferzeit, Servicegrad / Pufferlager, Verteilzentrum, Konsignationslager / Ziel: Marktabdeckung (Menge, Raum, Zeit, Sortiment)	✔					✔	✔	
■ Integrierte Transportketten:	Transportmittel, Informationsfluss Warenumschlag/Tourenplanung, Ladungsträgeroptimierung / Ziel: „intelligenter" Güterverkehr	✔			✔	✔	✔		✔
■ Entsorgung und Wiederverwertung:	Senkung Rohstoffverbrauch / Kreislaufwirtschaft / Ressourcenschonung Informationsaustausch Erzeuger, Entsorger, Behörden	✔	✔				✔		✔

Einbezug von:
K: Kunde
E: Produktplanung und Entwicklung
A: Auftragsgewinnung
P: Produktionsplanung

B: Beschaffung
F: Fertigung
D: Distribution Wiederverwertung
L: Lieferant

Fragen zur Diskussion und Vertiefung

Vertiefung: Fragen

1. Welche typischen Aufgaben umfassen die Produktionsdurchführung, Produktionssteuerung, Auftragsfortschrittskontrolle, Instandhaltung und Produktionsversorgung im Produktionsprozess?

2. Stellen Sie wichtige Planungsverfahren von PPS- und ERP-Systemen dar. Welche Probleme ergeben sich häufig bei der PPS- und ERP-Anwendung?

3. Nennen Sie Anwendungsgebiete, Möglichkeiten und Voraussetzungen für KANBAN-Systeme. Beschreiben Sie die werksübergreifende Anwendung an einem Beispiel.

4. Wodurch ist die Zielsteuerung von Bauteilen gekennzeichnet? Für welche Teilearten bietet sich eine reihenfolgegenaue JIT-Anlieferung an? Wo liegen die Einsatzvoraussetzungen, wo eventuelle Störgrößen?

5. Worauf basiert das Fortschrittszahlenkonzept? Beschreiben Sie den prinzipiellen Ablauf anhand der Übertragung von Fortschrittszahlen in einem Lieferabrufsystem.

6. Was versteht man unter dem Begriff „Null-Fehler-Produktion". Nennen Sie Qualitätssicherungswerkzeuge, die sich für eine Anwendung im Produktionsprozess eignen. Welche Aussage wird durch die ppm-Rate getroffen?

7. Erläutern Sie folgende Begriffe: Kommissionierung, Lagerarten, Lagerkosten, Pufferlager, Verteillager, Konsignationslager.

8. Diskutieren Sie den Kundennutzen und notwendige Voraussetzungen für eine Sendungsverfolgung von Transporten mit Hilfe des Internet.

9. Welche Vorteile hat der elektronische Datenaustausch zwischen Erzeuger, Entsorger und Behörden beim Recycling?

Literaturhinweise

ADAM 92	Adam, D. (Hrsg.): Fertigungssteuerung. Wiesbaden, 1992.
BEIER 91	Beier, H./Schwall, E.: Fertigungsleittechnik. München: Hanser, 1991.
BICHLER 97	Bichler, K.: Beschaffungs- und Lagerwirtschaft. Wiesbaden: Gabler, 1997.
BILITEWSKI 94	Bilitewski, B./Härdtle, G./Marek, K.: Abfallwirtschaft. Berlin: Springer, 1994.
BLOECH 97	Bloech, J./Ihde, G. (Hrsg.): Vahlens großes Logistiklexikon. München: Beck, 1997.
BULLINGER 94b	Bullinger, H.-J./Lung, M.: Planung der Materialbereitstellung in der Montage. Stuttgart: Teubner, 1994.
BUSCH 90	Busch, U.: Entwicklung eines PPS-Systems. Berlin: Schmidt, 1990
CDI 96a	CDI (Hrsg.): SAP R/3 Einführung. Grundlagen, Anwendungen, Fallbeispiele. Haar: Markt und Technik, 1996.
CDI 96b	CDI (Hrsg.): SAP R/3 Materialwirtschaft. Grundlagen, Anwendungen, Fallbeispiele. Haar: Markt und Technik, 1996.
EHRMANN 97	Ehrmann, H.: Logistik. Ludwigshafen: Kiehl, 1997.
EVANS 93	Evans, J./Lindsay, W.: The Management and Control of Quality. Minneapolis/St. Paul: West Publishing, 1993.
FINGER 96	Finger, J.: Managementaufgabe PPS-Einführung. Düsseldorf: VDI, 1996.
FISCHER 97	Fischer, W./Dittrich, L.: Materialfluss und Logistik. Optimierungspotentiale im Transport- und Lagerwesen. Springer, 1997.
HESSENBERGER 97	Hessenberger, M./Krcal, H.-C.: Innovative Logistik. Versorgungsstrategien, Standortkonzepte, Steuerungselemente. Gabler, 1997.
HOPFENBECK 96	Hopfenbeck, W./Jasch, Ch.: Lexikon des Umweltmanagements. Landsberg: Verlag Moderne Industrie, 1996.
IHDE 91	Ihde, G.; Transport, Verkehr, Logistik. München: Vahlen, 1991.
KOETHER 93	Koether, R.: Technische Logistik. München: Hanser, 1993.
KOETHER 98	Koether, R.: Produktionsplanung und Logistik. In: Hering, E.: Taschenbuch für Wirtschaftsingenieure. München: Hanser, 1998.
LOHR 96	Lohr, D.: Komplexe Produkte einfach steuern. Das Konzept Fortschrittszahlen. Düsseldorf: VDI, 1996.
MASING 94	Masing, W. (Hrsg.): Handbuch der Qualitätssicherung. München: Hanser, 1994.
ROETZEL 94	Roetzel, A.: Rechnerunterstützte Produktions- und Vertriebslogistik. Berlin: VDE, 1994.
PFOHL 94	Pfohl, H.-Chr.: Logistikmanagement. Berlin, 1994.

SCHULTE 95   Schulte, C.: Logistik – Wege zur Optimierung des Material- und Informationsflusses. München: Vahlen 1995.
SPUR 94   Spur, G.: Fabrikbetrieb. München: Hanser, 1994.
STAHLMANN 94   Stahlmann, V.: Umweltorientierte Materialwirtschaft.
                 Wiesbaden, 1994.
STEGER 92   Steger, U. (Hrsg.): Handbuch des Umweltmanagements.
                 München, 1992.
STÖLZLE 93   Stölzle, W.: Umweltschutz und Entsorgungslogistik. Berlin, 1993.
TAKEDA 95   Takeda, H.: Das synchrone Produktionssystem. Just-in-
                 Time für das ganze Unternehmen. Landsberg: Moderne
                 Industrie, 1995.
TEMPELMEIER 99   Tempelmeier, H.: Material-Logistik. Modelle und Algorithmen für die Produktionsplanung und -steuerung und
                 das Supply Chain Management. Berlin: Springer, 1999.
THALER 94b   Thaler K.: Lean Logistik. Konzepte – Anwendungen –
                 Trends. In: Tagungsunterlagen Fachkonferenz „Lean
                 Logistik – Wege zum integrierten Logistik-Konzept".
                 Institute for Intern. Research. Stuttgart, 1994.
THALER 97b   Thaler, K.: Lieferabrufsystem. In: Bloech, J./Ihde, G.
                 (Hrsg.): Vahlens großes Logistiklexikon. München:
                 Beck, 1997.
THALER 90   Thaler, K.: Online-Simulation in der flexiblen Montage.
                 In: Technica Nr. 3, 1990
VDA 91   VDA-Empfehlung 4905/2: Datenfernübertragung von
                 Lieferabrufen, Januar 1991.
VDA 89   VDA-Empfehlung 4915: Datenfernübertragung von
                 Feinabrufen, November 1989
VDI 93   Verein Deutscher Ingenieure (Hrsg.): VDI-Richtlinie
                 2243 – Konstruieren recyclinggerechter Produkte. Düsseldorf, 1993.
VDI 95   VDI (Hrsg.): Ganzheitliches Produktrecycling elektronischer Geräte. Düsseldorf: VDI-Verlag, 1995.
WESTKÄMPER 96   Westkämper, E.: Null-Fehler-Produktion in Prozessketten. Berlin: Springer, 1996.
WIENDAHL 97   Wiendahl, H.-P.: Betriebsorganisation für Ingenieure.
                 München: Hanser, 1997.
WILDEMANN 95   Wildemann, H.: Das Just-in-Time Konzept. München,
                 1995.
WOLF 97   Wolf, D.: Transportkette. In: Bloech, J./Ihde, G. (Hrsg.):
                 Vahlens großes Logistiklexikon. München: Beck, 1997.

Teil III Die Vorgehensweise

„Nichts tun ist immer
die teuerste Lösung."
(Managerweisheit)

Im Teil III wird dargestellt:

- wie Projekte zur Prozessoptimierung in einzelnen Phasen durchgeführt werden,
- welche Punkte beim Projektanstoß und bei der Vorbereitung zu
  beachten sind,
- wie die Zusammenarbeit von Lenkungsausschuss und Arbeitsteams
  organisiert wird,
- welche Methoden und Verfahren zur Prozessanalyse, Zielkriterienermittlung und zur Modellierung eingesetzt werden,
- wie Umsetzungsmaßnahmen systematisch erarbeitet werden können,
- wie durch Prozessaudits die Erfolgskontrolle und Evaluierung
  gelingt.

7   Leitfaden zur Prozessoptimierung

7.1   Übersicht

Durch Supply-Chain-Management-Projekte werden vor allem strategisch wirksame Zielsetzungen der übergreifenden Prozessoptimierung verfolgt. Die Um- und Neugestaltung von Wertschöpfungsketten unter Berücksichtigung der Material-, Informations- und Zahlungsflüsse spielt bei der Wahl der geeigneten *Optimierungsstrategien* eine große Rolle. Hierbei wird i.d.R. von den zu betrachtenden Kernleistungen in der logistischen Kette ausgegangen, nämlich Liefern, Produzieren und Beschaffen. Diese Kernleistungen sollen idealerweise durch eine übergreifende Planung und Steuerung synchronisiert werden. Kernleistungen lassen sich üblicherweise dadurch bestimmen, dass die wesentlichen Schlüsselprozesse von der Produktentstehung bis zur Distribution analysiert, definiert bzw. dokumentiert werden (siehe Kapitel 4-6).

Optimierungsstrategien

Die *Optimierungsrichtung* bestimmt, an welchen Bereichen die Logistikkette nachfrage- bzw. versorgungsorientiert betrachtet werden soll. Die Kundenseite dominiert in vielen Fällen in der Betrachtungsrichtung, doch gibt es viele technische und wirtschaftliche Gründe, Übergänge von der Nachfrage- zur Versorgungsseite vorzusehen.

Optimierungsrichtung

Optimierungsobjekte sind i.d.R. Fertigwaren, Zwischenerzeugnisse, Halbfabrikate, Baugruppen bzw. -teile und Rohstoffe sowie die Transportmittel, Transportbehälter und die Verpackung. Weiterhin müssen zur Optimierung vor allem Beziehungen zwischen Aufträgen, Angeboten und weiteren Informations-, Planungs- und Produktdokumenten berücksichtigt und im Gesamtzusammenhang eingeordnet werden.

Optimierungsobjekte

Die aus der gewählten Optimierungsstrategie abgeleiteten Vorgehensweisen ergeben sich vielfach aus *Betrachtungstiefe* bzw. *-umfang* der Logistikkette sowie aus den abzubildenden Stellen und Akteuren. Hierbei können von der bereichs- und werksinternen bis zur werks- und unternehmensübergreifenden Supply Chain verschiedene ein- bis mehrstufige Konzeptionen und Modelle unterschieden werden. Ein weiterer Faktor, der die Vorgehensweise und das *Synchronisationsprinzip* bestimmt, ist die *zeitliche Dynamik* der Supply Chain, die i.d.R. durch Branchen- und Marktanforderungen bestimmt wird. So treten in der Praxis Projekte mit zentralem Steuerungsanspruch ebenso auf wie der Fall einer gewünschten dezentralen Synchronisation in einem Logistiknetz.

Vorgehensweisen

Wesentlich für die Projektarbeit sind oftmals *Supply-Chain-Kennzahlen* sowie Messgrößen (engl.: benchmarks). Häufig verwendete Kennzahlen zeigt die folgende Tabelle (siehe auch Kennzahlen und Beurteilungsgrößen im Anhang):

Supply-Chain-Kennzahlen

Typ der SC-Kennzahl	Beispiele
Logistikkennzahl	Lieferzuverlässigkeit, Fehlmengen, Lieferfähigkeit, Lieferbereitschaftsgrad, Lieferzeit SC, Lieferflexibilität SC, Bestandsreichweite, Umschlagshäufigkeit
Kostenkennzahl	Kosten der SC (Gesamt), Lagerkosten, Bestandskosten, Handlingkosten, Transportkosten, System- und Steuerungskosten
Produktivitätskennzahl	Anlagennutzung, Kapazitätsnutzungsgrad, Transportauslastung
Finanzkennzahl	Zykluszeit Zahlung Kunden – Zahlung Lieferanten (engl. cash to cash cycle time)

Auswahl und Beurteilung von SCM-Software

Aufgrund der Vielzahl der heute angebotenen SCM-Anwendungssysteme mit zum Teil völlig verschiedenen Branchen- und Anwendungsfeldern wird deutlich, dass die Einschätzung bzw. Auswahl der Software zunehmend an Bedeutung gewinnt (vgl. Knollmayer 99, Bartsch 00). Ziel der Softwareauswahl und -bewertung ist es:

- Funktionalität und Leistungstiefe der SCM-Software zu ermitteln,
- die tatsächliche Funktionsfähigkeit zu prüfen,
- mangelnde Transparenz im Leistungsvergleich durch Verwendung entsprechender Kriterienkataloge zu beseitigen,
- Möglichkeiten der Software zu prüfen, Anwenderwissen flexibel zu integrieren.

Leider steht diesem Bedürfnis oftmals entgegen, dass sich Leistungskataloge und -profile der SCM-Softwareanbieter häufig ausgesprochen inhomogen darstellen. Eine vergleichende Betrachtung setzt dabei vor allem Fach- und Erfahrungskompetenz, Recherche- und Erprobungsaufwand sowie oft spezielle Branchen- und Marktkenntnisse voraus.

SCM-Projektphasen

Supply-Chain-Management-Projekte lassen sich im Projektablauf typischerweise in verschiedene Phasen und dazugehörende Arbeitsschritte gliedern.

Abbildung 7.1 zeigt den Leitfaden zur Prozessoptimierung mit sechs wesentlichen Phasen. Die Phasen umfassen die Zielentwicklung und Projektkonkretisierung, Analyse und Konzeption sowie Projektumsetzung und Erfolgskontrolle.

Leitfaden zur Prozessoptimierung

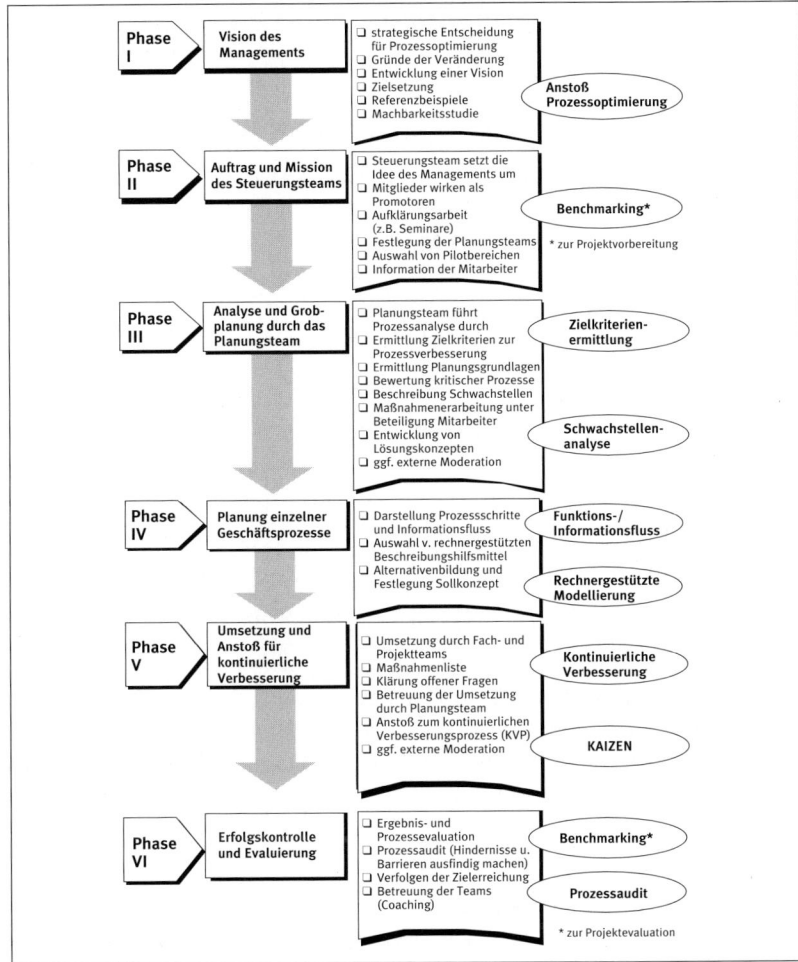

Phase I	Vision des Managements	❑ strategische Entscheidung für Prozessoptimierung ❑ Gründe der Veränderung ❑ Entwicklung einer Vision ❑ Zielsetzung ❑ Referenzbeispiele ❑ Machbarkeitsstudie	Anstoß Prozessoptimierung
Phase II	Auftrag und Mission des Steuerungsteams	❑ Steuerungsteam setzt die Idee des Managements um ❑ Mitglieder wirken als Promotoren ❑ Aufklärungsarbeit (z.B. Seminare) ❑ Festlegung der Planungsteams ❑ Auswahl von Pilotbereichen ❑ Information der Mitarbeiter	Benchmarking* * zur Projektvorbereitung
Phase III	Analyse und Grobplanung durch das Planungsteam	❑ Planungsteam führt Prozessanalyse durch ❑ Ermittlung Zielkriterien zur Prozessverbesserung ❑ Ermittlung Planungsgrundlagen ❑ Bewertung kritischer Prozesse ❑ Beschreibung Schwachstellen ❑ Maßnahmenerarbeitung unter Beteiligung Mitarbeiter ❑ Entwicklung von Lösungskonzepten ❑ ggf. externe Moderation	Zielkriterienermittlung Schwachstellenanalyse
Phase IV	Planung einzelner Geschäftsprozesse	❑ Darstellung Prozessschritte und Informationsfluss ❑ Auswahl v. rechnergestützten Beschreibungshilfsmittel ❑ Alternativenbildung und Festlegung Sollkonzept	Funktions-/ Informationsfluss Rechnergestützte Modellierung
Phase V	Umsetzung und Anstoß für kontinuierliche Verbesserung	❑ Umsetzung durch Fach- und Projektteams ❑ Maßnahmenliste ❑ Klärung offener Fragen ❑ Betreuung der Umsetzung durch Planungsteam ❑ Anstoß zum kontinuierlichen Verbesserungsprozess (KVP) ❑ ggf. externe Moderation	Kontinuierliche Verbesserung KAIZEN
Phase VI	Erfolgskontrolle und Evaluierung	❑ Ergebnis- und Prozessevaluation ❑ Prozessaudit (Hindernisse u. Barrieren ausfindig machen) ❑ Verfolgen der Zielerreichung ❑ Betreuung der Teams (Coaching)	Benchmarking* Prozessaudit * zur Projektevaluation

Abb. 7.1 Leitfaden zur Prozessoptimierung

In der Abbildung sind Teilschritte jeweils den einzelnen Phasen zugeordnet. Diese werden im Abschnitt 7.2 für jede Phase im Detail dargestellt.

7.2 Darstellung der Projektphasen

7.2.1 Zielentwicklung

Die erste Phase des Projektes dient der gemeinsamen Zielfindung und Zielentwicklung. Der Gestaltungsrahmen des Projektes muss abgesteckt und eine Entscheidung zum Projektstart getroffen werden (*Abbildung 7.2*).

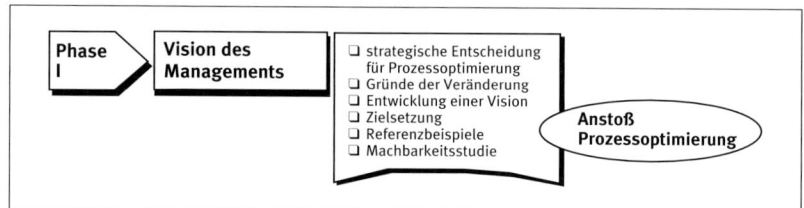

Abb. 7.2   Aufgaben der Zielentwicklung

Einbeziehung der Mitarbeiter

Es ist sinnvoll, Maßnahmen zu treffen, damit erfolgsfördernde Faktoren erkannt bzw. Hindernisse für die Projektdurchführung umgangen werden können. In der Praxis stellt dabei vor allem die Einbeziehung der Mitarbeiter bei der Prozessoptimierung eine Herausforderung dar (vgl. Kapitel 2.3). Ein unternehmensübergreifender Ansatz setzt darüber hinaus ebenfalls voraus, dass alle operativen Prozesse hinsichtlich ihrer Wirkung und Durchführung aufeinander abgestimmt werden. Hierzu ist der Einbezug und die Kreativität der Mitarbeiter unabdingbar.

Teamorientierte Mitarbeiterführung

Auftretende Schwierigkeiten sind letztlich vor allem durch die Unternehmenskultur und die Mitarbeiterführung geprägt (vgl. LAY 93). Eine moderne, teamorientierte Mitarbeiterführung und eine offene Unternehmenskultur machen es im Unternehmen grundsätzlich leichter, die Prozessoptimierung „zu leben".

Firmenübergreifende Aspekte

Folgende Aspekte können aus der firmenübergreifenden Sicht eine Rolle spielen:

- Vertrauensverhältnis zu den beteiligten Unternehmen,
- Informationsfluss und Kommunikation,
- Organisationsgrad, Arbeitsteilung und Spezialisierung,
- Abhängigkeits- und Hierarchiebeziehungen,
- Entscheidungs-/Verantwortungsspielraum,
- Motivation und Veränderungsbereitschaft,
- Grad und Arten der Aufgabenabstimmung,
- Art und Weise der Zielvorgabe und Zielverfolgung.

Kritische Erfolgsfaktoren

Aus der personellen Sichtweise bietet es sich in der Projektphase an, folgende Erfolgsfaktoren kritisch zu prüfen (vgl. DÖRRENBECHER 97, BERNDT 97, CHAMPY 97):

Interessen	**Zielkonflikte:** durch Förderung von Unternehmens- und Mitarbeiterinteressen möglichst vermeiden → Beachten: Interessenlage der Mitarbeiter (Zukunftsperspektive, Motivation, persönliche Ziele)
Persönlichkeit	**Überzeugung:** durch Einsicht und Verständnis fördern → Vermeiden: „Überzeugen" durch Weisung oder Druck
Methodisches Grundverständnis	**Detailgenaue Planbarkeit:** Detailplanung der Veränderungen ist meist unrealistisch → Vermeiden: eine zu umfangreiche, zu detaillierte Analyse des Ist-Zustandes, die Konzeptentwicklung sollte in Gestaltungsalternativen erfolgen
Vertrauen	**Einbindung der Geschäftsführung:** Unterstützung durch die Leitungsebene fördert das Vertrauen der Mitarbeiter → Vermeiden: zaghaftes Mitwirken und halbherzige Unterstützung durch die Leitungsebene
Verantwortung	**Verantwortung auf allen Schultern:** im Projektteam sollte die Verantwortung verteilt werden → Vermeiden: Überforderung der Mitarbeiter bei der methodischen und systematischen Problemlösung Ebenso vermieden werden sollte eine zu starke Einwirkung der Leitungsebene auf die Details des Umgestaltungsprozesses.
Transparenz und Offenheit	**Zielsetzungen offen darlegen:** die unternehmerische Zielsetzung sollte offen dargelegt und glaubwürdig vermittelt werden → Vermeiden: unzureichende Einbindung und mangelnde (ggf. zu späte) Information der betroffenen Mitarbeiter
Motivation und Initiative	**Motivation und Initiative:** entsteht aus Interesse und Freude an der Arbeit → Beachten: gemeinsame Realisierung von „Vorzeigeerfolgen"

Die Prozessoptimierung kann nicht ohne den vollständigen Einbezug der Leitungsebene und ohne ein visionäres Management realisiert werden. Die Entscheidung für eine Prozessoptimierung ist daher in aller Regel eine strategische Entscheidung. **Strategische Entscheidung**

In der Praxis treten vielfache Gründe zum Start eines Projektes zur Prozessoptimierung auf, beispielsweise (vgl. Hess 95, Engelmann 95, Koenigsmarck 96, Füser 97): **Gründe für den Projektstart**

- Veränderung der Markt- und Wettbewerbssituation,
- Vergleich mit Wettbewerbern,
- Veränderung der technischen Ausstattung,
- Übernahme des Unternehmens,
- Bereichs- und Abteilungsveränderung.

Vision und Veränderung

Die *Unternehmensvision* und die strategische Entscheidung zur Durchführung eines Projektes sollte frühzeitig deutlich gemacht und argumentativ untermauert werden. Es liegt auf der Hand, dass die Notwendigkeiten zur Veränderung für alle Mitarbeiter hinreichend klar zu Tage treten müssen. Das Management von Veränderungen (engl.: change management) wird dabei zum wichtigen Erfolgsfaktor (vgl. LIEBMANN 97).

Organisatorischer Rahmen

Zur Gestaltung des organisatorischen Rahmens haben sich in der Praxis folgende Möglichkeiten bewährt:

- organisatorische Aufteilung in einen *Lenkungsausschuss* (Steuerungsteam) und ein oder mehrere Planungsteams,
- Benennung von *Moderatoren* bzw. Koordinatoren, die zum einen für die Gewährleistung des Informationsaustauschs zwischen den jeweiligen Teams verantwortlich sind, zum anderen die Teamsitzungen leiten,
- Sicherstellung der methodischen *Vorkenntnisse* für die Team- und Workshoparbeit,
- Einbezug von externen Beratern in den Lenkungsausschuss und in die Projektteams.

Zielvorgaben

Der Entwicklung von Visionen steht in der Praxis die häufige Anforderung im Wege, möglichst konkrete, quantifizierbare *Zielvorgaben* zu erhalten. Um zu vermeiden, dass aus der Sicht des Managements unrealistische Zielvorgaben gestellt werden, bieten sich folgende Möglichkeiten an:

- Verzicht auf vollständige, detaillierte Vorgaben durch den Lenkungsausschuss,
- Erarbeitung des detaillierten *Zielsystems* durch das Planungsteam in Abstimmung mit dem Lenkungsausschuss (Steuerungsteam),
- Einbezug von *Referenzbeispielen* aus bekannten, ähnlichen oder gleich gelagerten Projekten zur Prozessoptimierung,
- Durchführung von *Machbarkeitsstudien*, ggf. durch externe Berater.

7.2.2 Projektkonkretisierung

Die zweite Phase des Projektes dient der gemeinsamen Projektkonkretisierung. Der Projektinhalt muss konkretisiert und die Aufgaben müssen abgestimmt werden (*Abbildung 7.3*).

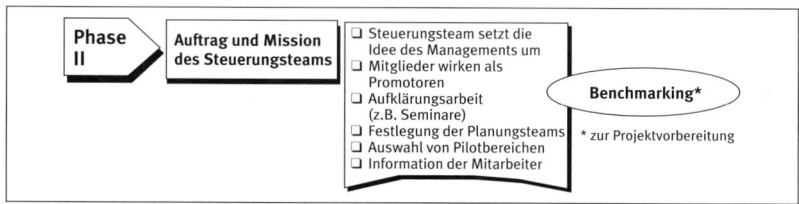

Abb. 7.3 Aufgaben der Projektkonkretisierung

Der *Lenkungsausschuss* setzt sich in der Regel aus Mitgliedern der Geschäfts- und Bereichsleitung der beteiligten Unternehmen zusammen. Es liegt auf der Hand, dass eine ausgewogene Interessenbeteiligung im Lenkungsausschuss gewährleistet sein sollte. Im Lenkungsausschuss werden generelle Ziele und Rahmenbedingungen besprochen und definiert, wie beispielsweise:

Definition: Lenkungsausschuss

Die Aufgaben umfassen beispielsweise:

- Festlegung des zu betrachtenden Schlüsselprozesses,
- Festlegung der betrachteten Betriebsbereiche,
- Festlegung von quantitativen Zielen und Leistungskriterien für das Projekt,
- Festlegung von qualitativen Zielen und Leistungskriterien.

Typische Aufgaben im Lenkungsausschuss zeigt die folgende Tabelle:

Aufgaben im Lenkungsausschuss

Vorbereitende Aufgaben	Durchführung
Festlegung von Planungsteams für Prozesse und Aufgabenbereiche, in denen Verbesserungsmaßnahmen durchgeführt werden	Koordination zwischen Lenkungs- ausschuss und Planungsteam(s): Terminplanung, Informationsfluss zwischen den Teams
Mitarbeiterauswahl zur Team- bildung	Unterstützung bei der Umsetzung der erarbeiteten Verbesserungs- maßnahmen
Festlegen von Moderatoren	Genehmigung von Investitions- und Qualifikationsmaßnahmen
Entwicklung von Schulungs- maßnahmen	Erfolgskontrolle
Einbezug des Betriebsrates	Mitarbeiterinformation

Die Zielfestlegung sollte in einer frühen Phase grob vorgegeben werden und die Ziele im Laufe des Projektfortschrittes quantifiziert werden. Die systematische Vorgabe und Messung von Zielvorgaben wird durch *Benchmarking* erreicht. Dadurch werden messbare Zielvorgaben vorgegeben. In der Ergebnisbetrachtung kann so eine bessere Vergleichbarkeit von Soll- und Ist-Zustand erreicht werden (vgl. BICHLER 94, MERTINS 96).

Zielvorgabe und Benchmarking

Benchmarking ermöglicht den Leistungsvergleich von Prozessen durch eine systematische und methodisch fundierte Vorgehensweise. Folgende Arten des Benchmarking werden unterschieden:
- **internes Benchmarking,**
- **wettbewerbsorientiertes Benchmarking,**
- **externes Benchmarking.**

Definition: Benchmarking

Leistungsvergleiche lassen sich sowohl zur Projektvorbereitung als auch zur Evaluierung nutzen. Vorteile und Nachteile des Benchmarking zeigt die folgende Tabelle.

Art	Vorteil	Nachteil
internes Benchmarking (... innerhalb eines Unternehmens)	– Datenerfassung relativ einfach – gute Ergebnisse für diversivierte, „herausragende" Unternehmen	– begrenzter Blickwinkel – interne Vorurteile
Wettbewerbsorientiertes Benchmarking (... mit Mitbewerbern)	– geschäftsrelevante Informationen – Produkte/Prozesse vergleichbar – relativ hohe Akzeptanz – eindeutige Positionierung im Wettbewerb	– schwierige Datenerfassung – Gefahr branchenorientierter „Kopien"
funktionales Benchmarking (... mit Branchenexternen)	– relativ hohes Potential zum Finden innovativer Lösungen – Vergrößerung des Ideenspektrums	– relativ schwierige Transformation von „anderen" in ein betriebliches Umfeld – Gegenargument: Vergleichbarkeit – zeitaufwendige Analyse

Auswahl von Pilotbereichen

Der Lenkungsausschuss prüft in regelmäßigen Projektsitzungen die vorliegenden Teilergebnisse sowie die generelle Vorgehensweise. Zur schnellen Umsetzung mit „Vorzeigewirkung" sollten anwendungsbezogene *Pilotbereiche* definiert werden. Pilotbereiche sind i.d.R. sinnvoll, wenn:

- erabeitete Maßnahmen kurz- und mittelfristig umsetzbar sind,
- die personelle und zeitliche Projektierung im Pilotbereich überschaubar ist,
- ein „Vorzeigeeffekt" unterstellt werden kann,
- das Team im Pilotbereich zur zügigen Umsetzung motiviert ist.

Information der Mitarbeiter

Um Mitarbeiter möglichst umfassend bzw. frühzeitig zu informieren und einzubinden, bieten sich folgende Maßnahmen an:

- rechtzeitige Bekanntgabe der Ziele, Vorgehensweisen und Maßnahmen zur Prozessoptimierung,
- Schaffung intensiver Kontakte zwischen Leitungs- und Mitarbeiterebene, um laufend Anregungen und Vorschläge zu sammeln,
- aktive Beteiligung der Mitarbeiter bei der Vorbereitung und Durchführung von Maßnahmen.

7.2.3 Prozessanalyse und Konzeption

Die dritte Phase des Projektes dient der Analyse und Konzeption von Prozessen. Die relevanten Prozesse werden untersucht und Grobabläufe konzipiert (*Abbildung 7.4*).

Abb. 7.4 Aufgaben der Prozessanalyse und Konzeption

7.2.3.1 Methoden der Prozessanalyse

Die *Prozessanalyse* bildet die wesentliche Basis zur Prozessoptimierung. Durch die Prozessanalyse wird untersucht, ob und wieweit die betrachteten Betriebsabläufe, Prozesse und Aufgabenbereiche im Hinblick auf die zu erreichenden Ziele den Anforderungen und Erwartungen genügen.

Definition:
Prozessanalyse

Für die zu betrachtenden Prozesse sind Strukturen, Abläufe und Ergebnisse zu hinterfragen, Schwachstellen zu analysieren und Verbesserungsmöglichkeiten zu erarbeiten. Das Analyseergebnis sollte sowohl die Struktur des Prozesses (Prozessmodell) als auch die Leistungsmerkmale des Prozesses (Leistungsindikatoren) wiedergeben.

Im Rahmen der Prozessanalyse sind oft folgende Fragestellungen relevant:

Fragestellung	Ergebnis
Welche Prozesse existieren und welche Schlüsselfaktoren sind relevant?	Schlüsselprozesse, Hilfsprozesse, Struktur, Ablauf, Ergebnis
Welche Aufgaben sind durchzuführen?	Tätigkeiten, Ablauf, Stellen
Welche Stärken / Schwächen sind feststellbar?	Schwachstellen / Potenziale
Welche Einflussfaktoren sind prozessbestimmend und wie beeinflussen diese den Prozess?	Einflussfaktoren, Ursache-Wirkungs-Diagramm
Welche Konzequenzen ergeben sich für den Idealprozess?	Maßnahmen: Struktur, Ablauf, Ergebnis, Stellen

Die Prozessanalyse kann ausgehend von den zu ermittelnden Zielkriterien in zwei Richtungen vorgenommen werden. Dabei werden Ist- und Sollbetrachtung unterschieden (vgl. *Abbildung 7.5*):

- Top-Down vom Grob- zum Feinablauf,
- Bottom-Up vom Feinablauf zum Grobablauf .

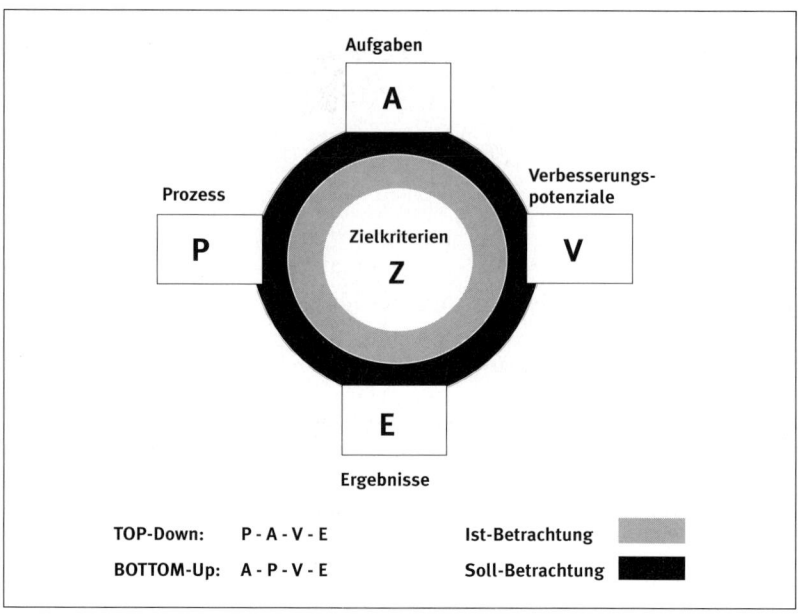

Abb. 7.5   Prozessanalyse

Top-Down und Bottom-Up

Die Top-Down-Betrachtung ist notwendig, um Schlüsselprozesse und grundlegende Abläufe zu definieren. Die Betrachtungsweise geht von der Makrosicht aus in Richtung auf die Mikrosicht. Die Bottom-Up-Betrachtung stellt die ergänzende Sicht, ausgehend von Teilprozessen und Aufgabenschritten, dar. Von der Mikrosicht wird auf die Makrosicht geblickt. Üblicherweise wird aus Aufwandsgründen festgelegt, bis zu welcher Betrachtungstiefe eine Analyse der Ist-Abläufe vorgenommen werden soll.

Datenerhebung und Analyse

Zur Datenerhebung und Analyse werden vor allem folgende Methoden verwendet (vgl. SCHNELLE-CÖLLN 83, GAUSEMEIER 95, HEINZ 96):

Methode	Beschreibung / Ergebnis
Interview, Fragebogen	mündliche oder schriftliche Erläuterung zum Prozess
Beobachtung	Nachvollziehen des Prozessablaufes, auch als Selbstaufschrieb möglich
Metaplantechnik	Zusammenführung der Analyse in Teamarbeit
Informationsflussanalyse	Untersuchung der Informationsbeziehungen
Materialflussanalyse	Untersuchung der Materialflüsse, qualitative oder quantitative Erhebung

Methode	Beschreibung / Ergebnis
Dokumentenanalyse	Untersuchung der verwendeten Dokumente und Informationen
Sensitivitätsanalyse, Einflussanalyse	Untersuchung von Wirkungsfaktoren wie Menge, Stückzahl, zeitliches Verhalten

7.2.3.2 Zielkriterienermittlung

Die *Zielkriterienermittlung* dient zur Eingrenzung des Betrachtungsbereiches und zur Festlegung der Kriterien, nach denen Prozesse optimiert werden sollen. Es ist dabei von Vorteil, quantitative und qualitativ bewertbare Zielkriterien festzulegen (vgl. WEBER 90, WEBER 95).

Definition: Zielkriterienermittlung

Die Ermittlung von Zielkriterien ist in der Regel vielschichtig und setzt umfangreiches Erfahrungswissen aus den operativen Prozessen voraus. Es ist daher sinnvoll, Zielkriterien auf der Grundlage von Teamarbeit zu ermitteln. Dazu ist es empfehlenswert, Teamsitzungen mit Mitarbeitern der beteiligten Bereiche durchzuführen. Gegebenenfalls kann dies unter Einbeziehung eines Moderators stattfinden.

Zielermittlung im Team

Ergebnis der Zielkriterienermittlung ist eine Übersicht der identifizierten quantitativen und qualitativen Einflussfaktoren auf die Prozessgestaltung. Üblicherweise werden die Einflussfaktoren gewichtet in einem Schema dargestellt (*Abbildung 7.6*).

Ergebnis

Zielkriterienermittlung	Bereich		Bearbeiter			
	Projekt/Auftragsnr.	Auftraggeber	Datum		Vorgang Nr.	

	Kriterien	Rang	Gewicht	1	2	3	4	5	6	7	8
1	Reduzierung, Durchlaufzeit (Montage)	6.	4		0	0	0	2	0	0	2
2	Materialdisposition und -bereitstellung verbessern	2.	11	2		2	2	2	0	1	2
3	Verbesserung der Angebotserstellung	4.	8	2	0		2	2	0	0	2
4	Variantenreduzierung	5.	6	2	0	0		2	0	0	2
5	Verbesserung Auftragsverfolgung	7.	2	0	0	0	0		0	0	2
6	Fertigungsablauf verbessern	1.	14	2	2	2	2	2		2	2
7	Durchführung eines Kapazitätsabgleiches	2.	11	2	1	2	2	2	0		2
8	Programmplanung aktualisieren	8.	0	0	0	0	0	0	0	0	

Abb. 7.6   Zielkriterienermittlung

In der *Abbildung 7.6* werden die identifizierten Zielkriterien in einer Matrix paarweise gegenübergestellt und gewichtet. Im paarweisen Vergleich ergibt sich in diesem Beispiel die Punktezuordnung 2:0, 1:1 oder 0:2. Die zeilenweise Summe der Punkte ergibt den Rang des Ziels. Ziele mit hohem Rang haben eine stärkere Bedeutung bei der Umsetzung von Lösungsmaßnahmen.

7.2.3.3 Ermittlung kritischer Prozesse und Schwachstellen

Schwachstellen-ermittlung

Die *Schwachstellen-* und *Problemermittlung* geht von einer Ist-Betrachtung kritischer Prozesse aus. Hierzu werden in den Teamsitzungen Problemlösungstechniken eingesetzt. Anhand dargestellter Abläufe werden der Zusammenhang Problem – Ursache sowie ggf. Lösungsvorschläge untersucht.

Problemlösungs-techniken

Üblicherweise verwendete Hilfsmittel sind:
- Metaplantechnik,
- Brainstorming,
- PUL-Diagramm,
- Ichikawa-Diagramm.

Metaplantechnik und Brainstorming

Die Metaplantechnik und das Brainstorming sind gruppenbezogene Kreativitätstechniken. Sie eignen sich in der Praxis besonders gut zur Schwachstellenanalyse und zur Erarbeitung von Lösungsmaßnahmen. Sinnvoll sind Workshops unter Einbeziehung der beteiligten Bereiche.

PUL-Diagramm und Ichikawa-Diagramm

PUL-Diagramme und Ichikawa-Diagramme dienen zur Darstellung und Beschreibung von Ursache-Wirkungsketten (*Abbildung 7.7*).

PUL-Blatt	Bereich	Material-wirtschaft	Bearbeiter		Zeichnungsnummer		
	Projekt Auftragsnr. 120-1999-73	Auftraggeber	Datum 13. 12. 98	Vorgang-Nr. KV-005	Fertigungsunterlage Nr.		
Lfd Nr.	Problem Problemdarstellung/-beschreibung qualitative und quantitativer Auswirkung	Ursache Unmittelbarer oder mittelbarer Wirkungszusammenhang	Lösung Maßnahmenbeschreibung organisatorisch/technisch	Kategorie Kosteneinsparung Investitionen	erledigen bis Woche	Verantwortl. Name Abteilung
2.1	Materialdisposition und -bereitstellung Hohe Durchlaufzeit, i.d.R. > 2 AT bei interner Materialbereitstellung, Material oft fehlend (Order-Material, Kleinteile) Aufbau eines Zwischenpuffers zur Absicherung der Produktion	Lange Transportwege bei der Materialbereitstellung (Fertigungslayout) Räumliche Trennung zwischen Vorfertigung und Fertigung	Kurzfristig durch rechtzeitige Materialbeschaffung (Lieferantenintegration) Langfristig: Neustrukturierung des Fertigungsablaufs und Integration der Mawi innerhalb von Fertigungsgruppen	Bestandssenkung bei Abbau des Zwischenpuffers Ratio: DM ▓▓▓▓▓ Invest. Neustruktur nach Abklärung KV	KW 6 im Rahmen des anlaufenden KV-Projekts	KV-Team
4.1	Fertigungsstatus Keine Information über Status des Fertigungsdurchlaufes. Rückmeldung erfolgt einmal wöchentlich (F-Sitzung). Dadurch führen kundenseitige Auftragsschwankungen aufgrund fehlender Kapazitätsvorschau zu Auftragsspitzen und Terminüberschreitungen.	Die Auftragsfertigmeldung erfolgt manuell über Formular und Weiterleitung an DV/Org. Dort erfolgt Eingabe in SAP R2-System und Datenaufbereitung. Kopie der Listen an F-Bereich, GF und MW (Montags)	Inbetriebnahme von zunächst 10 BDE-Terminals in der Fertigung und direkte Dateneingabe in SAP R2-System, Auswahl und Einführung Software z. Kapazitätsplanung, Umsetzung und Schulungsplan durch DV/ORG	Invest. BDE Schulung DM ▓▓▓▓ DM ▓▓▓▓	Software Kap.plng. KW 10 Proj. BDE KW 14	DV/Org Abstimmung mit F-Bereich PL Kv-Projekt

Abb. 7.7 PUL-Diagramm

Praxisbeispiel – Übergreifende Prozessoptimierung bei einem Fahrzeug-hersteller und mehreren Lieferanten

Beispiel

Bei einem Fahrzeughersteller wurde eine übergreifende Prozessoptimierung in sechs Produktionswerken mit sechs Hauptlieferanten durchgeführt. Zielsetzung war es, Planungs- und Produktionsprozesse mit reduziertem Aufwand und einer höheren Planungssicherheit zu erreichen, die logistische Kette zu optimieren, sowie die Qualität der Lieferabrufe zu verbessern(vgl. THALER 97). Hierzu waren u.a. die Schritte Zielkriterienermittlung, Prozessanalyse, sowie Schwachstellenermittlung notwendig.

Die folgende Tabelle zeigt beispielhaft ein Ergebnis der Zielkriterienermittlung:

**Beispiel:
Zielkriterienermittlung**

Zielkriterien	Beschreibung
Lieferabrufqualität	Lieferabrufqualität bei ausgewählten Lieferanten und Bauteilen messen und verbessern
Prognosequalität	Prognosequalität der Vorschau- und Abrufdaten messen und verbessern (Benchmarking)
Kostenwirkungen	Kostenwirkungen analysieren, Wirkungsanalyse schwankender Abrufmengen, Kostensenkungen realisieren
Lieferservicegrad	Messung Lieferservicegrad, Maßnahmen zur Verbesserung ermitteln
Prozessstabilisierung in der logistischen Kette	Erkennung und Festlegung von Maßnahmen zur Prozessstabilisierung

Das nächste Beispiel zeigt den Umfang der Prozessanalyse zwischen Abnehmer und Lieferanten sowie typische Störgrößen in der logistischen Kette (Abbildung 7.8):

**Beispiel:
Prozessanalyse
(Ist-Abläufe)**

Betrachtungsumfang	Beschreibung
Umfang	Erfassung, Darstellung und Beschreibung der derzeitigen Situation im Hinblick auf die Lieferabrufqualität
Untersuchungsbereich	teile- und lieferantenspezifische Lieferabrufqualität anhand von Referenzteilen

Betrachtungsumfang	Beschreibung
Abrufsystematik	Aufbau der Planung, Prozesskette: Entwicklung → Vertriebsprogramm → Produktionsaufteilung → Produktionsprogramm → Materialbedarfsplanung
Ablauf der Planung	Wer plant? Welche Stellen sind beteiligt? Planungshorizont, Planungsraster, Planungsintervall, Periodisierung, zulässige Abweichung
Hierarchische Struktur	Rahmenvereinbarungen, Lieferabruf, Feinabruf: Wer ruft ab, bei wem?
Informationsfluss	Prozessmodell: Phasen und Formen der Informationsübermittlung, Übermittlungsprobleme, Datenformate
Informationssystem	Art und Qualität des Informationssystems: Pflege und Verwaltung des Systems: Stammdaten, Stücklisten, Bestandsdaten (hinsichtlich Lagerhaltung, Ausschuss, Sonderbedarf), Hierarchie der Auftragserteilung, Abrufsystematik
Materialfluss	Logistikprozess Zulieferer, Logistikprozess Dienstleister, Logistikprozess Abnehmer, Transportkonzept: Lagerhaltung, Transportgestaltung, Synchronisation, Lieferung Block- oder Sequenz, Versorgungsintervall, Einbezug Logistikdienstleister

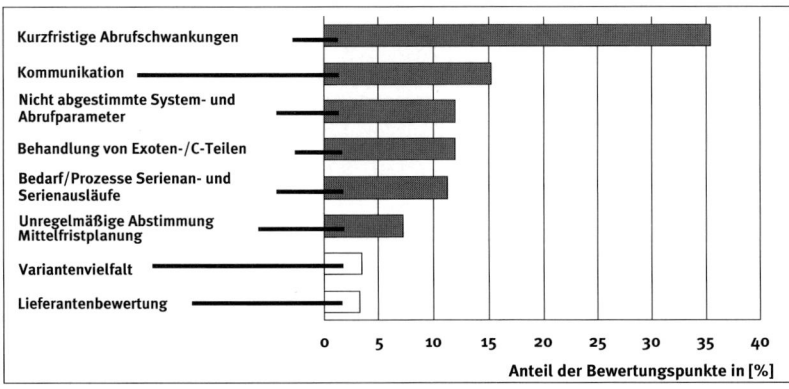

Abb. 7.8   Typische Störgrößen in der logistischen Kette

7.2.3.4 Maßnahmenerarbeitung durch Planungsteams

Planungsteams setzen sich aus Mitarbeitern des betrachteten Aufgabenbereiches oder des betrachteten Geschäftsprozesses zusammen.

Definition:
Planungsteam

Zielsetzung bei der Bildung von Planungsteams ist das selbstständige Erarbeiten von Lösungskonzepten sowie deren Umsetzung durch die Mitarbeiter der beteiligten Bereiche. Dabei ist als Vorteil anzusehen, dass die Mitarbeiter über detaillierte Kenntnisse in Bezug auf die Abläufe in ihrem Bereich verfügen und somit „realistischere" Lösungskonzepte erarbeiten können. Zum zweiten wird die Motivation erheblich gesteigert, wenn Ideen der Mitarbeiter in die Gestaltung neuer Konzepte und Maßnahmen einfließen. Es bietet sich an, die Workshoparbeit in einer offenen und konstruktiven Weise durchzuführen. Dazu sollten vorab einige „Gestaltungsregeln" aufgestellt werden.

Vorteile durch
Planungsteams

Ein weiterer wesentlicher Aspekt bei der Bildung von Planungsteams stellt die Koordination und Sicherstellung des Informationsflusses zwischen Lenkungsausschuss und Planungsteam dar. Es empfiehlt sich, einen regelmäßigen Statusbericht über die in den Planungsteams erarbeiteten Ergebnisse vorzusehen.

Koordination mit
Lenkungsausschuss

Zu den typischen Aufgaben im Planungsteam gehören:

Aufgaben im
Planungsteam

Vorbereitende Aufgaben	Durchführung
Organisation und Festlegung der Projektsitzungen des Planungsteams	Koordination innerhalb des Planungsteam(s): Terminplanung, Maßnahmenerarbeitung
Einbeziehung von Spezialisten in das Team	Umsetzung der erarbeiteten Verbesserungsmaßnahmen
Anwendung systematischer Problemlösungsmethoden	Problemabfrage, Ermittlung und Rangfindung von Zielkriterien
Erarbeitung von Aktionsplänen (Wer macht was bis wann?)	Präsentation / Rückmeldung von erarbeiteten Ergebnissen im Rahmen der Teamsitzungen
Darstellung der Prozessabläufe	Enwicklung von Soll-Konzepten

7.2.4 Feinplanung der Prozesse

Die vierte Phase des Projektes dient der Detaillierung und Feinplanung von Prozessen. Die bereits erfassten Grobabläufe werden verfeinert und detailliert dargestellt (*Abbildung 7.9*).

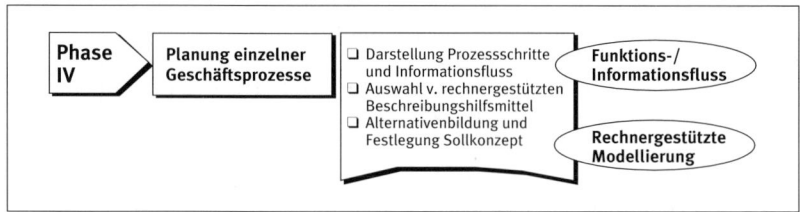

Abb. 7.9   Aufgaben der Feinplanung

7.2.4.1 Modellierung

Prozessmodell

Durch die Modellierung wird ein Prozess in einem Prozessmodell abgebildet und abstrahiert. Das erzielte Prozessmodell kann je nach Aufgabenstellung unterschiedlich genutzt werden:

- Darstellung eines detaillierten Ist- bzw. Soll-Ablaufs,
- Infragestellung von Abläufen beim Reengineering,
- Vergleich von benötigten mit vorhandenen Funktionen, z.B. bei Einführung von Softwaresystemen,
- Aufbau von Referenzmodellen,
- Dokumentation im Rahmen der Zertifizierung.

Rechnergestützte Modellierung

Zur detaillierten Darstellung von Prozessschritten und den zugehörigen Informationsflüssen bieten sich rechnergestützte Hilfsmittel an. Hierdurch kann der Erstellungs- und Änderungsaufwand verringert werden.

Beschreibungs-hilfsmittel

Die Erfassung kann wie in der Phase der Grobplanung nach dem Top-Down- oder dem Bottom-Up–Prinzip durchgeführt werden. Ergebnisse sind Ablauf- und Zustandsdiagramme, die die Prozessschritte mit den erforderlichen Aufgaben bzw. Funktionen und Daten detailliert beschreiben. Zu den allgemein einsetzbaren Beschreibungshilfsmitteln gehören:

- Flussdiagramm/Funktionsflussdiagramm,
- Datenflussdiagramm (DFD),
- Hierarchy Input-Process-Output (HIPO),
- Structured Analysis and Design Technique (SADT),
- ereignisgesteuerte Prozesskette (EPK),
- Petri-Netz.

7.2.4.2 Flussdiagramm und Funktionsflussdiagramm

Flussdiagramm und Funktionsfluss-diagramm

Das Flussdiagramm (engl.: flow chart) und das Funktionsflussdiagramm dienen zur Darstellung von Prozessen aus funktionaler Sicht. Ziel ist es, Aufgabenschritte und Aufgaben in ihrem logischen Zusammenhang, ihrem Ablauf und in ihrer Reihenfolge darzustellen. Damit entspricht diese Diagrammform einem Programmablaufplan.

Das Beispiel zeigt den Teilprozess „Warenannahme" bei der Auftragsabwicklung zwischen einem Montageunternehmen und dem Teilezulieferer. Die durchzuführenden Aufgaben sind im logischen Ablauf in ihrer Reihenfolge angeordnet. Problemstellen, wie beispielsweise das Entladen des LKW oder das Durchführen einer Stichprobe im Wareneingang, sind als „Blitze" gekennzeichnet. Messpunkte, an denen Daten erfasst werden können, sind durchnummeriert (M1 bis M4). Werden rechnergestützte Systeme eingesetzt, so wird der entsprechende Aufgabenschritt markiert (Beispiel: S1) (*Abbildung 7.10*). Im Allgemeinen spricht für die Anwendung von Funktionsflussdiagrammen bei der Prozessoptimierung, dass i.d.R. bei der Nutzung als Planungs- und Gestaltungshilfsmittel eine gute Verständlichkeit und Transparenz gegeben ist.

Beispiel: Funktionsfluss-diagramm

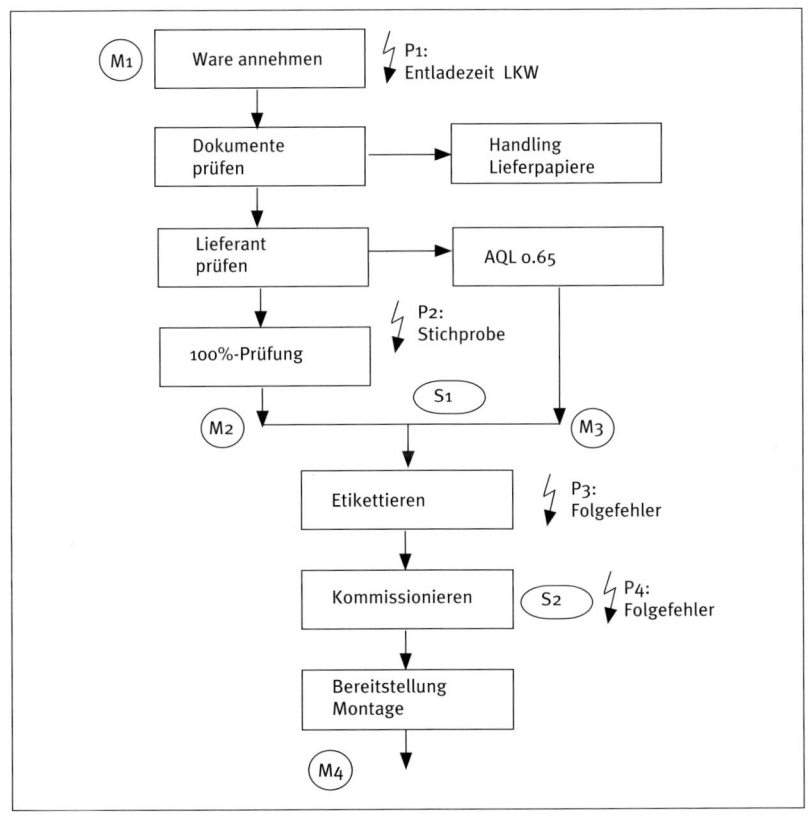

Abb. 7.10   Beispiel eines Funktionsflussdiagrammes

7.2.4.3 Datenflussdiagramm

Das *Datenflussdiagramm* (engl.: data flow diagramme = DFD) dient zur Darstellung von Prozessen aus der Datensicht. Ziel ist es, Daten und Datenstrukturen sowie ihre logische Verarbeitung in entsprechenden Verarbeitungsfunktionen darzustellen.

Beispiel: Datenflussdiagramm

Das Beispiel zeigt einen Ausschnitt der Datenstrukturen zur werksüber-greifenden Kapazitätsplanung bei einem Fahrzeughersteller. Die Funktion „Kapazitätsplanung" setzt voraus, dass ein Produktionsprogramm ermittelt worden ist. Die entsprechenden Daten finden sich als Eingabe bzw. Ausgabe der Funktion, die als Kreis dargestellt ist. Zur Ermittlung des Produktionsprogramms werden beispielsweise die Daten zur Montage-ablaufstruktur und zum Produkt verarbeitet und als Ergebnis wird das Produktionsprogramm in die Funktion „Kapazitätsplanung" eingespielt. Dort werden weitere Daten, wie beispielsweise zur Fertigungsstruktur, zu Rüst- oder Stillstandszeiten, verarbeitet und als ein Ergebnis der Arbeits-planung erstellt (*Abbildung 7.11*).

**Beispiel:
Datenflussdiagramm**

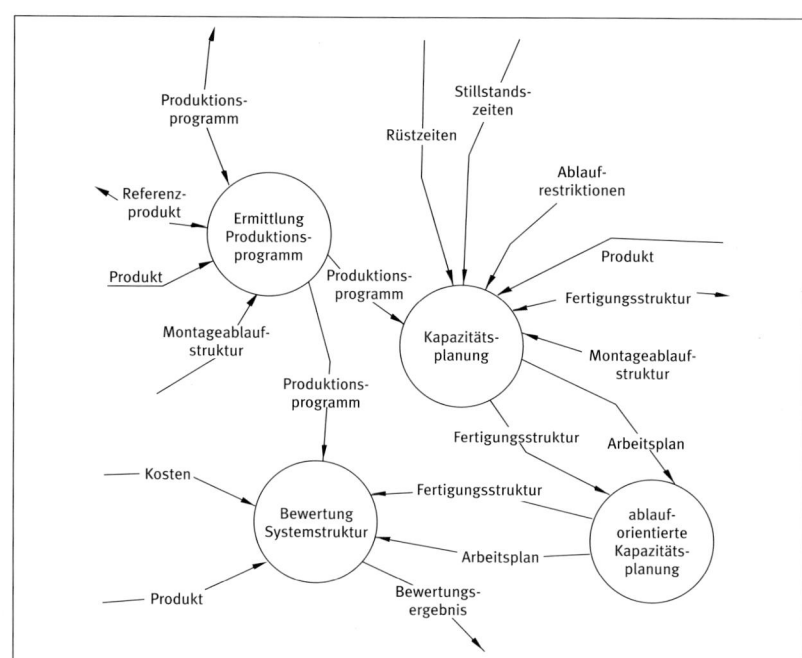

Abb. 7.11   Datenflussdiagramm (DFD)

7.2.4.4 Hierarchy Input Process Output

**Hierarchy Input
Process Output**

HIPO (hierarchy input process output) wurde als grafische Modellie-rungssprache entwickelt. Es werden üblicherweise zwei Diagrammformen verwendet:

- Baumdiagramm:
  hierarchische Zergliederung einer Funktion in Unterfunktionen (Hierarchiediagramm),

- Ebenendiagramm:
  Fluss zwischen Eingabedaten (Input) -> Funktionsbeschreibung (Process) -> Ausgabedaten (Output).

Daten- bzw. Kontrollflüsse werden im Ebenendiagramm dargestellt, das schrittweise verfeinert werden kann und somit einer Top-Down-Betrachtung entspricht (*Abbildung 7.12*).

Beispiel: Hierarchy Input Process Output

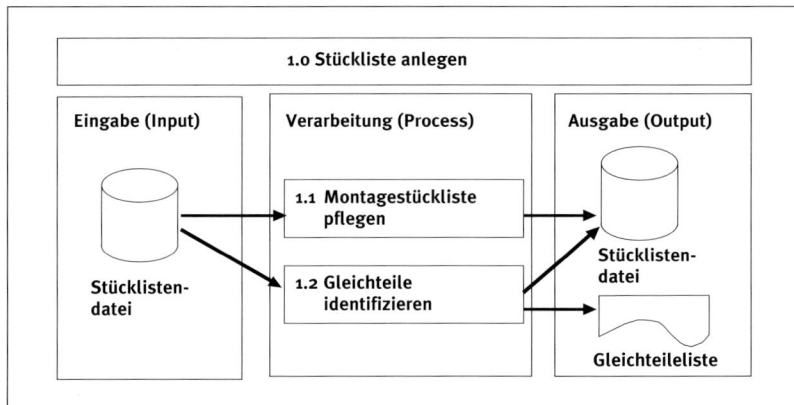

Abb. 7.12 *Hierarchy Input Process Output (HIPO)*

Das Beispiel zeigt den Teilschritt „Stückliste anlegen" beim Überspielen von Stücklistendaten eines Zulieferers. Der Teilschritt gliedert sich in die Vorgänge „Montagestückliste pflegen" sowie „Gleichteile identifizieren". Beide Vorgänge lesen bzw. schreiben die Daten aus der bzw. in die Stücklistendatei. Als weiteres Ergebnis wird im zweiten Vorgang eine Gleichteileliste für Baugruppen mit gleicher Identnummer generiert.

Vorteile der HIPO-Methode sind:

Vorteile und Nachteile

- die Methode ist einfach anwendbar und verständlich,
- die Top-Down-Vorgehensweise wird unterstützt,
- eine hierarchische Verfeinerung ist möglich.

Nachteile sind:
- keine Datenspezifikation und -abstraktion möglich,
- keine Datenverfeinerung und Modularisierung darstellbar,
- Schnittstellen werden nicht betrachtet,
- die Methode ist aufwendig bei manueller Datenerstellung.

7.2.4.5 Structured Analysis and Design Technique

SADT (structured analysis and design technique) wurde als ein grafisches Beschreibungshilfmittel zur strukturierten Analyse sowie zum Entwurf und zur Modellierung von Systemen entwickelt. SADT erlaubt eine standardisierte, ebenenweise Darstellung und Verfeinerung des Modells. Die Grundelemente sind (*Abbildung 7.13*):

Structured Analysis and Design Technique

- Vorgangsknoten, dargestellt als Rechtecke,
- Eingabedaten in den Vorgangsknoten,
- Ausgabedaten des Knotens,

- Steuerungsdaten, um den im Vorgangsknoten beschriebenen Prozess zu steuern bzw. zu beeinflussen,
- Mechanismus, um eine Aktivität auszuführen (z.B. Person oder Programm).

Beispiel: Structured Analysis and Design Technique

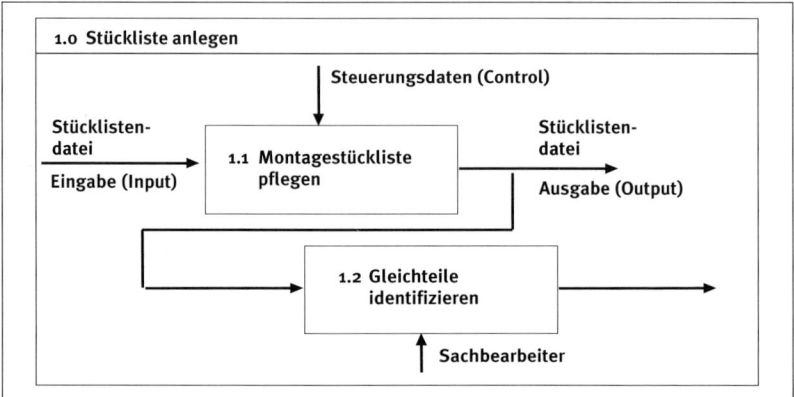

Abb. 7.13   Structured Analysis and Design Technique (SADT)

Das Beispiel zeigt wiederum den Teilschritt „Stückliste anlegen" beim Überspielen von Stücklistendaten eines Zulieferers, dargestellt als SADT-Diagramm. Auch in dieser Darstellung sind die Vorgänge „Montagestückliste pflegen" sowie „Gleichteile identifizieren" logisch angeordnet. Zusätzlich sind hierzu Steuerungsdaten in den ersten Vorgang (Pfeil von oben) bzw. die Aktionsausführung durch den Sachbearbeiter im zweiten Vorgang (Pfeil von unten) angegeben.

Betrachtungsweisen

Die Betrachtungsweise erfolgt in SADT überlicherweise nach Funktionen, ausgehend von Eingabedaten über die Verarbeitung und Funktion zu den Ausgabedaten. Möglich ist auch die Datensichtweise, ausgehend von Bearbeitungsfunktionen über Datenobjekte zu Bearbeitungsfunktionen. Beide Betrachtungsweisen sind ineinander überführbar. Als Startpunkt der Betrachtung dient die oberste Ebene, mehr als sechs Knoten pro Ebene sind aus Übersichtlichkeitsgründen nicht empfehlenswert.

Vorteile und Nachteile

Vorteile der SADT-Methode sind:
- die Methode ist einfach und verständlich,
- die Top-Down-Vorgehensweise wird unterstützt,
- Daten- und Funktionsmodelle sind ineinander überführbar,
- eine hierarchische Verfeinerung ist möglich.

Nachteile sind:
- der Prozessablauf ist nur implizit nachvollziehbar,
- Kontrollstrukturen sind nur umständlich beschreibbar,
- die Methode ist bei manueller Erstellung oder Änderungen von Daten aufwendig.

7.2.4.6 Ereignisgesteuerte Prozesskette

Mit der *ereignisgesteuerten Prozesskette* (EPK) können Abläufe dynamisch dargestellt werden. Die EPK verbindet Ereignisse und Funktionen in einem Ablauf. Das Ereignis „steuert" die Funktion und setzt diese „in Gang". Zu einer Funktion können Daten zur Ein- und Ausgabe sowie die Zuordnung von organisatorischen Merkmalen ergänzt werden. Als logische Verknüpfung sind die Operatoren „xor", „and", „or" zulässig (*Abbildung 7.14*).

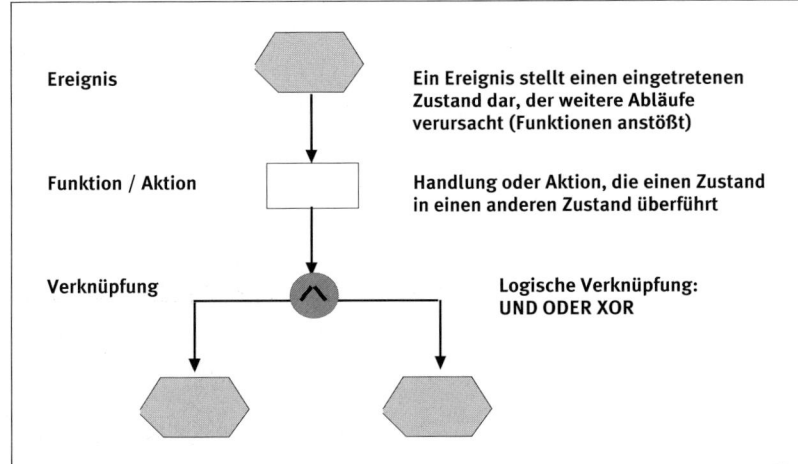

Beispiel: ereignisgesteuerte Prozesskette

Abb. 7.14   Ereignisgesteuerte Prozesskette (EPK)

Vorteile der Methode sind:

Vorteile und Nachteile

- mit der Methode können komplexe Prozessabläufe modelliert werden,
- Ereignisse, Daten und Funktionen werden getrennt aufgezeigt,
- die Überführung in Programmablaufpläne ist möglich.

Nachteile sind:
- EPK-Darstellungen sind für manche Anwendungen zu kompliziert,
- es ist nur eine statische Darstellung möglich, mengenbezogene und zeitliche Veränderungen werden nicht modelliert,
- die Datenerhebung und Modellierung ist aufwendig.

7.2.4.7 Petri-Netz

Petri-Netze werden besonders zur Modellierung und Simulation zeitlich veränderlicher, dynamischer Systeme und entsprechender Prozesse verwendet (vgl. Kuhn 93). Der Zustand in einem Petri-Netz wird mit Hilfe von folgenden Modellelementen abgebildet:

- Knoten dienen zur Abbildung von Zuständen im Modell. Knoten werden oft als „Stellen" oder „Transitionen" bezeichnet und können „Ereignisse" speichern.

- Schaltstellen: verbinden mehrere Knoten und geben Ereignisse weiter.

- Kanten sind Verbindungslinien zwischen Knoten und Schaltstellen.
- Ereignisse werden im Petri-Netz als „Marken" (engl.: token) bezeichnet. Marken werden nach festgelegten Schaltungsregeln an der Schaltstelle weitergegeben.

Vorteile der Methode sind:
- besondere Eignung für die dynamische Simulation und Steuerung,
- Abbildung von zeitlich unterschiedlichen Ereignissen,
- codierungsnahe Modellbildung ist möglich.

Nachteile sind:
- Modellierungsaufwand ist i.d.R. hoch,
- Anwendbarkeit ist nur bei speziellen Problemstellungen gegeben.

Zusammenfassung: Beschreibungshilfsmittel

Die folgende Tabelle zeigt die dargestellten Beschreibungshilfsmittel in einer Übersicht (vgl. BALZERT 92, THALER 93b, MERTINS 94, SCHEER 94, SCHÖNSLEBEN 94, SCHEER 95, STAHLKNECHT 95, CDI 96a, CDI 96b):

Hilfsmittel	Beschreibung / Anwendungsbereiche
Flussdiagramm / Funktionsflussdiagramm	allgemeine Methode zur Darstellung von Funktionen, statische Sichtweise auf Prozesse
Datenflussdiagramm (DFD)	allgemeine Methode zur Darstellung von Datenflüssen, statische Sichtweise auf Prozesse
Hierarchy Input Process Output (HIPO)	Beschreibungssprache zur Funktions- und Datendarstellung
Structured Analysis and Design Technique (SADT)	Beschreibungssprache zur strukturierten Analyse, verbindet Funktions- und Datensicht
Ereignisgesteuerte Prozesskette (EPK)	Beschreibungssprache für Prozessketten, enthält Funktions- und Datensichten
Petri-Netz	Beschreibung von Steuerungsaufgaben und dynamischen Systeme

7.2.4.8 Alternativenbildung und Festlegung des Sollkonzepts

Planung in Alternativen

Die Planung in Alternativen ist üblicherweise notwendig, um Vorteile und Nachteile mehrerer Sollkonzepte vergleichen und bewerten zu können (*Abbildung 7.15*).

Bei der Erarbeitung sollte auf folgende Probleme geachtet werden:

- Ziel- und Interessenkonflikte zwischen den Bereichen erschweren eine Lösungsfindung,
- eine zu frühe Festlegung auf die „Ideallösung" schränkt mögliche Freiheitsgrade ein,
- die Bewertung von Alternativen sollte nach quantitativen und qualitativen Zielen des Zielsystems erfolgen.

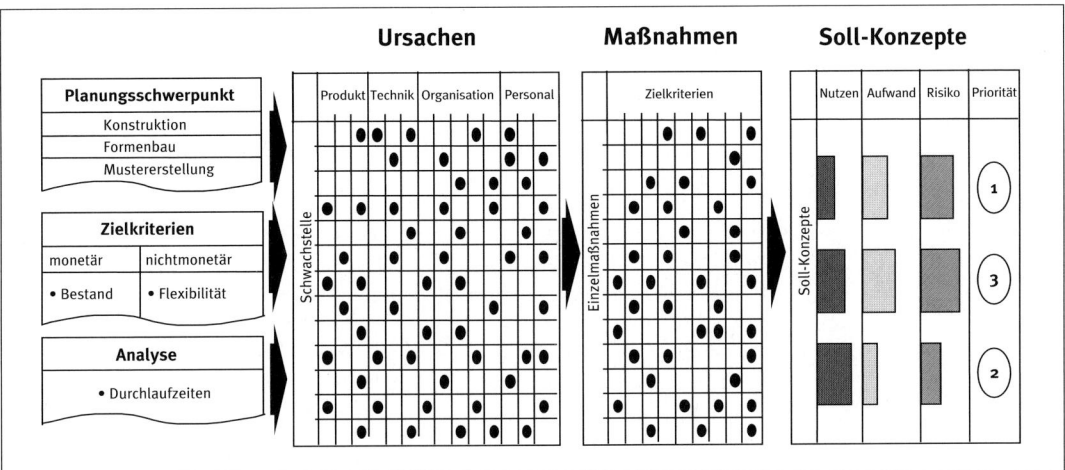

Abb. 7.15   Planung in Alternativen

7.2.5   Maßnahmenumsetzung, Prozessbegleitung und Moderation

Die fünfte Phase des Projektes dient der Umsetzung des erarbeiteten Soll-konzepts und dem Anstoß zum kontinuierlichen Verbesserungsprozess (*Abbildung 7.16*). Der kontinuierliche Verbesserungsprozess wird oft auch mit dem japanischen Begriff KAIZEN umschrieben (vgl. Imai 94).

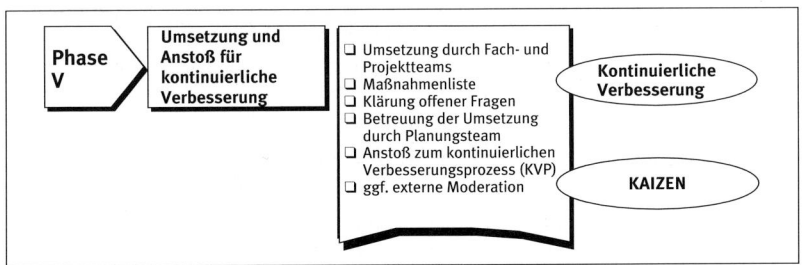

Abb. 7.16   Aufgaben bei der Maßnahmenumsetzung

Die Prozessbegleitung in den Phasen des Projektes wird üblicherweise durch Moderation unterstützt. Typische Aufgaben des Moderators sind sowohl die Unterstützung der inhaltlichen Arbeit des Planungsteams, als

Prozessbegleitung und Moderation

237

auch die interne Koordination und die Aufrechterhaltung des Informationsflusses mit dem Lenkungsausschuss:

- Leitung und Moderation von Teamsitzungen,
- Illustrierung oder Visualisierung des Gesprächsverlaufs mit Hilfe von Moderationstechniken und Moderationshilfsmitteln,
- Planung und Vorbereitung der Teamsitzungen,
- Einbringen von Beschreibungsmethoden für die Darstellung des Prozessablaufes,
- Sicherstellung einer systematischen Vorgehensweise,
- Herstellen einer kooperativen Arbeitsatmosphäre,
- Erstellung von Sitzungsprotokollen,
- Präsentation der Ergebnisse im Lenkungsausschuss,
- Abstimmung und Beratung über die entwickelten Lösungsvorschläge.

Coaching

Die Realisierung und betriebliche Umsetzung von Maßnahmen zur Verbesserung und Vereinfachung von Prozessen kann durch fachliche Begleitung und Betreuung der Planungsteams (engl.: coaching) verbessert werden. Coaching wird i.d.R. sowohl durch interne Stellen als auch externe Berater durchgeführt.

Erfolgsfaktoren

Bei der Prozessoptimierung steht der Mitarbeiter als Ideenträger im Vordergrund. Das Planungsteam entscheidet letztlich über Erfolg oder Misserfolg der Lösungsumsetzung. *Abbildung 7.17* zeigt wesentliche Erfolgsfaktoren in der Übersicht.

Abb. 7.17 Erfolgsfaktoren

In der Praxis zeigt sich vor allem, dass eine frühzeitige Einbindung der Mitarbeiter von Vorteil ist. Den Planungsteams bietet sich frühzeitig die Möglichkeit, Einfluss auf die Gestaltung der Arbeitsstrukturen und Arbeitsorganisation zu nehmen.

7.2.6   Erfolgskontrolle und Evaluierung

Die sechste Phase des Projektes dient der Ergebnis- und Prozessevaluierung (*Abbildung 7.18*).

Im Rahmen der Ergebnis- und Prozessevaluierung wird der Umsetzungserfolg bewertet. Hierzu werden Methoden der Leistungsmessung, des Leistungsvergleiches sowie Prozessaudits angewendet.

Ergebnis- und Prozessevaluierung

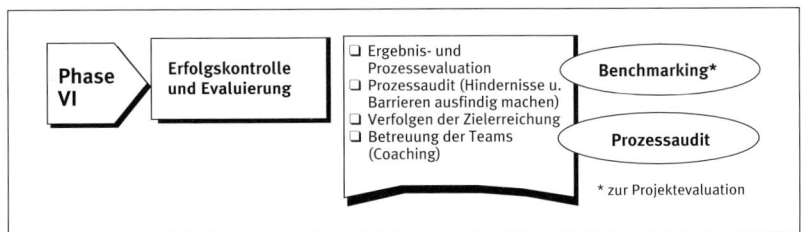

Abb. 7.18   Aufgaben der Erfolgskontrolle und Evaluierung

Ein *Prozessaudit* hat das Ziel zu prüfen, ob Aufgaben im Prozessablauf sowie die zugehörigen Ergebnisse dem vorgegebenen Prozessablauf entsprechen. Unklarheiten, Fehler und offene Punkte im Prozessablauf werden durchgesprochen und gegebenenfalls Korrekturmaßnahmen abgeleitet. In einem Ergebnisprotokoll werden Maßnahmen, Verantwortliche und Termine zur Erledigung festgelegt.

Prozessaudit

Vertiefung: Fragen

Fragen zur Diskussion und Vertiefung

1. Entwickeln Sie beispielhaft ein Anwendungsszenario einer Logistikkette mit mehreren Akteuren. Beschreiben Sie mögliche Optimierungsstrategien und -richtungen. Welche Supply-Chain-Kennzahlen sind sinnvoll anwendbar?

2. Welche Phasen umfasst ein Projekt zur Prozessoptimierung? Nennen Sie Teilschritte und wichtige Ergebnisse.

3. Definieren Sie typische Aufgaben von Lenkungsausschuss und Planungsteam in einem SCM-Projekt anhand eines selbstgewählten Beispiels.

4. Diskutieren Sie kritische Erfolgsfaktoren eines Projekts zur Prozessoptimierung. Was sollte vor Projektstart sichergestellt werden?

5. Diskutieren Sie Kriterien und Anforderungen an SCM-Software. Wie könnte ein Entwurf eines Pflichtenheftes aussehen?

6. Wie kann Benchmarking im Phasenablauf eingesetzt werden?

7. Welche Methoden eignen sich zur Datenerhebung und Analyse?

Literaturhinweise

BALZERT 92	Balzert, H.: Die Entwicklung von Software-Systemen. Mannheim: BI-Wissenschafts-Verlag, 1992.
BARTSCH 00	Bartsch, H./Teufel, T.: Supply Chain Management mit SAP APO – Modell einer Supply Chain mit dem Advanced Planner & Optimizer. SAP-Press/Galileo Press, 2000.
BERNDT 97	Berndt, R.: Business Reengineering. Berlin: Springer, 1997.
BICHLER 94	Bichler, K.: Logistikcontrolling mit Benchmarking. Wiesbaden: Gabler, 1994.
CDI 96 a	CDI (Hrsg.): SAP R/3 Einführung. Grundlagen – Anwendungen – Fallbeispiele. Haar: Markt und Technik, 1996.
CDI 96b	CDI (Hrsg.): SAP R/3 Materialwirtschaft. Grundlagen – Anwendungen – Fallbeispiele. Haar: Markt und Technik, 1996.
CHAMPY 97	Champy, J.: Reengineering im Management. Frankfurt: Campus, 1997.
DÖRREN-BECHER 97	Dörrenbecher, C./Meißner, H.-J./Schmitt, A.: Business Reengineering – Bewertung, Gestaltung und Mitbestimmung. Köln: Bund-Verlag, 1997.
ENGELMANN 95	Engelmann, T.: Business Process Reengineering. Grundlagen – Gestaltungsempfehlung – Vorgehensmodell. Wiesbaden: Universitätsverlag, 1995.
FÜSER 97	Modernes Management. München: Beck, 1997.
GAUSEMEIER 95	Gausemeier, J.: Szenario-Management. München: Hanser, 1995.
HEINZ 96	Heinz, K./Nusswald, M.: Logistikdaten effizient erfassen. Praxisorientierte Auswahl von Methoden, 1996.
HESS 95	Hess, T./Brecht, I.: State of the Art des Business Process Reengineering. Darstellung und Vergleich bestehender Methoden. Wiesbaden: Gabler, 1995.
IMAI 94	Imai, M.: Kaizen. Berlin: Ullstein, 1994.
KOENIGS-MARCK 96	Koenigsmarck, O./Trenz, C.: Einführung von Business Reengineering – Methoden und Praxisbeispiele für den Mittelstand. Frankfurt: Campus, 1996.
KNOLMAYER 99	Knolmayer, G./Mertens, P./Zeier, A.: Supply Chain Management auf Basis von SAP-Systemen. Perspektiven der Auftragsabwicklung für Industriebetriebe. Berlin: Springer, 1999.
KUHN 93	Kuhn, A./Reinhardt A./Wiendahl, H.-P.: Handbuch Simulationsanwendungen in Produktion und Logistik. Vieweg, 1993.
LAY 93	Lay, R.: Führen durch das Wort. Fremd- und Eigensteuerung, Motivation, Kommunikation, Praktische Führungsdialektik. Frankfurt: Ullstein, 1993.
LIEBMANN 97	Liebmann, H.-P.: Vom Business Process Reengineering zum Change Management. Wiesbaden: Gabler, 1997.

MERTINS 94	Mertins, K. u.a.: Modellierungsmethoden für rechnerintegrierte Produktionsprozesse. München, 1994.
MERTINS 96	Mertins, K./Siebert, G.: Benchmarking – Praxis in deutschen Unternehmen. Berlin: Springer, 1996.
SCHEER 94	Scheer, A.-W. (Hrsg.): Prozessorientierte Unternehmensmodellierung. Grundlagen – Werkzeuge – Anwendungen. Wiesbaden: Gabler, 1994.
SCHEER 95	Scheer, A.-W.: Wirtschaftsinformatik. Referenzmodelle für industrielle Geschäftsprozesse. Berlin: Springer, 1995.
SCHNELLE-CÖLLN 83	Schnelle-Cölln, T.: Visualisierung, die optische Sprache der Moderation. Metaplan-Reihe. Heft 6. Quickborn, 1983.
SCHÖNSLEBEN 94	Schönsleben, P.: Praktische Betriebsinformatik. Konzepte logistischer Abläufe. Berlin: Springer, 1994.
STAHLKNECHT 95	Stahlknecht, P.: Einführung in die Wirtschaftsinformatik. Berlin: Springer, 1995.
THALER 93b	Thaler, K.: Rechnerintegrierte Produktion und Lean Management – ein Widerspruch? In: Tagungsband Symposium Produktionsinformatik 1993. Rechnergestützte Produktionsstrukturen in der mittelständischen Industrie. Informatik Xpress2. Albstadt Sigmaringen, 1993.
THALER 97	Thaler, K.: Lieferabrufsystem. In: Bloech, J./Ihde, G. (Hrsg.): Vahlens großes Logistiklexikon. München: Beck, 1997.
WEBER 90	Weber, J.: Logistik-Controlling. Stuttgart, 1990.
WEBER 95	Weber, J. u.a.: Kennzahlen für Logistik. Schriftenreihe der Wissenschaftlichen Hochschule für Unternehmensführung Koblenz (WHU). Stuttgart: Schäffer-Poeschel, 1995.

Anhang: Formblätter und Checklisten

Hinweise

Für die Prozessoptimierung stehen Formblätter und Checklisten zur Verfügung:

Die Formblätter sind nicht auf einen konkreten Prozess bezogen. Zur inhaltlichen Erläuterung werden im Anhang lediglich einige Beispiele ausgefüllter Formblätter gezeigt.

Checklisten enthalten ausgewählte, in der Praxis verwendete Beurteilungsgrößen zum jeweiligen Prozess. Es wird eine potenzielle Wirkung auf weitere Prozesse im Anhang aufgezeigt.

Name	Beschreibung
Formblatt I – Prozessablauf	Darstellung / Erfassung des Prozessablaufes
Formblatt II – Kennzahlen	Darstellung / Erfassung von Kennzahlen des Prozesses
Formblatt III – Maßnahmenermittlung	Ermittlung von Maßnahmen zur Prozessoptimierung
Formblatt IV – Prozessbeurteilung – Innovation	Beurteilung des Grades der Prozessinnovation

Übersicht Formblätter

Hinweis: Die Prozessbeurteilung (Formblatt IV) erfolgt in 5 Stufen, bezogen auf das Beurteilungskriterium:

Stufe 5: nicht erfüllt
Stufe 4: vorgesehen, aber nur gering erfüllt
Stufe 3: bereits teilweise erfüllt
Stufe 2: nahezu erfüllt
Stufe 1: vollständig erfüllt

Übersicht Checklisten

Name	Beschreibung
Checkliste A: Produktentstehungs- und Entwicklungsprozess	Beurteilungsgrößen und Kennzahlen hinsichtlich: Produktplanung, Produktentwicklung, technische Machbarkeitsprüfung, Kalkulation, Beratungs-, Servicequalität
Checkliste B: Auftragsgewinnungsprozess	Beurteilungsgrößen und Kennzahlen hinsichtlich: Anfragebearbeitung, Auftragsabklärung, -annahme, -bestätigung, Angebotsabgabe und -kalkulation
Checkliste C: Produktionsplanungsprozess	Beurteilungsgrößen und Kennzahlen hinsichtlich: Produktionsprogrammplanung, Mengenplanung, Kapazitäts- und Terminplanung, Produktionsvorbereitung
Checkliste D: Beschaffungsprozess	Beurteilungsgrößen und Kennzahlen hinsichtlich: Lieferantenauswahl, Bedarfsermittlung, Bestandsplanung und -führung, Bestellabwicklung
Checkliste E: Produktionsprozess	Beurteilungsgrößen und Kennzahlen hinsichtlich: Produktionssteuerung, Rückmeldung/Auftragsfortschrittskontrolle, Instandhaltung/Störungsbehebung, Produktionsversorgung, Produktionsdurchführung
Checkliste F: Distributions- und Entsorgungsprozess	Beurteilungsgrößen und Kennzahlen hinsichtlich: Warenverteilung, Lagerung, Warenlieferung, Rücknahme / Entsorgung

Hinweis:
Die Querschnittsaufgaben Qualitätssicherung sowie Änderungsmanagement sind jeweils zugeordnet.

Formblatt I – Prozessablauf

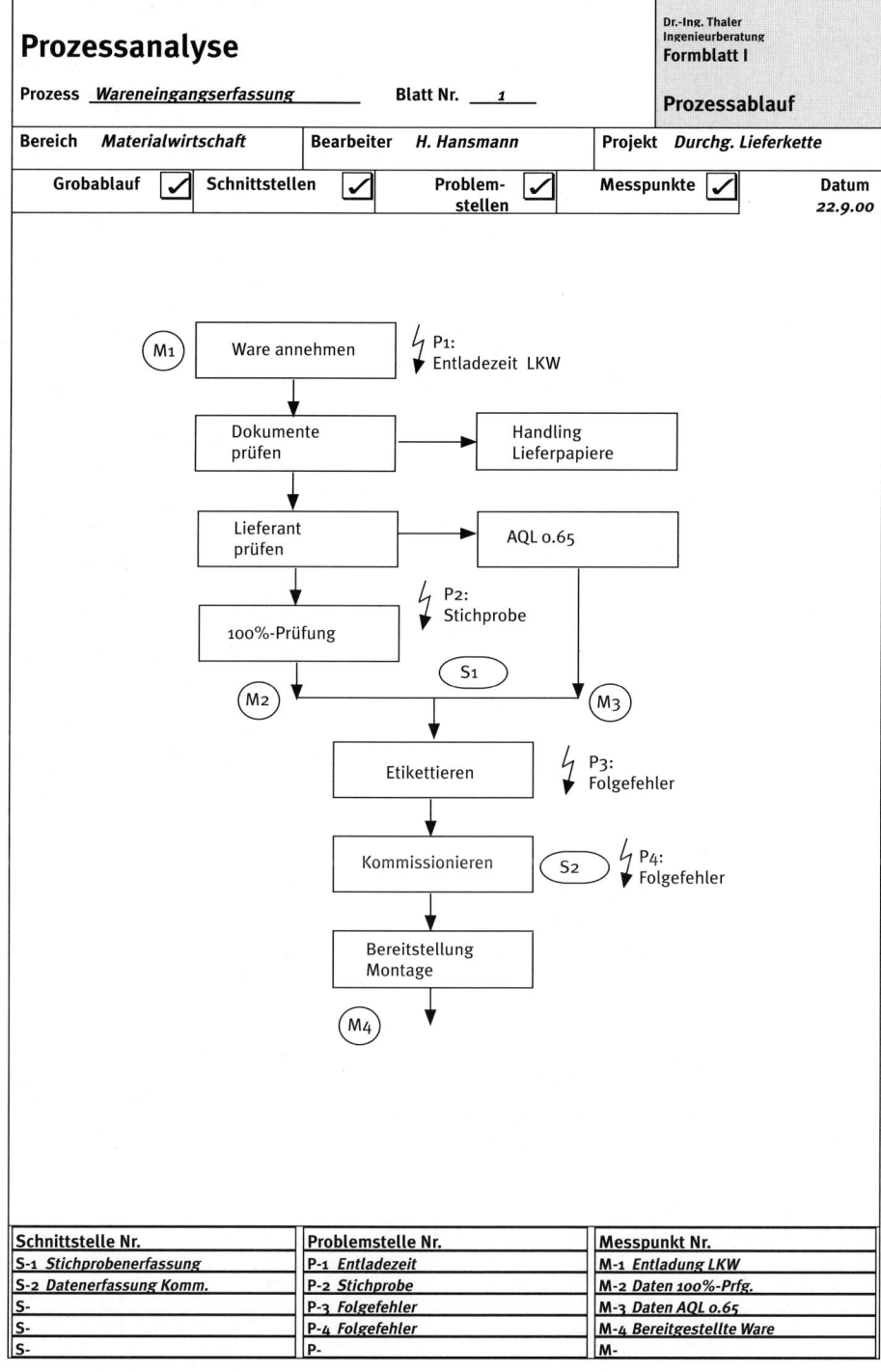

Prozessanalyse

Dr.-Ing. Thaler
Ingenieurberatung
Formblatt I

Prozess *Wareneingangserfassung*   Blatt Nr. ___1___

Prozessablauf

Bereich *Materialwirtschaft*	Bearbeiter *H. Hansmann*	Projekt *Durchg. Lieferkette*

Grobablauf ✓	Schnittstellen ✓	Problem-stellen ✓	Messpunkte ✓	Datum *22.9.00*

(M1) Ware annehmen — P1: Entladezeit LKW

Dokumente prüfen → Handling Lieferpapiere

Lieferant prüfen → AQL 0.65

100%-Prüfung — P2: Stichprobe

(M2) (S1) (M3)

Etikettieren — P3: Folgefehler

Kommissionieren (S2) — P4: Folgefehler

Bereitstellung Montage

(M4)

Schnittstelle Nr.	Problemstelle Nr.	Messpunkt Nr.
S-1 *Stichprobenerfassung*	P-1 *Entladezeit*	M-1 *Entladung LKW*
S-2 *Datenerfassung Komm.*	P-2 *Stichprobe*	M-2 *Daten 100%-Prfg.*
S-	P-3 *Folgefehler*	M-3 *Daten AQL 0.65*
S-	P-4 *Folgefehler*	M-4 *Bereitgestellte Ware*
S-	P-	M-

Formblatt I – Prozessablauf

Prozessanalyse			Dr.-Ing. Thaler Ingenieurberatung **Formblatt I**
Prozess _____	Blatt Nr. _____		**Prozessablauf**

Bereich	Bearbeiter	Projekt

Grobablauf ☐	Schnitt-stellen ☐	Problem-stellen ☐	Messpunkte ☐	Datum

Schnittstelle Nr.	Problemstelle Nr.	Messpunkt Nr.
S -	P -	M -
S -	P -	M -
S -	P -	M -
S -	P -	M -
S -	P -	M -

Formblatt II – Kennzahlen

Prozessanalyse			Dr.-Ing. Thaler Ingenieurberatung **Formblatt II**
Prozess _Wareneingangserfassung_	Blatt Nr. _2_		**Kennzahlen**
Bereich _Materialwirtschaft_	Bearbeiter _H. Hansmann_	Projekt _Durchg. Lieferkette_	

Grobablauf ☑	Schnitt-stellen ☑	Problem-stellen ☑	Messpunkte ☑	Datum **22.09.00**
Kennzahl / Beurteilung	**S - P - M -**	**Wirkung / Folge**		**erledig. bis**
Ø Entladezeit / LKW _max. Entladezeit_	_M1_ _M1_	_interne Lieferzeit Montage verbessert_		_HM / 25.9.00_
Ø Anzahl LKW	_P 1_	_Wartezeit, wenn mehrere LKW gleichz. ankommen_		_offen_
Terminzuverlässigkeit Spediteur erfassen	_P 1_	_s.o._		_offen_
Stichprobenplan Lieferanten verbessern	_P 2_	_Folgefehler, wenn nach falschem Stichprobenplan geprüft_		_offen_
Anzahl Prfg. 100% _Anzahl Prfg. AQL 0.65_	_M2_ _M3_	_Folgefehler vermeiden_		_HM / 30.9.00_ _offen_
Stichprobenerfassung System	_S 1_	_Folgefehler vermeiden_		_offen_
Barcodeerfassung Kommisionierware	_S 2_	_Erstellen der tägl. Anlieferliste Bessere Transparenz Kommiss._		_ab 11/00_

Schnittstelle Nr.	Problemstelle Nr.	Messpunkt Nr.
S-1 _Stichprobenerfassung_	P-1 _Entladezeit_	M-1 _Entladung LKW_
S-2 _Datenerfassung Komm._	P-2 _Stichprobe_	M-2 _Daten 100%-Prfg._
S -	P-3 _Folgefehler_	M-3 _Daten AQL 0.65_
S -	P-4 _Folgefehler_	M-4 _Bereitgestellte Ware_
S -	P -	M -

Formblatt II – Kennzahlen

Prozessanalyse				Dr.-Ing. Thaler Ingenieurberatung **Formblatt II** **Kennzahlen**

Prozess _____ Blatt Nr. _____

Bereich	Bearbeiter	Projekt

Grobablauf ☐	Schnitt-stellen ☐	Problem-stellen ☐ Messpunkte ☐	Datum

Kennzahl / Beurteilung	S-P-M	Wirkung / Folge	erledigt bis

Schnittstelle Nr.	Problemstelle Nr.	Messpunkt Nr.
S -	P -	M -
S -	P -	M -
S -	P -	M -
S -	P -	M -
S -	P -	M -

Formblatt III – Maßnahmenermittlung

Prozessanalyse			Dr.-Ing. Thaler Ingenieurberatung **Formblatt III**
Prozess _Wareneingangserfassung_		Blatt Nr. ___3___	**Maßnahmen**

Bereich _Materialwirtschaft_	Bearbeiter _H. Hansmann_	Projekt _Durchg. Lieferkette_

Grobablauf ☐	Schnitt- stellen ☑	Problem- stellen ☑	Messpunkte ☑	Datum **22.09.00**

Problembeschreibung	S - P - M -	Maßnahme	Verantwort- lich	erledigt bis
Entladezeit zu lang, insb. wenn mehrere LKW gleichzeitig ankommen	P 1	Zeitfenstersteuerung für Spediteur	Disposition	offen
Entladehilfmittel sind z.T. nicht verfügbar	P 1	Prüfen, ob weitere Entlade-hilfmittel benötigt	WE/ Controlling	11/00
Keine Differenzierung der Prüfung für einzelne Lieferanten	P 2	Für A-Lieferanten entfällt 100%-Prüfun Selbstprüfun + NQSV	Beschaffung Lieferaudit	ab 12/00
Direkte Stichprobenerfassung ins Komm.-System nicht möglich	S 1	Erledigt, wenn P2 realisiert	s.o.	s.o.
Datenerfassung QS umständlich	S 2	Prüfen, ob Barcodeerfassung über NQSV möglich	DV	ab 11/00

Schnittstelle Nr.	Problemstelle Nr.	Messpunkt Nr.
S-1 _Stichprobenerfassung_	P-1 _Entladezeit_	M-1 _Entladung LKW_
S-2 _Datenerfassung Komm._	P-2 _Stichprobe_	M-2 _Daten 100%-Prfg._
S -	P-3 _Folgefehler_	M-3 _Daten AQL 0.65_
S -	P-4 _Folgefehler_	M-4 _Bereitgestellte Ware_
S -	P -	M -

Formblatt III – Maßnahmenermittlung

Prozessanalyse					Dr.-Ing. Thaler Ingenieurberatung **Formblatt III**
Prozess _____			Blatt Nr. _____		**Maßnahmen**
Bereich		Bearbeiter		Projekt	
Grobablauf ☐	Schnitt-stellen ☐	Problem-stellen ☐	Messpunkte ☐		Datum
Problembeschreibung	S - P - M -	Maßnahme		Verantwort-lich	erledigt bis

Schnittstelle Nr.	Problemstelle Nr.	Messpunkt Nr.
S -	P -	M -
S -	P -	M -
S -	P -	M -
S -	P -	M -
S -	P -	M -

Formblatt IV – Prozessbeurteilung – Innovation

Prozessbeurteilung - Innovation				Dr.-Ing. Thaler Ingenieurberatung **Formblatt IV**
Prozess _Produktionsablauf_ Blatt Nr.				**Innovation**

Bereich		Bearbeiter		Projekt	
Grobablauf ☐	Schnitt-stellen ☐	Problem-stellen ☐	Messpunkte ☐		Datum

Beurteilungskriterium	S - P - M -	Beurteilung (1-5)	Verantwort-lich	erledigt bis
Einbezug der Produktions-mitarbeiter in die Qualitätsicherung präventive QS				
Durchgängige Anwendung von Qualitätssicherungs-methoden				
Regelmäßige Visualisierung der Prozessergebnisse				
Durchgänge Prozessverantwortlichkeit				
Regelmäßige Mitarbeitergespräche				
Ausgeprägtes Verbesserungs-vorschlagswesen				
Produktionsnahe, dezentrale Steuerung und Material-versorgung				
Reibungslose Kommunikation bei Störungen und Änderungen				
Durchgängiger Informationsfluss				

Schnittstelle Nr.	Problemstelle Nr.	Messpunkt Nr.
S -	P -	M -
S -	P -	M -
S -	P -	M -
S -	P -	M -
S -	P -	M -

251

Formblatt IV – Prozessbeurteilung – Innovation

Prozessbeurteilung - Innovation					Dr.-Ing. Thaler Ingenieurberatung **Formblatt IV**
Prozess _____ Blatt Nr. _____					**Innovation**
Bereich		Bearbeiter		Projekt	
Grobablauf ☐	Schnitt-stellen ☐	Problem-stellen ☐	Messpunkte ☐		Datum
Beurteilungskriterium	S-P-M-	Beurteilung (1-5)		Verantwort-lich	erledigt bis

Schnittstelle Nr.	Problemstelle Nr.	Messpunkt Nr.
S -	P -	M -
S -	P -	M -
S -	P -	M -
S -	P -	M -
S -	P -	M -

Checklisten

Checkliste A: Produktentstehungs- und Entwicklungsprozess

Beurteilungsgrößen im Produktentstehungs-/entwicklungsprozess (PEP)	Wirkung in der logistischen Kette	Mess-/Beurteilungsgrößen in weiteren Prozessen
Produktplanung		
Produktstruktur (System, Module)	Variantenreduzierung Aufwandssenkung Logistik und Montage	Anzahl Varianten Logistikkosten Montagekosten Werkzeugkosten Materialquote (-kosten)
Produktqualität	Kundenzufriedenheit Kundenzufriedenheit	Bewertung (EFQM) Bewertung (EFQM)
Produktentwicklung		
Integration mit Lieferanten	Zeiteinsparung Qualitätsverbesserung	Entwicklungszeit Bewertung (EFQM)
Durchgängigkeit	Zeiteinsparung	Entwicklungszeit
Technische Produktfunktionalität	Kundenzufriedenheit Materialaufwand	Bewertung (EFQM) Materialkosten
Konzept- und Entwurfsqualität	Kundenzufriedenheit	Bewertung (EFQM)
Anzahl Änderungen	Aufwand Produktions-planung / AV	Kostenstruktur Arbeitsvorbereitung (AV)
Technische Machbarkeitsprüfung		
Technische Herstellung	Herstellungsaufwand Kundenzufriedenheit	Materialausschuss Bewertung (EFQM)
Kalkulation		
Aussagefähigkeit gegenüber Kunden	Kundenzufriedenheit	Bewertung (EFQM)
Materialquote	Materialaufwand	Anteil Eigen-/Fremd-beschaffung
Zielpreis Lieferant	Senkung Herstellkosten	Materialkosten Herstellkosten
Beratungs-, Servicequalität		
Reaktion auf Kundenwünsche	Kundenzufriedenheit Reklamationen	Bewertung (EFQM) Auftragseingänge
Änderungsmanagement		
Produktänderungen/ Kunde, Periode	Aufwand Produktion, Logistik	Lieferqualität, Ausführungs- und Fertigungsqualität
Reaktion auf Produktänderungen	Kundenzufriedenheit	Bewertung (EFQM)

Checkliste B: Auftragsgewinnungsprozess

Beurteilungsgrößen im Auftragsgewinnungsprozess (AGP)	Wirkung in der logistischen Kette	Mess-/Beurteilungsgrößen in weiteren Prozessen
Anfragebearbeitung / Auftragsabklärung Anfrage/Periode Anfrage/Kunde Anfragewert/Periode Anfragewert/Kunde Anfragen/Aufträgen	Rückfragen/ Abklärung Produktionsplanung, Entwicklung, Beschaffung	Zeit- und Kostenaufwand bzgl. Anfragen
Auftragsannahme / Auftragsbestätigung Auftragseingang / Periode, Kunde Wert Auftragseingang/Periode, Kunde Reichweite Auftragseingang Anzahl, Wert Wiederholaufträge Anzahl, Wert Neuaufträge Wert / Reichweite des Auftragsbestandes Anzahl abgegebener Angebote / realisierter Auftragseingänge	Einplanung im Produktionsprogramm Bedarfsermittlung Beschaffung Produktion Distribution Service, Kompetenz	Lieferzuverlässigkeit Ausführungs- und Fertigungsqualität Lieferzeit interne Durchlaufzeit (DLZ) Kostenaufwand bzgl. Angebote
Angebotsabgabe / Angebotskalkulation Anzahl Angebote/Periode, Kunde Wert Angebote/Periode, Kunde Wahrscheinlichkeit Auftragseingang	Materialreservierung vorläufige Einplanung bis Auftragsbestätigung	Einschätzung Auftrags- wahrscheinlichkeit, Produktion und Beschaffung
Prozesskosten AGP Gesamtaufwand/Periode AGP Kosten AGP/Angebotserstellung Kosten AGP/Einzelauftrag, Kunde Kosten AGP/Vertriebsmitarbeiter Kosten AGP für Lieferanteneinbindung	Verhältnis der Kostenanteile in den weiteren Prozessen	Analyse der Kostenstruktur
Prozesszeiten / Prozessqualität AGP Antwortzeit Anfragebearbeitung Durchlaufzeit (DLZ) Auftragsabklärung, DLZ Angebotsabgabe Antwortzeit Auftragsannahme DLZ Auftragsbestätigung Anzahl fehlerhafter Angebote Anzahl Kundenbeschwerden Einschätzung Auftragsentwicklung Anzahl abgegebener Angebote / voraussichtlicher Auftragseingänge	Kundenzufriedenheit Service, Kompetenz Service, Kompetenz Service, Kompetenz Service, Kompetenz Vorschau Kapazität Vorschau	Kundenbefragung und Selbstbewertung (EFQM) Selbstbewertung (EFQM) Selbstbewertung (EFQM) Reklamationsauswertung Produktionskapazität
Änderungsmanagement Durchführen von Sonderaufträgen AGP Auftragsänderungen/Periode, Kunde Reaktion auf Auftragsänderungen Reaktion auf Kundenwünsche	Aufwand Aufwand Kundenzufriedenheit Kundenzufriedenheit	Lieferqualität Ausführungs- und Fertigungsqualität Bewertung (EFQM)

Checkliste C: Produktionsplanungsprozess

Beurteilungsgrößen im Produktionsplanungsprozess (PPP)	Wirkung in der logistischen Kette	Mess-/Beurteilungsgrößen in weiteren Prozessen
Produktionsprogrammplanung Programm- und Mengenstruktur Produkt- und Typenmix Auftragseingänge/Periode, Kunde Mengendifferenz zum Absatzprogramm/ Periode Mengenschwankung/Produkt Exotenprodukte im Programm Programmverschiebungen durch Fehlteile	Programmverschiebung Programmverschiebung Mengen- und Terminänderung, Mehraufwand Mehraufwand Umplanung	Lieferqualität, Ausführungs- und Fertigungsqualität, Kundenzufriedenheit, Bewertung (EFQM), Kostenanalyse
Mengenplanung Produktions-, Transport- und Beschaffungslosgrößen Tatsächl. Losgröße / Position Ideale Losgröße / Position Anteil kleinlosiger Aufträge / Ø Losgröße	veränderte Bestell-/ Beschaffungszyklen	Lieferzuverlässigkeit, Ausführungs- und Fertigungsqualität, Lieferzeit
Kapazitäts- und Terminplanung Ist-Auslastung/Soll-Auslastung Kapazitätsschwankung/Periode Auslastung/Produkt Ø Anlagennutzungsgrad/Produkt Ø Anzahl Lieferterminüberschreitungen Kapazitätsbedarf und -angebot für kritische Produkte/Lieferanten	Veränderter Fertig-stellungstermin Auslastung Produktion Auslastung Produktion Veränderter Fertig-stellungstermin	Lieferzuverlässigkeit, Lieferzeit, interne Durchlaufzeit (DLZ), Anlagennutzung, Lieferstatistik Lieferantenanalyse
Produktionsvorbereitung Termineinhaltung Fertigungsfreigabe Planung für benötigte Anlagen Anzahl technischer Änderungen von Anlagen/Periode fehlerhafte Dokumentation Aussagefähigkeit der Fertigungsunterlagen Umrüstflexibilität	Veränderte Fertig-stellungstermine (Anlauf) Folgefehler Qualität Termine	Lieferzuverlässigkeit, Ausführungs- und Fertigungsqualität, Lieferzeit, interne Durchlaufzeit (DLZ), Aufwand Nacharbeit Lieferstatistik
Prozesskosten PPP Gesamtkosten PPP/Periode Kosten PPP/Produktionsbereich Kosten PPP/Produktfamilie Kosten PPP/Anlagenänderung Kosten PPP/Mitarbeiter	Verhältnis der Kostenanteile in den weiteren Prozessen	Analyse der Kostenstruktur
Prozesszeiten PPP **Prozessqualität PPP** Durchlaufzeit (DLZ) bis Fertigungsfreigabe Antwortzeit PPP Anfragebearbeitung Antwortzeit PPP Verbesserungsvorschläge Antwortzeit PPP Auftragserledigung Qualität Programmplanung Qualität Fertigungsunterlagen	Liefertermin Kundenzufriedenheit Service, Kompetenz Kundenzufriedenheit Service, Kompetenz Qualität	Lieferstatistik Bewertung (EFQM) Reklamationsauswertung Selbstbewertung (EFQM) Selbstbewertung (EFQM) Selbstbewertung (EFQM)
Änderungsmanagement Durchführen von Sondermaßnahmen PPP, Reaktion Umplanung, Kundenwünsche	Kundenzufriedenheit	Bewertung (EFQM)

Checkliste D: Beschaffungsprozess

Beurteilungsgrößen im Beschaffungsprozess (BEP)	Wirkung in der logistischen Kette	Mess-/Beurteilungsgrößen in weiteren Prozessen
Lieferantenauswahl		
Lieferantenstruktur	langf. Erfolgssicherung	Lieferqualität
Produkt- und Typenmix (Lieferant)	(strategisch)	Ausführungs- und
Art und Anzahl der beschafften		Fertigungsqualität,
Materialien, Teile, Varianten	Transportvolumen	Transportkosten
Anzahl georderter Produkte/Periode	Transportvolumen	Transportkosten
Anzahl Angebote, Bestellungen/Periode	Bestellabwicklung	Kosten Bestellabwicklung
Ø Anzahl Angebote/Mitarbeiter	Bestellabwicklung	Kosten Bestellabwicklung
Ø Anzahl Bestellungen/Mitarbeiter	Bestellabwicklung	Kosten Bestellabwicklung
Komplexität der Bestellungen	Beschaffungsaufwand	Beschaffungszeit
Bedarfsermittlung		
Teilestruktur (Wert, Verbrauch)	Bestell-/	Lieferzeit
Mengenschwankung/Produkt	Beschaffungszyklen	Bestandshöhe /-kosten
Anzahl Exotenprodukte/Programm	Mehraufwand	Lagerdauer / Bestandskosten
An- und Auslauf Teile	Losgrößen	Fehlmengen
Änderungshäufigkeit Teile	Änderungsaufwand	Kosten Änderung
kritische Teile	Lieferausfall	Sonderfahrten, Mehraufwand
Anteil Eigenfertigung/Anteil Beschaffung	Materialfluss intern/extern	Beschaffungskosten
ideale Beschaffungslosgröße / Position	Bestellzyklen	Bestände
tatsächliche Beschaffungslosgröße / Position	Bestellzyklen	Bestände
Anteil kleinlosiger Beschaffungsaufträge	Bestellzyklen	Bestände
Wiederbeschaffungszeit / Produkt	Bestellzyklen	Bestände
Bestandsplanung und -führung		
kritische Teile, Fehlteile	Lieferausfall	Sonderfahrten, Mehraufwand
Dispositionsverfahren	Bestellzyklen	Bestände
Zeitraster Dispositon	Bestellzyklen	Bestände
Ø Lagerbestand/Teil	Reichweite	Lieferbereitschaftsgrad
Lagerreichweite / Teil	Lieferbereitschaftsgrad	Lieferzuverlässigkeit
Sicherheitsbestand/Teil	Lieferbereitschaftsgrad	Lieferzuverlässigkeit
verfügbarer Bestand (Kritische Teile)	Lieferbereitschaftsgrad	Lieferzuverlässigkeit
Umschlagshäufigkeit	Materialabfluss	Transportkosten
Meldebestandsgrenze/Teil	Sicherheitsbestand	Lieferzuverlässigkeit
Kosten pro Lagerbewegung	Lagerkosten	Lagerkosten
Lagerauslastungsgrad	Lagernutzung	Lagerkosten
Verfahren bei Lieferausfall	Umplanung	Mehraufwand
Bestellabwicklung		
Termineinhaltung Bestellungen	Fertigstellungstermine	Lieferzuverlässigkeit
Ø Anzahl Bestellungen/Mitarbeiter	Bestellabwicklung	Bestellkosten
Anteil Routinebestellungen/Exoten	Bestellabwicklung	Bestellkosten
Anteil und Art von Beanstandungen/Lieferant	Beschaffung	Lieferzuverlässigkeit
Mengen- und Terminänderungen	Produktionsschwankung	Kosten Nacharbeit
Prozesskosten		
Gesamtkosten BEP/Periode	Verhältnis der Kostenanteile	Analyse der Kostenstruktur
Kosten BEP/Bestellvorgang	in den weiteren Prozessen	
Kosten BEP/Produktgruppe		
Ø Beschaffungvolumen/Lieferant / Periode		
Kosten BEP/Mitarbeiter		

Beurteilungsgrößen im Beschaffungsprozess (BEP)	Wirkung in der logistischen Kette	Mess-/Beurteilungsgrößen in weiteren Prozessen
Prozesszeiten BEP **Prozessqualität BEP** Wiederbeschaffungszeit (WBZ) bis Wareneingang	Liefertermin	Lieferzuverlässigkeit
Ø WBZ/Lieferant	Liefertermin	Lieferzuverlässigkeit
WBZ/Exotenteil	Liefertermin	Lieferzuverlässigkeit
Anteil Vorlaufzeit/Transportzeit	Liefertermin	Lieferzuverlässigkeit
Streuung der Prozesszeiten	Liefertermin	Lieferzuverlässigkeit
Qualität Bedarfsermittlung	Service, Kompetenz	Bewertung (EFQM)
Qualität Lieferantenverwaltung	Service, Kompetenz	Reklamationsauswertung
Qualität Lieferantenbewertung	Service, Kompetenz	Selbstbewertung (EFQM)
Qualität Bestandsführung	Service, Kompetenz	Selbstbewertung (EFQM)
Qualität Bestellabwicklung	Service, Kompetenz	Selbstbewertung (EFQM)
Qualität Termineinhaltung (Bestellung)	Service, Kompetenz	Selbstbewertung (EFQM)
Anzahl Beabstandungen, Reklamationen	Service, Kompetenz	Selbstbewertung (EFQM)
Änderungsmanagement Durchführen von Sonderbestellungen	Kundenzufriedenheit	Bewertung (EFQM)
Reaktion Umplanung, Kundenwünsche	Kundenzufriedenheit	Bewertung (EFQM)

Checkliste E: Produktionssprozess

Beurteilungsgrößen im Produktionsprozess (PRP)	Wirkung in der logistischen Kette auf:	Mess-/Beurteilungsgrößen in weiteren Prozessen
Produktionssteuerung Programm- und Mengenstruktur (kurzfristiger Horizont)	Mengen- und Terminänderung	Lieferqualität Ausführungs- und Fertigungsqualität,
Produktionsaufträge/Periode, Kunde	Produktion	Kundenzufriedenheit (EFQM)
Mengenschwankung/Produkt	Produktion	Kostenanalyse
Lieferabrufschwankung/Kunde	Mehraufwand	Kostenanalyse
Exotenprodukte im Programm	Mehraufwand	Kostenanalyse
Programmverschiebungen durch Fehlteile	Umplanung	Kostenanalyse
Rückmeldung, Auftragsfortschrittskontrolle Anzahl Auftragsverschiebungen/Periode	Veränderte	Lieferzuverlässigkeit
Anz. Produktionsaufträge im Plan/Periode	Auftragsreihenfolge	Ausführungs- und
Verteilungsdiagramm zur	Losgröße,	Fertigungsqualität
Auftragserfüllungszeit (Streuung)	Fertigstellungstermin	Lieferzeit
Anzahl Exotenaufträge	Mehraufwand	Kostenanalyse
Instandhaltung, Störungsbehebung Anzahl Störungsmeldungen/Periode	Veränderter	Lieferzuverlässigkeit
Anzahl Störungsmeldungen/Anlage	Fertigstellungstermin	Lieferzeit
Ergebnis Maschinenfähigkeits- untersuchung	Ausfall Produktion	interne Durchlaufzeit (DLZ) Anlagennutzung
Ergebnis Prozess-FMEA	Ausfall Produktion	Lieferstatistik
Produktionsversorgung Materialbereitstellungsarten	Produktion, Beschaffg.	Lieferzuverlässigkeit
Bereitstellung Vormaterial	Produktion, Beschaffg.	Ausführungs- und
Störungen der Materialbereitstellung	Produktion, Beschaffg.	Fertigungsqualität
Fehllieferungen/Periode	Folgefehler	Lieferzeit
Handlingsaufwand	interne Handlingkosten	interne Durchlaufzeit (DLZ) Aufwand Nacharbeit
Produktionsdurchführung Stillstandzeit, -kosten/Periode	Fertigstellung	Lieferzuverlässigkeit
Stillstandzeit, -kosten nach Ursache	Herstellkosten	Auftragsgewinnung
Stillstandskosten nach Ursache	Instandhaltung	Lieferqualität
Rüstzeit, -kosten/Produkt	Instandhaltung	Lieferflexibilität
Ergebnis Prozess-FMEA	Prozessfähigkeit	Kundenzufriedenheit
Prozesskosten PRP Gesamtkosten/Periode	Verhältnis der	Analyse der
Kosten/Produktionsbereich	Kostenanteile	Kostenstruktur
Kosten/Produkt/Produktfamilie	in den weiteren Prozessen	
Kosten/Produktionslos		
Kosten/Mitarbeiter		
Prozesszeiten PRP, Prozessqualität PRP Durchlaufzeit (Start bis Fertigstellung)	Liefertermin	Lieferstatistik
Stillstands-, Rüstzeiten	Liefertermin	Lieferstatistik
Verbesserungsvorschläge/Mitarbeiter	Service, Kompetenz	Bewertung (EFQM)
Qualitätsbeurteilung Produktionssystem	Kundenzufriedenheit	Reklamationsauswertung
ppm-Rate / Produkt/Periode	Kundenzufriedenheit	Lieferqualität
Änderungsmanagement Anzahl Sondermaßnahmen	Kundenzufriedenheit	Bewertung (EFQM)
Reaktion Umplanung, Kundenwünsche	Kundenzufriedenheit	Bewertung (EFQM)

Checkliste F: Distributions- und Entsorgungsprozess

Beurteilungsgrößen im Distributions- und Entsorgungsprozess (PRP)	Wirkung in der logistischen Kette auf:	Mess-/Beurteilungsgrößen in weiteren Prozessen
Warenverteilung Mengenstruktur, räumliche Verteilung Sortiment, Lieferzeit Distributionsaufträge/Periode, Kunde Kommissionierzeit/Auftrag Fehlerquote Kommissionierung Mengenschwankung/Produkt Lieferabrufschwankung/Kunde Exotenprodukte, Fehlteile	Mengen- und Terminänderung Produktion Liefertermin Produktion Mehraufwand Mehraufwand Umplanung	Lieferqualität Servicegrad Kundenzufriedenheit (EFQM) Lieferzeit Kostenanalyse Kostenanalyse Kostenanalyse Kostenanalyse
Lagerung Flächennutzungsgrad Kapazitätsauslastung der Lagermittel Anzahl Lagerbewegungen/Periode Umschlagshäufigkeit Servicegrad des Lagers	Lagernutzung veränderte Auftragsreihenfolge Losgröße Mehraufwand	Kostenanalyse Lieferzuverlässigkeit Ausführungs- und Fertigungsqualität Lieferzeit, Kosten
Warenlieferung Transport- und Lieferzeit Anzahl Störungsmeldungen/Anlage Ergebnis Maschinenfähigkeitsuntersuchung Ergebnis Prozess-FMEA	Veränderter Fertigstellungstermin Ausfall Produktion Ausfall Produktion	Lieferzuverlässigkeit Lieferzeit interne Durchlaufzeit (DLZ) Anlagennutzung, Lieferstatistik
Rücknahme, Entsorgung Materialbereitstellungsarten Bereitstellung Vormaterial Störungen der Materialbereitstellung Fehllieferungen/Periode Handlingsaufwand	Produktion, Beschaffg. Produktion, Beschaffg. Produktion, Beschaffg. Folgefehler interne Handlingskosten	Lieferzuverlässigkeit Ausführungs- und Fertigungsqualität Lieferzeit interne Durchlaufzeit (DLZ), Aufwand Nacharbeit
Prozesskosten DEP Gesamtkosten/Periode Kosten/Produktionsbereich Kosten/Produkt/Produktfamilie Kosten/Produktionslos Kosten/Mitarbeiter	Verhältnis der Kostenanteile in den weiteren Prozessen	Analyse der Kostenstruktur
Prozesszeiten DEP Prozessqualität DEP Durchlaufzeit (Start bis Fertigstellung) Stillstands-, Rüstzeiten Verbesserungsvorschläge/Mitarbeiter Qualitätsbeurteilung Produktionssystem ppm-Rate / Produkt/Periode	Liefertermin Liefertermin Service, Kompetenz Kundenzufriedenheit Kundenzufriedenheit	Lieferstatistik Lieferstatistik Bewertung (EFQM) Reklamationsauswertung Lieferqualität
Änderungsmanagement Anzahl Sondermaßnahmen Reaktion Umplanung, Kundenwünsche	Kundenzufriedenheit Kundenzufriedenheit	Bewertung (EFQM) Bewertung (EFQM)

Abbildungsverzeichnis

Literaturverzeichnis

ADAM, D. (Hrsg.): Fertigungssteuerung. Wiesbaden: Gabler, 1992.

AGGTELEKY, B.: Fabrikplanung. Band 1-3. München: Hanser, 1992.

AHN, H.: Optimierung von Produktentwicklungsprozessen. Wiesbaden: Universitätsverlag, 1997.

ARNOLD, U.: Beschaffungsmanagement. Stuttgart: Schäffer-Poeschel, 1995.

AUCH, M.: Fertigungsstrukturierung auf der Basis von Teilefamilien. Berlin: Springer, 1989.

BALZERT, H.: Die Entwicklung von Software-Systemen. Mannheim: BI-Wissenschafts Verlag, 1992.

BARTSCH, H./TEUFEL, T.: Supply Chain Management mit SAP APO – Modell einer Supply Chain mit dem Advanced Planner & Optimizer. SAP-Press/Galileo Press, 2000.

BAUMGARTEN, H.: Logistikorientierte Beschaffungsstrategien. In: Beschaffung Aktuell. Heft 2/96, 1996.

BEIER, H./SCHWALL, E.: Fertigungsleittechnik. München: Hanser, 1991.

BERNDT, R.: Business Reengineering. Berlin: Springer, 1997.

BICHLER, K.: Logistikcontrolling mit Benchmarking. Wiesbaden: Gabler, 1994.

BICHLER, K./SCHRÖTER, N.: Praxisorientierte Logistik. Stuttgart: Kohlhammer, 1995.

BICHLER, K.: Beschaffungs- und Lagerwirtschaft. Wiesbaden: Gabler, 1997.

BILITEWSKI, B./HÄRDTLE, G./MAREK, K.: Abfallwirtschaft. Berlin: Springer, 1994.

BLOECH, J./IHDE, G. (Hrsg.): Vahlens großes Logistiklexikon. München: Beck, 1997.

BROCKHOFF, K.: Produktpolitik. Stuttgart: UTB, 1993.

BULLINGER, H.-J.: Innovative Produktionsstrukturen – Voraussetzungen für ein kundenorientiertes Management. In: IAO-Forum Kundenorientierte Produktion. Band T 30, 1992.

BULLINGER, H.-J./THALER, K.: Vom Teilefertiger zum Wertschöpfungspartner. In: Technische Rundschau, Heft 46, 1992.

BULLINGER, H.-J./THALER, K.: Zwischenbetriebliche Zusammenarbeit im Virtual Enterprise. In: Management & Computer. Nr. 1/94, 1994.

BULLINGER, H.-J./LUNG, M.: Planung der Materialbereitstellung in der Montage. Stuttgart: Teubner, 1994.

BULLINGER, H.-J./WARNECKE, H.-J. (Hrsg.): Neue Organisationsformen im Unternehmen. Berlin: Springer, 1996.

BUSCH, U.: Entwicklung eines PPS-Systems. Berlin: Schmidt, 1990.

CDI (Hrsg.): SAP R/3 Einführung. Grundlagen – Anwendungen – Fallbeispiele. Haar: Markt und Technik, 1996.

CDI (Hrsg.): SAP R/3 Materialwirtschaft. Grundlagen – Anwendungen – Fallbeispiele. Haar: Markt und Technik, 1996.

CHAMPY, J.: Reengineering im Management. Frankfurt: Campus, 1997.

COPACINO, W.: Supply Chain Management. St. Lucie Press, 1997.

DAVIDOW, W./MALONE, M.: Das virtuelle Unternehmen. Frankfurt: Campus, 1993.

DEUTSCHE GESELLSCHAFT FÜR QUALITÄT E.V. (Hrsg.): Begriffe zum Qualitätsmanagement. Frankfurt, 1993.

DÖRRENBECHER, C./MEISSNER, H.-J./SCHMITT, A.: Business Reengineering – Bewertung, Gestaltung und Mitbestimmung. Köln: Bund-Verlag, 1997.

EHRMANN, H.: Logistik. Ludwigshafen: Kiehl, 1997.

ENGELMANN, T.: Business Process Reengineering. Grundlagen – Gestaltungsempfehlung – Vorgehensmodell. Wiesbaden: Universitätsverlag, 1995.

EVANS, J./LINDSAY, W.: The Management and Control of Quality. Minneapolis/St. Paul: West Publishing, 1993.

EVERSHEIM, W. (Hrsg.): Simultaneous Engineering. Berlin: Springer, 1995.

EVERSHEIM, W. (Hrsg.): Prozessorientierte Unternehmensorganisation. Berlin: Springer, 1996.

FIETEN, R.: Erfolgsstrategien für Zulieferer. Wiesbaden: Gabler 1991.

FIETEN, R./SCHARES, L./BINNER, H. u.a.: Geschäftsprozessoptimierung in der Zulieferindustrie. Hrsg.: Deutsche Gesellschaft f. Logistik e.V., 1996.

FINGER, J.: Managementaufgabe PPS-Einführung. Düsseldorf: VDI, 1996.

FISCHER, W./DITTRICH, L.: Materialfluss und Logistik. Optimierungspotentiale im Transport- und Lagerwesen. Berlin: Springer, 1997.

Modernes Management. München: Beck, 1997.

GAITANIDES, M. (Hrsg.): Prozessmanagement. Konzepte, Umsetzungen und Erfahrungen des Reengineering. München: Hanser, 1994.

GAUSEMEIER, J.: Szenario-Management. München: Hanser, 1995.

GERHARDT, A./SCHMIED, H.: Externes Simultaneous Engineering. Berlin: Springer, 1996.

GLASER, H.: PPS-Produktionsplanung und -steuerung. Grundlagen – Konzepte – Anwendungen. Wiesbaden: Gabler, 1991.

GÜNTHER, H.-O./TEMPELMEIER, H.: Produktion und Logistik. Berlin: Springer, 1994.

HACKSTEIN, R.: Produktionsplanung und -steuerung. Düsseldorf, 1984

HAMMER, M./CHAMPY, J.: Business Reengineering. Die Radikalkur für das Unternehmen. Frankfurt: Campus, 1994.

HANDFIELD, R./NICHOLS, E.: Introduction to Supply Chain Management. New Jersey: Prentice Hall, 1998.

HAUSOTTER, A.: Logistische Beziehungen zwischen Unternehmen. Das Beispiel der Automobilwirtschaft. Wiesbaden: Gabler, 1994.

HEINZ, K./NUSSWALD, M.: Logistikdaten effizient erfassen. Praxisorientierte Auswahl von Methoden. Dortmund: Praxiswissen, 1996.

HESS, T./BRECHT, I.: State of the Art des Business Process Reengineering. Darstellung und Vergleich bestehender Methoden. Wiesbaden: Gabler, 1995.

HESSENBERGER, M./KRCAL, H.-C.: Innovative Logistik. Versorgungsstrategien, Standortkonzepte, Steuerungselemente. Wiesbaden: Gabler, 1997.

HOHMANN, P.: Datenverarbeitung für Betriebswirte. Köln: Fortis Verlag FH, 1997.

HOMBURG, C.: Kundenzufriedenheit. Wiesbaden: Gabler, 1995.

HOPFENBECK, W./JASCH, CH.: Lexikon des Umweltmanagements. Landsberg: Verlag Moderne Industrie, 1996.

IHDE, G.: Transport, Verkehr, Logistik. München: Vahlen, 1991.

IHDE, G.: Lieferantenintegration. In: Handwörterbuch der Produktionswirtschaft (Hrsg.: Kern, W. u.a.). Stuttgart: Schäffer-Poeschel, 1996.

IMAI, M.: Kaizen. Berlin: Ullstein, 1994.

JASPERSEN, T./WARSCH, CH. (Hrsg.): EDI in der Praxis. Potentiale der elektronischen Datenkommunikation. Bergheim: Datacom, 1994.

KAMINSKE, G.F./BRAUER, J.P.: Qualitätsmanagement von A bis Z. München: Hanser, 1993.

KERN, W.: Industrielle Produktionswirtschaft. Stuttgart: Schäffer-Poeschel, 1992.

KOENIGSMARCK, O./TRENZ, C.: Einführung von Business Reengineering – Methoden und Praxisbeispiele für den Mittelstand. Frankfurt: Campus, 1996.

KOETHER, R.: Technische Logistik. München: Hanser, 1993.

KOETHER, R.: Produktionsplanung und Logistik. In: Hering, E.: Taschenbuch für Wirtschaftsingenieure. München: Hanser, 1998.

KOPPELMANN, U./LUMBE, H.-J.: Prozessorientierte Beschaffung. Stuttgart: Schäffer-Poeschel, 1994.

KOPSIDIS, R.: Materialwirtschaft – Methoden u. Techniken. München: Hanser, 1997.

KNOLMAYER, G./MERTENS, P./ZEIER, A.: Supply Chain Management auf Basis von SAP-Systemen. Perspektiven der Auftragsabwicklung für Industriebetriebe. Berlin: Springer, 1999.

KRAMPE, H./LÜCKE, H.-J.: Grundlagen der Logistik. Einführung in Theorie und Praxis logistischer Systeme. Huß, 1993.

KRIEGER, W.: Informationsmanagement in der Logistik. Wiesbaden: Gabler, 1995.

KUHN, A./REINHARDT, A./WIENDAHL, H.-P.: Handbuch Simulationsanwendungen in Produktion und Logistik. Braunschweig: Vieweg, 1993.

KUHN, A.: Prozessketten in der Logistik. Entwicklungstrends und Umsetzungsstrategien. Dortmund: Praxiswissen, 1995.

KURBEL, K.: Produktionsplanung und -steuerung. München: Oldenbourg, 1995.

LAY, R.: Führen durch das Wort. Fremd- und Eigensteuerung, Motivation, Kommunikation, Praktische Führungsdialektik. Frankfurt: Ullstein, 1993.

LENSING, M./SONNEMANN, K.: Materialwirtschaft und Einkauf. Wiesbaden: Gabler, 1995.

LIEBMANN, H.-P.: Vom Business Process Reengineering zum Change Management. Wiesbaden: Gabler, 1997.

LOHR, D.: Komplexe Produkte einfach steuern. Das Konzept Fortschrittszahlen. Düsseldorf: VDI, 1996.

MASING, W. (Hrsg.): Handbuch der Qualitätssicherung. München: Hanser, 1994.

MENDIUS, H.G./WENDELING-SCHRÖDER, U.: Zulieferer im Netz – Zwischen Abhängigkeit und Partnerschaft. Köln: Bund-Verlag, 1991.

MERTENS, P.: Prognoserechnung. Heidelberg: Physica-Verlag, 1994.

MERTINS, K./SIEBERT, G.: Benchmarking – Praxis in deutschen Unternehmen. Berlin: Springer, 1996.

NIPPA, M./PICOT, A. (Hrsg.): Prozessmanagement und Reengineering. Die Praxis im deutschsprachigen Raum. Frankfurt: Campus, 1995.

OELDORF, G./OLFERT, K.: Materialwirtschaft. Ludwigshafen: Kiehl, 1994.

OSTERLOH, M./FROST, J.: Prozessmanagement als Kernkompetenz. Wiesbaden: Gabler, 1996.

O.V.: Fraktales Unternehmen. Stuttgart: FhG-IPA, 1997.

O.V.: Neue Produktionsstrukturen. Auswirkungen auf die Fertigungsorganisation im Werkzeugmaschinenbau. Stuttgart: VDMA, 1995.

PFEIFFER, T.: Qualitätsmanagement. München: Hanser, 1996.

PFOHL, H.-CHR.: Logistikmanagement. Berlin: Springer, 1994.

PFOHL, H.-CHR.: Logistiksysteme. Betriebswirtschaftliche Grundlagen. Berlin: Springer, 5. Aufl., 1996.

REFA – Verband für Arbeitsstudien und Betriebsorganisation e.V.: Methodenlehre des Arbeitsstudiums. Teil 1 – Grundlagen. München: Hanser 1984.

REINHART, G./LINDEMANN, U./HEINZL, J.: Qualitätsmanagement. Berlin: Springer, 1996.

ROETZEL, A.: Rechnerunterstützte Produktions- und Vertriebslogistik. Berlin: VDE, 1994.

ROTH, M.: Materialbedarf und Bestellmenge. Wiesbaden: Gabler, 1993.

SAUERBREY, G.: Logistisch Denken. Wiesbaden: Gabler 1991.

SCHEER, A.-W. (Hrsg.): Prozessorientierte Unternehmensmodellierung. Grundlagen – Werkzeuge – Anwendungen. Wiesbaden: Gabler, 1994.

SCHEER, A.-W.: Wirtschaftsinformatik. Referenzmodelle für industrielle Geschäftsprozesse. Berlin: Springer, 1995.

SCHMIDT, K.-J. u.a.: Logistik. Grundlagen, Konzepte, Realisierung. Braunschweig: Vieweg, 1993.

SCHNELLE-CÖLLN, T.: Visualisierung, die optische Sprache der Moderation. Metaplan-Reihe. Heft 6. Quickborn, 1983.

SCHÖNSLEBEN, P.: Praktische Betriebsinformatik. Konzepte logistischer Abläufe. Berlin: Springer, 1994.

SCHUH, G./WEBER, H./KAJÜTER, P.: Logistikmanagement. Strategische Wettbewerbsvorteile durch Logistik. Stuttgart: Schäffer-Poeschel, 1996.

SCHULTE, C.: Logistik – Wege zur Optimierung des Material- und Informationsflusses. München: Vahlen 1995.

SCHULTE, G.: Material- u. Logistikmanagement. München: Oldenbourg, 1996.

SCHWEITZER, M./KÜPPER, H.-U.: Systeme der Kostenrechnung. Landsberg: Verlag Moderne Industrie, 1991.

SPECHT, O.: Material- und Fertigungswirtschaft. Produktionslogistik mit PPS-Systemen. Ludwigshafen: Kiehl, 1994.

SPOHRER, H.: Controlling in Einkauf und Logistik. Die Materialwirtschaft auf dem Prüfstand (Hrsg.: Hartmann, Horst). Praxisreihe Materialwirtschaft Einkauf. Gernsbach: Deutscher Betriebswirte-Verlag, 1995.

SPUR, G.: Fabrikbetrieb. München: Hanser, 1994.

STAHLKNECHT, P.: Einführung in die Wirtschaftsinformatik. Berlin: Springer, 1995.

STAHLMANN, V.: Umweltorientierte Materialwirtschaft. Wiesbaden: Gabler, 1994.

STEGER, U. (Hrsg.): Handbuch des Umweltmanagements. München: Beck, 1992.

STÖLZLE, W.: Umweltschutz und Entsorgungslogistik. Berlin: Erich Schmidt, 1993.

TAKEDA, H.: Das synchrone Produktionssystem. Just-in-Time für das ganze Unternehmen. Landsberg: Moderne Indstrie, 1995.

TEMPELMEIER, H.: Material-Logistik. Modelle und Algorithmen für die Produktionsplanung und -steuerung und das Supply Chain Management. Berlin: Springer, 1999.

THALER, K.: Online-Simulation in der flexiblen Montage. In: Technica Nr. 3, 1990

THALER, K.: Regelbasiertes Verfahren zur Montageablaufplanung in der Serienfertigung. Berlin: Springer, 1993.

THALER, K.: Rechnerintegrierte Produktion und Lean Management – ein Widerspruch? In: Tagungsband Symposium Produktionsinformatik 1993. Rechnergestützte Produktionsstrukturen in der mittelständischen Industrie. Informatik Xpress2. Albstadt Sigmaringen, 1993.

THALER, K.: Neue Strategien der Zulieferintegration. In: Zukunftssicherung durch Innovation. Berichtsband Fertigungstechnisches Kolloquium Stuttgart 1994. Berlin: Springer, 1994.

THALER, K.: Lean Logistik. Konzepte – Anwendungen – Trends. In: Tagungsunterlagen Fachkonferenz „Lean Logistik – Wege zum integrierten Logistik-Konzept". Institute for Intern. Research. Stuttgart, 1994.

THALER, K.: Denken in Wertschöpfungsketten. Schlank, aber für die Zukunft nicht fit genug. In: Beschaffung aktuell. 04/95. Leinfelden-Echterdingen: Konradin, 1995.

THALER, K.: Fitness-Faktoren für Zulieferer zur Sicherung der langfristigen Wettbewerbsfähigkeit. In: Tagungsunterlagen Fachkonferenz „Zukunft Zulieferer". Management Circle. Frankfurt, 1996.

THALER, K.: Lieferabrufsystem. In: Bloech, J./Ihde, G. (Hrsg.): Vahlens großes Logistiklexikon. München: Beck, 1997.

THALER, K.: Neugestaltung der Hersteller-Zulieferer-Beziehung. In: Tagungsunterlagen Benchmarking '97. FhG-IKP. Berlin, 1997.

THALER, K.: Supply Chain Management – Herausforderungen, Potenziale und Lösungen. In: Tagungsunterlagen Supply Chain Management. Euroforum Deutschland GmbH. Düsseldorf, 1999.

TURNER, G./THALER, K.: Coordination and Management of European Supply Chains. Weaknesses revealed by the COMPRIE Study. Oxford: PERA Consulting Ltd, 1995.

VDA-EMPFEHLUNG 4915: Datenfernübertragung von Feinabrufen. Ausgabe November 1989

VDA-EMPFEHLUNG 4905/2: Datenfernübertragung von Lieferabrufen. Ausgabe Januar 1991.

VEREIN DEUTSCHER INGENIEURE (Hrsg.): VDI-Richtlinie 2243 – Konstruieren recyclinggerechter Produkte. Düsseldorf: VDI-Verlag, 1993.

VDI (Hrsg.): Ganzheitliches Produktrecycling elektronischer Geräte. Düsseldorf: VDI-Verlag, 1995.

WARNECKE, H.-J.: Der Produktionsbetrieb. Band 1 – Organisation, Produkt, Planung. Berlin: Springer, 1993.

WARNECKE, H.-J.: Der Produktionsbetrieb. Band 2 – Produktion, Produktionssicherung. Berlin: Springer, 1993.

WARNECKE, H.-J.: Aufbruch zum fraktalen Unternehmen. Berlin: Springer, 1995.

WEBER, J.: Logistik-Controlling. Stuttgart: Schäffer-Poeschel, 1990.

WEBER, J.: Praxis des Logistik-Controlling. Stuttgart: Schäffer-Poeschel, 1992.

WEBER, J. u.a.: Kennzahlen für Logistik. Schriftenreihe der Wissenschaftlichen Hochschule für Unternehmensführung Koblenz (WHU), Stuttgart: Schäffer-Poeschel, 1995.

WESTKÄMPER, E.: Null-Fehler-Produktion in Prozessketten. Berlin: Springer, 1996.

WIENDAHL, H.-P. (Hrsg.): Erfolgsfaktor Logistikqualität: Vorgehen, Methoden und Werkzeuge zur Verbesserung der Logistikleistung. Berlin: Springer, 1996.

WIENDAHL, H.-P.: Betriebsorganisation für Ingenieure. München: Hanser, 1997.

WILDEMANN, H.: Die modulare Fabrik. München: TCW, 1994.

WILDEMANN, H.: Das Just-in-Time Konzept. München: TCW, 1995.

WILDEMANN, H.: Fertigungsstrategien. München: TCW, 1997.

WOLF, D.: Transportkette. In: Bloech, J./Ihde, G. (Hrsg.): Vahlens großes Logistiklexikon. München: Beck, 1997.

WOLFSTETTER: Verfahren der Kostenrechnung. Köln: Fortis Verl. FH, 1998.

WOMACK/JONES u.a.: Die zweite Revolution in der Automobilindustrie. Frankfurt: Campus, 1992.

Sachwort- und Abkürzungsverzeichnis